—— 비밀 법장의 세계 ——

밀교 만다라의 서

—— 무동금강 無動金剛 ——

무동금강 無動金剛

5,200여 자의 금강경을 30회 이상 사경, 좌제도와 태장계 및 금강경 만다라 사경함. 일반회로 수만 장 공부. 현재 무동금강이라는 명칭으로 카페 금강연화원(https://cafe.naver.com/vajrapadme)를 운영하며 좌회원들과 같이 수행하고 있다. 저서로는 《무동 번뇌를 자르다》, 《밀교 명상의 법》, 《만다라 현현의 법》, 《다차원 우주의 영적 진실》이 있다.

비밀 법장의 세계

밀교 만다라의 서

무동금강 無動金剛

맑은샘

밀교 만다라의 서

초판 1쇄 인쇄 2020년 08월 10일
초판 1쇄 발행 2020년 08월 24일
지은이 무동금강 無動金剛

펴낸이 김양수
책임편집 이정은
편집·디자인 김하늘
교정교열 박순옥

펴낸곳 도서출판 맑은샘
출판등록 제2012-000035
주소 경기도 고양시 일산서구 중앙로 1456(주엽동) 서현프라자 604호
전화 031) 906-5006
팩스 031) 906-5079
홈페이지 www.booksam.kr
블로그 http://blog.naver.com/okbook1234
이메일 okbook1234@naver.com

ISBN 979-11-5778-454-7 (03150)

| 목 | 차 |

3장 | 공성의 장

4장 | 만다라에 대한 이해

5장 | 실질적 수행의 장

무동금강의 제2 저서 밀교 명상의 법은 완판되어 더 이상 시중에서 구할 수 없는 책이 되었다. 밀교에 대한 정확한 인계, 진언, 관상법에 대한 갈증이 넓게 퍼져 있었음을 알 수 있었다. 그래서 다섯 번째 저서는 밀교 명상의 법을 확장하여 백과사전적으로 넓으면서도 수행서로서는 더 이상의 밀교 수행서는 없을 만큼, 매우 전문적으로 파고 들어간 책,《밀교 만다라의 서》를 발간하게 되었다.

본서는 2권의 출판 의도와 같다. 밀교에 대한 오해를 불식시켜 밀교가 고도의 심법을 기반으로 하여 수행 불교로 꽃 피어난 체계임을 밝히고, 진언과 관법과 인계를 모두 실어 실제로 수행을 할 수 있게 만들어 더 이상 티베트 밀교나 일본 진언 밀교에서 인도 밀교의 흔적을 찾지 않아도 되게 만들고 싶었다.

많은 분들이 티베트 불교의 수장인 달라이라마 성하를 성자로 여기시면서 티베트 밀교는 달라이라마와는 상관이 없다고 말하는 것을 보고 많이 놀랐었다. 그나마 티베트 불교가 밀교라는 사실을 인식하고 밀교 수행을 하시는 분들도 본인들이 하는 수행이 티베트화된 티베트 진언을 기반으로 하는 것임을 모르고 계신다.

수행에 목 마른 수많은 사람들이 티베트 여행기나 밀교 개괄서를 통해 조금씩 나오는 단편적 밀교 수행을 통해 수행을 해왔다. 그리고 상세하고 구체적인 관법에 대해서는 티베트 현지에서 입문해야지 받는 것이라 여기고 스스로의 처지를 달래왔을 뿐이다.

본서는 산스크리트 발음에 기반한 진언, 제존마다 전부 각각 있는 종자, 스승과 제자 사이에서만 내려오는 관법 모두를 망라한 밀교 수행의 요체이자 밀교 수행의 정화(精華)를 오롯이 담아냈다. 그리고 밀교의 제존들을 여래부, 보살부, 명왕부, 천부로 나누어 백과사전적으로 넓게 설명하면서도 깊이는 실질적인 수행을 할 수 있을 정도로 깊게 하였다.

본서의 전반부는 밀교의 심법을 펼쳐내면서 밀교 스승들의 경지를 감히 외람되게도 후학인 무동금강이 영적인 체크의 방식인 영기장 기법으로 드러내었다. 후반부는 존격의 의미, 종자, 인계, 그리고 비밀법으로 철저히 봉인된 관법까지 상세히 밝혀 수행에 도움이 되게 하였다.

이 책을 통해 밀교에 대한 오해를 벗어던지고 밀교의 수많은 방편들이 대일여래께서 중생을 사랑하여 펼쳐낸 것임을 알았으면 한다.

1장

심법의 장

이 장은 밀교 실수법(實修法)의 기본적 원리에 대한 글이다. 흔히 쓰이는 탄트라 용어에 대한 오해를 해소하고, 삼밀유가의 원리에 대한 이해를 통해 밀교 탄트라의 이해를 돕는 글이다. 밀교 사상사나 밀교 역사 개론이 아닌 밀교 수행법의 원리적 측면을 밝힌 장이다.

밀교의 개괄적 역사와 현황에 대해

본서(本書)는 밀교의 역사나 교리나 여행기 같은 글이 아닌 실질적 수행서이기 때문에 밀교의 역사나 교리를 깊게 파고들지 않을 예정이다.

밀교가 어떤 불교인지 간단히 적어본다.

티베트 불교의 달라이라마는 밀교에 대해서 잘 몰라도 아실 것이다. 중국이 티베트 독립을 막기 위해 달라이라마의 한국 방문을 방해한다는 국제 뉴스를 보았을 것이다. 그리고 마음공부나 힐링에 관심이 있는 사람들은 '티베트'를 명상의 고향이나 힐링의 원류로 생각할 것이다. 티베트 명상, 티베트 힐링, 티베트 문양, 티베트 염주 등등….

그러나 달라이라마를 좋아한다고 하면서 밀교는 뭔가 미신적이고 섹스만 하는 이상한 종교이기에 달라이라마와는 상관이 없다고 여기시는 분들도 보았다. 달라이라마는 밀교 종파 중에서 황모파(黃帽派, 이하 계룩파라고 한다.)에 속한다.

불자들이 자주 외우는 천수경이나 반야심경에 나오는 진언이나 다라니 등은 모두 밀교의 흔적이 남은 것이다. 인도 고래의 '리그베다'라든가 '아타르바베다'와 같은 바라문교에서는 치병(治病), 기우(祈雨), 원적을 꺾는 항복법 등 다양한 주술이 보이는데, 이러한 주술적 행위들이 인도 문화 전반에 영향을 미치고 있었다. 불교 역시 이러한 바라문교의 영향을 받게 되었는데, 처음에는 명상하기 전에 방해받지 않기 위하여 결계를 치는 행위나 스스로를 지키기 위한 호신법은 허용되었다. 점차 불교 역시 스스로를 인도 민간에 파급하기 위하여 인도 고래의 주술적 체계를 받아들이게 되었다.

앞서 말한 치병 및 기우 및 재난을 막기 위한 주술적 목적으로 개별적인 경전으로 밀교 경전이 성립되다가 이후 '대일경'과 '금강정경' 두 경전의 출현을 기점으로 밀교는 통합적 체계를 이루어내고 주술적, 현세 구복적 불교에서 대승 불교의 모든 사상 체계를 흡수한 대승 불교의 최정화(最精華)인 수행 불교로 태어나게 된다. 대일경과 금강정경 이전의 밀교를 일본 진언종에서는 '잡부 밀교'라고 하고 티베트 밀교 분류에서는 '소작 탄트라'라고 분류한다.

현세 구복적 주술 불교에서 대일여래를 중심으로 한 만다라의 성립, 삼밀유가의 원리에 의한 유가행(yoga를 한자로 번역한 것이 유가라 한다.)의 정립, 공성에 기반을 두어 현현한 일체의 문자와 소리와 이미지가 모두 역시 공성이라는 중도 사상의 고도의 진화, 정밀해진 유식 사상이 교리적으로 뒷받침함, 이러한 모든 사상적 수행적 체계가 단순한 주술적 불교 체계를 대승 불교의 총합으로 바꾸게 한 것이다.

일본 밀교인 진언종에서는 잡부 밀교-정순 밀교로 밀교를 2단계로 구분한다. 일본에서는 대일경과 금강정경 성립 이전과 이후만으로 구분하는 데 반해, 티베트 밀교에서는 밀교를 소작 탄트라-행 탄트라-유가 탄트라-무상유가 탄트라로 구분한다.

일본 진언종은 8세기 당나라에서 일본으로 인도의 밀교 체계가 전해졌다. 티베트 밀교에서 말하는 유가 탄트라가 무상유가 탄트라로 발전하기 전 8세기에, 유가 탄트라 및 행 탄트라 체계가 일본으로 전해진 것이기에 일본 쪽 분류에서는 2단계로 구분할 수밖에 없다.

소작 탄트라는 현세 이익적 구복 행위에 초점이 있으며 개별적인 존격에 대한 공양법과 의례를 설한다. 행 탄트라는 모든 불보살이 대일여래의 응현이고 태장계 만다라의 일원이라는 자각을 기반으로 주술적, 현세 구복적 공양법과 의례들이 깨달음으로 향해 가기 위한 수행적 의미의 공양법과 의례들로 탈바꿈되게 된다. 이때부터 밀교라고 부를 수 있게 된다. 대일경이 행 탄트라의 대표적인 경전이다. 이후 금강정경이 출현하게 되는데, 이 경전은 유가 탄트라로 분류되는 경전이다. 유가 탄트라는 다라니를 외우고, 특정한 물건과 특정한 시간대에 하는 '행위'에 초점이 있기보다는 내면적 수행으로 이행된 체계이다. 불보살과 수행자는 둘이 아니라는 자각(不二)이 중요해진 체계이다. 이후 무상유가 탄트라가 출현하게 되는데, 이 수행 체계는 금강정경을 기반으로 하여 생리적 요가 체계를 받아들이게 된다. 우리가 알고 있는 타락한 불교의 이미지가 무상유가 탄트라의 일부를 오해한 것이다.

인도 사상계는 공(空性)을 중시하는 중관학파와 반야부 경전들이 대승 불교의 시작을 알렸고, 이후 유가행파가 출현하여 수행을 뒷받침하기 위한 이론(유식학, 唯識學)을 정립하게 된다. 유식학은 모든 것은 마음의 전개라는 이론이고, 그 결과로서 인계와 진언과 이미지들도 불(佛)의 전개라는 결론에 도달하여 밀교의 사상적 기반이 된다.

8세기 이전의 당나라에 유입된 밀교는 진언종의 분류로는 잡부 밀교였으며, 티베트 밀교의 분류로는 소작 탄트라가 전해져 체계화된 수행 체계로서의 밀교가 전래되지 않았다. 이후 선무외삼장과 금강지삼장과 같은 인도의 고승들이 당나라로 와서 화엄경 이후의 새로운 불교를 당나라에 유포하게 된다.

인도에서 당나라로 방문한 밀교의 고승들은 당시 당나라에 머물던 외국 유학생들, 신라인, 일본인, 인도네시아인, 베트남인 등에게 밀법을 전수하였다. 당시 일본인 스님 공해가 밀교를 일본에 전파하였고 그 밀교가 중기 밀교인 진언종이다.

당나라로 밀교 고승들이 출발한 이후에도 인도 현지에서는 계속 밀교가 발전하여 유가 탄트라 이후의 체계인 무상유가 탄트라가 출현하게 된다. 무상유가 탄트라는 우리가 마치 밀교의 전부인 것처럼 생각하는 '성교를 통한 해탈'이 그 체계 안에 있다. 무상유가 탄트라까지 발전한 인도 밀교는 13세기 이슬람군의 인도 침략으로 인해 소멸되고, 수많은 밀교 경전을 가지고 많은 인도인이 티베트로 탈출하여 티베트에 인도의 후기 밀교가 이식되게 된다.

탄트라 용어의 정립에 대해

탄트라(Tantra)는 씨줄이라는 뜻이고, 경전이라는 의미인 수트라 (Sutra)는 날줄이라는 뜻이다. 경전인 수트라와 대비하여 탄트라는 수행 체계라는 뜻이다. 씨줄과 날줄이 합쳐져야 천이 직조되듯, 교리와 수행이 하나가 되어야 성불에 도달할 수 있다.

대승 불교는 육바라밀을 통해 성불하고자 한다. 도덕적 준거 혹은 행위의 규범, 그리고 명상적 행위를 포함하는 육바라밀은 대승 불교의 교리 및 신앙 행위였다. 육바라밀을 하다 보면 점차 복덕과 지혜를 구축하여 결국에는 성불에 이른다고 하였다. 이때까지만 해도 대승 불교는 스스로 교리적 확립과 대중들로의 확산을 위해 일반적 수행 체계를 설파하였다. 경전인 수트라가 신앙이나 교리의 내용이 많고 도덕적 준거에 가까운 내용이 많았다면 대승 불교의 후반부인 밀교 성립 시기에서 직접 구경각에 도달하기 위한 강력한 수행 체계가 등장하게 되었다. 이 수행 체계를 탄트라라고 한다.

밀교는 강력한 수행 체계로서의 종교이기에 밀교 출현 이전의 화엄경, 법화경, 반야경 종류의 경전들이 부처님의 설법 중심의 경이었다면, 밀교의 경전들은 수행법 위주로 정리되어 있다. 실제로 하기 위한 수행이 설해져 있기에 밀교 경전들을 탄트라 경전이라고 한다.

탄트라는 의미가 성적인 요가로 곡해된 것은 서구의 불교학자들이 티베트 불교 문헌을 검토하면서 티베트 불교가 섹스라는 것을 종교적 수행으로 받아들인 것이 그들 입장에서는 충격이었기 때문이었다. 그들 입장에서는 불교 전반의 수행 체계를 뜻하는 탄트라를 일부의 문헌만 보고 섹스를 통한 해탈 추구로 이해한 것이고, 탄트라 용어를 성행위를 통한 수행 체계로 일반화시킨 것이다.

한국에서 탄트라를 성행위를 통한 수행 체계로 받아들이는데 일조한 사람이 '오쇼 라즈니쉬'이다. 그의 저서에서 탄트라는 용어를 성적 요가로 쓰는 경우가 많았기에 한국인들도 밀교 하면 탄트라, 탄트라 하면 성행위 요가로 인식하게 된 것이다.

본서에서 탄트라는 밀교의 수행을 뜻할 뿐 성행위 요가는 배제된 것임을 강조하며 탄트라 작법에 대해 알아보겠다.

종자와 진언 그리고 삼매야형의 의미

종자(種子)는 씨앗의 글자라는 의미로 영어로는 'seed mantra'라고 도 번역된다. 초목의 종자가 비나 햇볕에 의해 열매를 맺듯이 한 글자 의 범자가 수행을 통하여 보리과를 증득케 하므로 종자라고 한다. 각 존의 종자는 그 존의 본서(本誓)나 범어 이름을 가져오기도 한다. 진언 의 끝 글자나 앞글자에 각 존의 종자가 있음을 알 것이다. 부동명왕 일 자심진언의 '나마 사만타 바즈라남 함'의 '함'이나 애염명왕천궁진언의 '훔 타키 훔 자'의 '훔' 등이 부동명왕과 애염명왕의 종자이다.

종자나 인계와 같은 밀교의 상징체계는 인도 나란다 대학[1]에서 연 구되었다. 유식학이, 만물이 곧 마음의 전개이고 이는 곧 부처님의 전

---

1 나란다 대학: 서기 427년에서 1197년까지 존속한 인도의 고대 불교 대학. 세계 최초의 대학으로 알려져 있다. 인도 국왕들의 보호를 받아 불교 교리의 연구가 진행되었던 곳이다. 중관학과 유식학 모두 이 대학에서 성립되고 연구되어 대승 불교의 기반을 만든 곳이다. 이 대학에서 반야−중관−유식으로 사상 연구가 진행되었고, 연구의 최종 정화가 밀교로 귀결되었다.

개이자 부처님의 다종다양한 덕성의 표현임을 밝혀내자, 종자와 인계와 삼매야형과 같은 밀교의 상징체계는 곧 마음의 덕성의 표현이라는 결론에 도달한다. 불교의 수행 성취자들이 곧 마음에 상응하는 인계와 종자와 삼매야형을 찾아내고 증험하고 연구하여 밀교의 체계가 완성되어 갔다.

모든 종자는 '아' 자로부터 시작된다고 한다. 후에 대일여래 탄트라에서 범자 '아'에 대한 상세한 이야기가 나올 것이나 간단히 언급하면 '아'는 소리의 가장 최소 단위이기에 이 글자를 대일여래의 종자라 하여 이 범자 '아'로부터 모든 불보살이 출생한다고 한다.

종자가 범자의 한 글자로 이해된다면 진언은 종자로부터 유출된 좀 더 긴 산스크리트 문장이다. 유출되었다고 표현한 것은 보리심(본성)의 한 상징인 종자로부터 보리심의 또 다른 양태인 진언이 유출되었다고 이해하면 된다.

삼매야형(三昧耶形)은 산스크리트어 'samaya'의 음을 한문으로 번역한 것이다. 일반적으로 '삼매에 든다.'라고 쓰는 그 삼매와 같은 단어이다.

정신 통일을 뜻하는 의미로 삼매라는 단어를 쓰지만, 밀교에서는 삼매마다 이름을 붙인다. 삼매가 특정한 정신 상태의 일념(一念)을 뜻한다면 경전 내에서 법화 삼매, 화엄 삼매, 해인 삼매 등으로 삼매의 이름을 붙이는 것을 이해할 것이다. 한층 더 깊이 들어가면 밀교적인 의미로 대일여래께서 특정한 경계로서 자신의 증거함이 특정한 삼매로 드러나는 자내증(自內證)의 경계의 의미로 쓰인다. 특정한 존격의 온전한 경계, 즉 이를 본서(本誓)라고 하는데, 본래의 서약이라는 한자이다. 관세음보살은 중생 구제를 향한 자비심이 그 본래의 서원이고, 이를 형상화한 것이 '연꽃'이다. 그래서 관세음보살의 삼매야형은 '연화'이다.

삼매야형은 본래의 서약을 뜻하는 특정한 물건인데, 부동명왕의 경우에는 검이고 애염명왕의 경우에는 오고금강저이다. 애염명왕이 신속한 사랑의 성취나 신속한 사업의 성취로서의 존격의 의미를 지닐 때, 이때는 삼매야형이 활과 화살이다.

밀교의 불보살과 천부의 존격들은 전부 종자자(種子字)와 삼매야형과 진언이 있다. 그리고 손으로 맺는 수인(手印) 역시 넓게 봐서는 삼매야형에 속한다. 우리가 극락전에서 자주 뵙는, 그리고 삼존불로서도 숭앙 되는 아미타불의 경우를 보면 우리는 그 형상인 본존을 뵙는 것이지만, 아미타불 역시 특정한 수인을 맺고 계시고, 그분도 종자자와 삼매야형이 있는 것이다.

밀교 수행은 종자를 관(觀)한 다음에 종자가 삼매야형으로 변화하고, 삼매야형이 직접 본존으로 변화하거나, 아니면 삼매야형을 쥐고 계신 존격이 현신하는 순서로 관법이 진행된다. 이때 적절한 인계와 적절한 진언을 외우면서 관법이 진행되게 된다.

본서를 끝까지 읽어보면 자심(自心)의 인계, 진언, 형상이 우리가 행하는 인계, 진언, 관법으로 하는 이미지 등을 통해 상응(相應)하여 드러남이 곧 밀교 수행의 요체라는 것을 알 것이다.

우리 내면에 함장(含藏)되어 있는 비밀한 불종자(佛種子)가 산스크리트 범자로 표현되는 종자와 만나 상응하여 피어나는 과정이 밀교 수행이다. 진언과 인계, 그리고 관상법 모두가 이러한 원리로 체계화되어 있다.

밀법은 자내증을 펼쳐낸 수행 체계,
곧 법사리이다

그때 바가범께서는 다시 모든 여래의 비수갈마대보살삼매야(毘首羯磨大菩薩三昧耶)에 들어가 갈마가지(羯磨加持)를 출생하시니 이를 금강삼마지라 이름한다. 모든 여래의 갈마삼매야(羯磨三昧耶)이며 일체여래심이라 이름한다. 자신의 마음으로부터 다음의 진언을 송한다.

vajra-karma

일체여래심으로부터 나오고 나서 모든 여래갈마의 평등한 지혜에 잘 통달하였으므로 금강살타의 삼마지이다. 곧 그 바가범지금강은 모든 여래의 갈마광명(羯磨光明)이 된다. 나오고 나서 그 모든 여래의 갈마광명으로써 일체의 유정계를 비추고, 모든 여래의 갈마계(羯磨界)로 된다. 그 모든 여래의 갈마계를 다하고 세존이신 비로자나불의 심장에 들어가 모여 하나의 몸으로 되니 그 양은 모든 허공계에 두루 가득하다. 모든 여래의 갈마계이므로 갈마금강의 모습을 내어 부처님의 손바닥 안에 머문다.

〈중략〉

이때에 바가범께서는 다시 난적정진대보살마하살(難敵精進大菩薩摩訶薩)의 삼매야에 들어가 갈마가지를 출생하시니, 이를 금강삼마지라 한다. 모든 여래의 수호삼매야(守護三昧耶)이며 일체여래심이라 이름한다. 자신의 마음으로부터 다음의 진언을 송한다.

vajra-rak a
〈중략〉

그때 저 최일체마대보살의 몸은 세존의 심장으로부터 나와 모든 여래의 왼쪽 월륜에 의지해 머무르며 다시 가르침을 청한다. 이때 세존께서는 모든 여래의 극노금강삼마지(極怒金剛三摩地)에 드신다. 모든 여래의 조복하기 어려움을 조복하시고, 다함 없는 유정계에 두려움 없음을 베푸시고 일체의 안락과 열의를 받으신다. 나아가 모든 여래의 대방편지(大方便智)와 신경통(神境通)과 최승실지(最勝悉地)의 과(果)를 획득하시며, 그 금강아장(金剛牙杖)을 저 최일체마대보살의 두 손에 수여하신다. 곧 모든 여래께서는 금강명으로서 금강폭노(金剛暴怒)라 부르고, 금강관정할 때 저 금강폭노보살마하살(金剛暴怒菩薩摩訶薩)은 저 금강아기장(金剛牙器仗)을 자신의 입속에 두고 모든 여래를 공포케 하며 이 온타남을 읊는다.

위의 인용 글은 '금강정일체여래진실섭대승현증대교왕경' 중 극히 일부분이다. 밀교 경전은 상당히 많지만 그중 하나의 경을 옮겨왔다.

내용만 읽어서는 어떤 뜻인지 이해가 안 될 것으로 본다. 밀교 경전들이 법사리라고 말하고, 경전 자체가 부처님의 깨달음의 경지를 펼쳐낸 것이라고 한 것은 위 내용을 보면 알 것이다. 특정 이름을 가진 삼매 속에서 진언이 자연스럽게 흘러나오고 만다라의 제존들이 출생하고 인계를 맺게 되면서 자연스럽게 관상[2]이 된다.

경지에서 드러난 인계와 진언과 관법을 자격이 되는 수행자가 할 경우 부처님의 그 경지에 도달한다는 것이 밀교 수행의 요체이다. 깨달음의 경지에 도달하여 자연스럽게 나오는 인계, 진언, 관법을 문자로 옮겨놓아 수행법으로 체계화한 것이다.

밀교는 대일여래의 자내증(自內證)이 드러난 것이 이 우주의 삼라만상이라고 한다. 자내증은 스스로의 심경(마음의 경지)을 증거한다는 뜻인데, 이 우주의 삼라만상은 대일여래의 마음이 다종다양하게 펼쳐진 것이라는 게 밀교의 가르침이다. 어떻게 보면 인간의 마음은 수많은 욕망과 에고와 감정들 사이에서 흔들린다고 볼 수 있으나 이는 대일여래가 스스로의 경계를 우주로 펼쳐내어 자신을 드러내고 마음 역시 같은 원리로 흔들리고 또한 펼쳐진다. 인간의 마음 역시 이 우주의 삼라만상이 펼쳐지는 것과 동일하게 하나의 조화로운 법(法, dharma)으로서 펼쳐질 수 있는 것이다.

깨달은 자의 심법이 수행법으로 구체화되고, 그 수행법을 통해 우리 마음의 분노는 금강의 만다라로 금강계분노존, 우리 마음의 사랑은 금

---

2 관상(觀想): 이미지를 생각하는 명상법.

강의 만다라로 애염명왕이나 금강법보살[3]로 화한다. 우리 마음의 교만함은 금강만 보살로 화하는 것이다.

부처님의 심법 자체를 수행법으로 드러내어 수행 자체가 굉장히 소중해지는 것이며, 이는 부처님의 육신의 사리와도 같아 법(法)의 사리, 법사리라고 하는 것이다.

---

3 금강법보살: 자비의 화신 관세음보살을 밀교에서는 금강법보살이라 한다. 밀교는 기존의 다양한 불보살에 금강이라는 밀호를 부여하여 만다라의 제존으로 편입하였는데, 지장보살은 금강당보살로, 문수보살은 금강리보살로 이해된다.

힌두의 법과 밀법의 차이를 밝힌다

불교는 인도 본토에서 힌두교와 경쟁하면서 인도 민중 속에 파고 들어갔다. 밀법의 존격들을 보면 부동명왕, 대흑천, 대자재천 등 힌두의 3대 신인 시바신과 관련된 존격들이 있다. 환희천은 시바신의 아들 가네샤이고, 길상천은 비슈누의 부인인 라크슈미이다. 이렇게 밀법의 존격들은 힌두의 존격들에서 유래한 것이 상당수이다.

밀법은 신의 원형과 이미지를 힌두에서 따온 것이다.

따지고 보면 신의 원형들은 아리안 민족의 공통 체계로서 인드라신은 그리스의 제우스, 북유럽 신화의 토르이고, 사랑의 신 화살을 들고 다니는 까마는 그리스의 에로스이다. 밀법은 힌두의 체계를 받아들여 인드라신은 제석천으로 까마신은 애염명왕으로 흡수한다.

포세이돈의 삼지창과 제우스의 번개는 그 형태가 인도 고대의 무기, '바즈라'와 닮아있고, 그 바즈라의 형태를 밀교에서 받아들여 번뇌를 자르는 강력한 힘의 상징 '금강저'로 받아들인다.

이 글은 신화의 공통점을 말하기 위함이 아니다. 밀법과 다른 법들의 차이점을 말하기 위함이다.

1) 과실을 말한다.

모든 수행에는 과실이 있고 이 과실을 설파하여 수행으로 이끈다.

청정함을 증득하는 것은 세간에서 벗어난 출세 간의 법은 아니다.

힌두의 법은 스스로를 닦아내는 법이지만 증득하는 법은 아니다.

청정함과 정화는 닦아내는 것을 말함이지만, 닦아내면 다시 묻는 한계가 있다.

인간은 항상 상태가 좋은 현상… 상태가 좋은 '현상'(예를 들어 무아의 경지, 지복의 경지)에 들어가고 집착하고자 하기에 한번 지복의 경지를 맛보면 그것을 추구한다. 그래서 그것을 세간의 법이라 한다. 집착과 성취와 다시 떨어짐과 다시 집착하여 돌아가고자 함이기에 그것을 세간의 법이라 하는 것이다.

증득이라 함은 자신에게 이미 내재되어 있는 것을 증명하는 것이다. 증명하는 것은 불보살의 서원(본서), 불보살의 본서를 구체적인 물건으로 들어낸 지물, 그리고 구체적인 행동으로 드러낸 인계, 불보살의 본서를 언어로 표현한 것, 진언을 매개로 내가 곧 부처라는 증험하는 과

정만 있을 뿐이다.

닦아내는 것이 아니며 증험하는 것이다.

2) 자내증인가 외부의 신에게 귀의함인가?

우주는 법의 몸, 즉 다르마카야(法體)로서 대일여래의 신변가지(身變加持)로 법으로 현현한 것이다. 인간은 곧 우주 만다라의 결집체로서 이미 만다라를 구족하고 있음이다.

밀교에서는 손가락을 지수화풍공의 우주 구성 요소로 이해하고, 왼손을 태장계 다섯 부처님의 권능과 지복이 구현된 태장계 만다라로, 오른손을 금강계 다섯 부처님의 권능과 지복이 구현된 금강계 만다라로 이해한다.

머리는 오지보관대일여래
머리카락은 구리가라대일대성부동명왕
왼쪽 눈은 일천자 오른쪽 눈은 월천자
간은 항삼세야차명왕 심장은 군다리야차명왕 폐는 대위덕명왕
신장은 금강야차명왕
위장은 중앙대일대성부동명왕

이렇게 내 몸은 만다라가 구현된 결집체이며, 이것을 드러내는 것이

증험이다.

힌두의 방식이라면 나는 성취를 하고 닦아야 하고 신과 합일해야 하는 존재이나 밀법의 방식이라면 나는 증험을 하고 드러내야 하고 신이 구현된 존재이다.

미묘한 차이가 있다. 밀법에서 흔히 말하는 자내증(自內證)은 스스로 깨달아 그것을 증거로 삼는다는 의미이기도 하여 깨달음의 경지를 일컫는 말이다.

그러나 한가지 의미가 더 있는바 스스로 깨달은 경지를 겉으로 증거로 드러낸다는 의미이기도 하다. 밀법의 관법과 수인과 진언은 대일여래께서 자신의 수많은 이름의 삼매들 속에서 깨달음의 특정한 경계를 드러낸 것이다. 이러한 경계를 드러냄은 중생에 대한 사랑을 기반으로 한 것이기에 이 특정한 경계들 모두가 수행 체계가 되는 것이다.

밀법의 수많은 방편은 대일여래께서 중생을 위해 방편을 펼쳐낸, 곧 대일여래의 자비심이 농축된 결과이고, 대일여래 스스로 그 경지를 드러낸 증거인 것이다. 그리하여 탄트라는 지극히 소중한 것이다. 경계를 문자와 소리와 이미지로 구현해놓은 법사리이기 때문이다.

힌두에도 밀법과 유사한 탄트라가 있다. 똑같이 탄트라가 있음에도 결과가 다른 것은 지향하는 바가 다르기 때문이다.

3) 결과는 어떻게 귀결되는가?

힌두의 탄트라는 지향하는 바가 신과 동일시하는 것이다. 자아가 있고 외부의 신이 따로 있다는 것이고 저열한 자아는 고상한 자아와 합일해야 한다는 것이다. 이를 범아일여(梵我一如)라고 한다.

그러나 밀법의 탄트라는 신을 드러내어 증명하는 것이다. 저열한 자아 안에 이미 고상한 자아로 바뀔 가능성이 있기에 그것 자체로 진리의 모습으로 드러내면 그만이다.

밀법 탄트라는 관법으로 스스로 불보살과 동일시하는 수행이나 이는 이미 스스로 구족해 있음을 드러낸다는 인식이 없으면 힌두의 탄트라와 다름이 없어지며 그래서 단순히 진언과 관법과 인계만으로는 밀법을 성취할 수 없다.

교학이 없으면 밀법 탄트라는 부동명왕 모습을 한 빙의체, 관음보살 모습을 한 빙의체, 아미타불 모습을 한 빙의체를 뒤집어쓰기 쉽다. 외부에 존재하는 높은 차원의 불보살님과 어리석은 우매한 중생이 닮아가려고 하고 합일시키고 합치시키려고 하는 이상, 외부의 빙의체들이 둔갑한다.

불보살은 우리 내면에 있기 때문이다.

내면에 있으나 그것을 겉으로 드러내어(불보살의 경지를 드러낸 밀법 수행들) 외부에서 그 내면이 뜻하는 상징물과 언어와 인계를 따라 하면 행자의 내면은 달라진다.

수행 과정에서 빙의체를 뒤집어쓰는 것을 막기 위해 탄트라는 상당히 정교하다. 그것을 따라 하기만 해도 어느 정도 마장을 막을 수 있다. 허나 인식이 외부의 신에게 구복하는 중생의 마음을 지닌 이상 밀법의 탄트라는 힌두의 것과 다른 게 없다.

신주(神呪)와 만트라(mantra)의 차이

만트라는 중국에서 이에 합당한 단어를 찾는 바 주(呪)라고 번역되었습니다. 기존의 도교 주문과 무속인들이 횡설수설하는 주문의례(呪文儀禮)와 밀법승들이 외우는 만트라와의 유사성을 보고서 주(呪)라고 번역한 것입니다. 신력을 얻기 위한 신주와 진언 밀교의 만트라와의 차이점에 대해 알아봅니다.

1) 기도의 대상인가, 자성의 피어남인가?

주문은 기도의 대상이 있습니다. 옥황상제, 구천현녀, 기문팔갑의 신들. 이들 신에게 기도하여 신력(神力)을 구하는 것입니다.

만트라 중에서 힌두의 만트라들 역시 시바신, 비슈누신들을 위한 기도문과 찬가들 역시 신앙의 대상으로서 만트라입니다. 이들 만트라 역시 도교의 신들에게 경배하는 만트라와 원리는 같습니다. 그러나 밀법의 만트라는 중국에서 똑같이 주(呪)로 번역되고, 밀법 만다라의 신들에게 공양하고 경배하나 이는 자성심이 펼쳐낸 자성 만다라의 구현에게 기도하는 것입니다.

밀법 만다라는 자성심으로 상징되는 내 마음의 주(主)이신 '대일여래'께서 자신을 드러내어 만다라로 펼쳐낸 수많은 불보살과 신들을 구현한 것입니다.

따라서 밀법 만다라의 신들께 공양하고 기도함은 저속한 중생이 지고한 신들께 기도하는 것(구걸하는 것)이 아닌 아직 피어나지 못한 연꽃(미부련)이 완전히 피어난 연꽃(만다라의 불보살들과 신들)을 닮으려 하는 것입니다.

2) 시드만트라로 보는 자성의 피어남

밀법은 불보살들을 상징하는 하나의 음절이 있습니다. 예를 들어 부동명왕은 '함', 항삼세명왕은 '훔', 지장보살은 '하', 관세음보살은 '사'가 그 음절들입니다. 이 음절은 종자음이라 하여 'Seed mantra'라고 합니다.

차크라에도 역시 시드가 있는데, 아나하타는 얌, 마니퓨라는 람… 이런 식으로 되어 있습니다. 차크라 이론에서는 종자음을 관하면 종자음과 공명하는 차크라가 진동한다고 되어 있습니다.

밀법의 종자음은 불보살들의 서원입니다.
부동명왕은 수행자를 보호하는 서원, 지장보살은 중생을 지옥에서 구제하는 서원, 관세음보살은 중생의 소리를 들어 소원을 해갈해주는 서원 등등을 단 하나의 글자로 구현한 것이며 행자는 종자음을 관하면 자신의 에너지장이 특정 불보살의 서원으로 대표되는 불보살로 변합니다.

이는 모든 중생의 마음에는 대일여래께서 거주하시기 때문에 가능한 것입니다. 모든 불보살은 내 마음의 만다라의 주(主)인 대일여래가 모습을 변화하여 나툰 것이기 때문입니다. 마음의 특정 경계가 구체화되는 소리와 이미지들 역시 마음의 주가 펼쳐진 것이기에 소리 한 글자를 통해서 대일여래의 경계를 감득한다는 것입니다. 이러한 유가적 입장에서 종자음이 있는 것입니다.

3) 신력을 구하는 주를 아무리 만트라라고 하여도…

신력을 구하는 대부분의 주(呪)는 형식이 있습니다. 몇 시부터 몇 시까지 해야 하고, 신들이 응하는 방위가 있으며, 정화수를 한 사발 떠놓는 형식 등….

이러한 형식들은 아무리 주를 만트라라고 포장하여도 주의 속성을 알게 하는 요소입니다. 신들이 좋아하는 형식이라는 것입니다. 특정 신은 특정 방위와 특정 시간에 응한다는 것에 기반을 두어 효과적인 주문 수련을 말하는 것입니다.

또한, 불교식 진언의 '훔'을 따왔다고 해도 그 기도의 대상이 '옥황상제'이자 '천제'라 해도 우리는 피조물이거나 우매한 중생이라는 입장에서는 주문은 역시 주문이라는 태생적 한계에 부딪힐 수밖에 없는 것입니다.

외부에서 아무리 보톡스를 집어넣어도 시간이 지나면 피부가 쪼그라들 듯이 외부에서 신력을 아무리 부여받아도 윤회하면 자신의 것이 아니므로 바람이 빠집니다.

4) '신성한' 만트라의 위험성

신묘하고 신령하고 성스러운 만트라

따져보면 주입니다. 왜냐면 신묘하고 신령하고 성스러움은 신의 속성이자 화엄경의 이무애 수준의 경지에서 논하는 진언입니다. 진리와 속세의 대립, 중생과 부처의 대립, 번뇌와 방편의 대립에서 중생이 부처를 탐하고, 속세는 진리를 탐하고, 번뇌는 방편을 탐하는 경지에서 '신령한'이라는 단어가 나옵니다. 신성하다, 신령하다는 말보다 차라리 본성을 밝힌다는 말이 낫습니다.

만트라를 주문처럼 읽을 때 역시 신력을 구하는 것으로 공력이 쌓이게 됩니다.

무속인들도 열심히 광명 진언을 외우지만 떨어진 신발을 되돌리기 위한 마음으로 읽기에 만트라로 공력이 쌓이지 않게 됩니다.

삼밀유가의 원리 (1)

삼밀유가라 함은 중생의 삼업, 즉 신구의 삼업[4]이 부처의 비밀스러운 삼업으로 변화된다는 것을 뜻한다. 인간이 몸으로 지은 업, 말로 지은 업, 생각만으로 지은 업들이 곧 부처의 신업, 구업, 의업과 동일하다는 뜻이다. 신구의 삼업이 유가행(yoga를 한자어로는 유가(瑜伽)로 번역된다.)을 통해 부처의 삼업으로 전환되면 수행자는 곧 부처가 된다는 것을 뜻한다.

부처의 몸짓(무드라, 수인(手印))인 수인을 맺고, 부처의 말씀(부처의 비밀한 경계가 녹아든 언어)인 진언을 외우고, 부처의 생각(부처님을 상상하는 관상법)인 관법, 이 세 가지를 행자가 취하게 되면 이 몸이 즉 부처가 된다는 즉신성불(卽身成佛)의 경계에 도달하게 된다는 것이다.

그래서 밀교에서는 인계(수인)와 진언과 관상법이 있어 이를 통해 수행하게 되면 부처가 된다고 한다. 앞서 밀법은 대일여래의 자내증이라고 말했다. 자신의 경계를 드러내어 펼쳐낸 것이 수많은 불보살을 드

---

4 신구의 삼업: 몸으로 지은 업, 말로 지은 업, 뜻으로 지은 업을 뜻한다. 인간의 총체적 활동은 업으로 남게 되는데, 신구의 삼업은 인간의 카르마를 뜻한다.

러내는 인계와 진언과 상호라면 밀교의 수행법은 원인을 닦는 것이 아니게 된다. 오히려 깨달음이 농축된 수행법을 닦는 것이기에 결과를 닦아 결과를 성취한다고 하여 빨리 성불한다고 한다.

밀교의 이러한 원리는 객관적 행위를 하면 주관적 경계가 성취된다는 것이다. 사실 모든 수행이 외부적 행위를 통해 결과를 얻어 수행의 성취를 이루는 것을 원리로 한다. 여기서 외부적 행위로는 외부적 몸 동작뿐 아니라 의식적인 행위, 즉 의식적 집중도 포함한다. 위빠사나나 다른 명상적 행위 역시 외부적 특정 행위, 호흡을 고요히 한다거나 사고의 흐름을 면밀히 주의 깊게 관찰한다거나 이러한 '집중' 및 의식적 '이완'을 기반으로 한다. 어떤 수행적 행위가 내면을 변화시킨다는 객관의 주관화가 모든 수행의 고통 기반 원리이며, 밀교는 이러한 수행적 원리를 극대화하였다. 객관을 하면 객관에 상응하는 주관적 내면이 변화한다는 것이다.

티베트에 가면 마니차라는 돌릴 수 있는 원통형 물건이 있다. 마니차는 경전을 필사한 원통인데, 이 원통을 돌리면 경전을 읽는 효과가 있다고 하기에 수많은 사람이 마니차를 돌린다. 티베트에서는 경전을 필사한 형겊을 깃대에 꽂아 바람에 흩날리게 하는 모습을 볼 수 있는데, 이는 불경이 전 세계로 퍼져나가게 되고, 이러한 행위를 하는 이는 무한한 공덕을 얻는다고 하기에 이러한 행위를 한다.

객관적 행위, 외부에 그려진 만다라를 주시한다거나 진언 및 인계 및 관상법만으로도 이에 해당하는 주관적 경계를 증득한다는 것을 말한다.

삼밀유가의 원리 (2)

앞서 '힌두의 법과 밀법의 차이를 밝힌다' 이 글에서 밀법은 증험의 법이라 했다. 우리 자성의 법륜, 연화, 금강의 삼부의 비밀한 경계는 곧 행자의 머리, 가슴, 배의 삼부와 대응된다.

행자는 밀법의 법륜과 연화와 금강의 상징으로 수행하지만, 실은 그것은 우리 인간에게 내장되어 있는 것을 상징화하여 높은 차원으로 승격화하여 상징으로 구현화한 것이다. 그리하여 행자는 아무것도 모른 채 단지 그 상징을 구현하기만 하면 비밀한 경계에 들어갈 수 있는 것이다.

이와 유사한 것으로 우리는 빨간색을 하면 '불'을 생각하고 노란색을 보면 '금'을 생각한다. 실제로 빨간색을 보면 신체의 신진대사가 빨라지고 활동성이 강해진다. 그래서 패스트푸드점의 인테리어 색이 빨간색인 것이다.

아미타불의 신체 색은 빨간색인데, 그것은 지혜의 활동적 양태, 그리고 원소상으로는 불로서 무지를 밝히는 빛을 보여주기 때문인데, 앞서 빨간색에 대한 신체상 심리적 반응성을 상기해보면 인간 잠재 의식상의 '빨간색'에 대한 반응성이 이미 우주적으로 내장되었다는 것을 의미하고 수행자는 아미타불의 신체 색을 통해 지혜의 활동성을 감득할 수 있는 것이다.

또한 노란색의 풍요로움에 대한 이미지는 보생여래의 신체 색인 금색으로 구현된다. 보생여래는 재보와 풍요를 담당하는 부처로서 그분의 신체 색은 노란색에 대한 인간의 무의식적 반응과 연관되어 있는 것이다.

행자는 아미타불과 관련된 행법에서 아미타불의 신체 색을 빨간색으로 관하고 보생여래에 관한 행법에서 노란색으로 그분에 관하여 내면의 변화가 강력하게 변화되는 것이다. 보통의 수행을 하는 것은 지혜의 활동성을 증득하려고 노력하지만, 인간에게 원래 부여된 무의식적 흐름과 빨간색의 부처님이라는 상징성이 만날 때에 그러한 과정 자체가 원인을 닦아 결과로 들어가는 것이 아니라 이미 부여된 결과(자신에게 부여된 무의식적 흐름이 승화된 우주적 각성)를 닦아 자신을 한 차원 올린다는 것이다.

인간의 왼손은 태장계, 오른손은 금강계, 왼손과 오른손의 다섯 손가락은 다섯 부처님. 이러한 상징성이 우주와 매치가 되어 행자는 스스로 이미 구족한 만다라(양손, 양눈, 입, 코, 귀, 육근)를 통해 금강 불보살들이 구현된 만다라 세계로 들어갈 수 있다. 그래서 밀법을 인을 닦는 수행이 아니라 과(果)를 닦는 수행이라 말한 것이다.

그래서 아래와 같은 말을 하기도 하였다. 이미 밀법은 과(果), 깨달음, 그것을 끄집어내어 상징화한 것이라고.

> 자성심, 자성월륜, 자성연화, 자성금강을 그대로 끄집어내어 그것을 관정이라는 상징적 의식을 통해 다시 행자에게 부여한 것이다. 자성심을 끄집어내어 상징화된 의식을 통해 행자에게 부여한다.

관정이 억겁의 윤회를 통해서도 파괴될 수 없는 것은 자성심을 구현한 상징화된 의식으로 행하기 때문인 것이다.

의례 자체… 실수법(實修法)인 탄트라는 이미 내면의 보물들을 꺼내어 그것을 수행법으로 조직화한 것이기에 그 자체가 법사리라고 하였다. 부처님의 진신사리는 유골이기도 하지만 부처님의 깨달음을 구현한 실수법… 그것을 법사리[5]라고 하는 것이다.

이러한 원리를 안다면 자신에게 함장되어 있는 그 무엇과 행자가 수행하는 행법이 만날 때에 행자는 만다라 세계의 불보살로 다시 태어나는 것이다.

---

5 법사리: 사리는 부처님의 유골을 뜻한다. 법은 우주의 법칙 혹은 부처님의 말씀을 뜻하는데, 여기서 법사리는 법으로 된 부처님 사리라는 의미로 수행법 자체가 부처님의 깨달음을 그대로 구현해낸 것임을 뜻한다.

절대의 공성(空性), 바즈라순야

보리심계라는 것이 있다. 보살십계, 비구니계, 비구계, 사미계 등 대승 불교권 내의 계율과 소승 불교권 내의 계율 등이 있다. 보리심계는 밀교 특유의 계율로서 모든 계율의 근본인 보리심 자체를 계율로 함이다.

계율은 상(相)을 잡아서 그것을 지켜야 하는 것이나 보리심계는 보리심을 근본으로 한 계율이라서 보리심을 지키면 비구계 250개 계율을 지키는 것이 된다.

밀교에서는 관정이 있다. 제대로 된 관정은 억겁의 윤회 속에서 파괴되지 않는다.

과거 전생에 관정을 받은 흔적이 있다고 들은 바 있다. 제대로 된 관정은 자성심, 자성월륜, 자성연화, 자성금강을 그대로 끄집어내어 그것을 관정이라는 상징적 의식을 통해 다시 행자에게 부여한 것이다. 자성심을 끄집어내어 상징화된 의식을 통해 행자에게 부여한다.

그래서 본성과 계합된 관정은 억겁의 윤회 속에서 파괴되지 않는다.

금강이 왜 금강인지 아는가?

허공이 파괴될 수 없듯이 나의 본성은 파괴될 수 없고
허공을 가를 수 없듯이 나의 본성은 가를 수 없듯
이 본성 자체를 끄집어내어
공(空)의 금강…
Vajra sunya로 화한다.

보리심계도 마찬가지이다. 보리심을 일반 불교학자와 밀교 학자들과 스님들이 단순히 계율의 근본이라 말하지만, 이 보리심은 본성을 그대로 구현해낸 것이다.

나의 자성이 곧 공성임을 그 공성을 금강으로 화하여 행자는 원래 구비된 자성심과 계합(契合)된 밀법을 수련한다. 밀법 자체가 부처님의 진신사리라는 것이 그 이유에 있는 것이다. 자성심 자체를 금강으로 구현해내어 행자는 금강의 밀법을 닦는 것이기에 탄트라 자체가 진신사리인 것이다.

관정이 파괴되지 않는 것 역시 자신의 본성을 끄집어낸 바즈라 자체로 관정을 내렸기 때문이다.

있음과 없음의 마장

아미타불을 비롯한 불보살님들은 역사상에 출현하여 실존 인물로 사신 석가모니와는 다르게 신앙상의 분들이다. 이분들이 실재하는지 혹은 실재하지 않는지에 대한 성찰이 필요하다.

밀법 수행자들은 부처님, 보살, 명왕, 천부의 존재들과 관련된 의궤를 수행하게 되는데, 이분들의 실재성에 대한 고찰을 해야 마장이 적어진다.

티베트 밀교승들은 밀법을 수학하기 전에 교학을 십 년 이상 하는 것으로 알고 있다. 이러한 이유는 공성에 대한 이해를 깊이 하기 위함인데, 공성에 대한 자각이 없는 상태에서 수행하는 것은 수행의 바른 결과를 얻기 힘들다.

1) 불보살들이 존재론적으로 있다고 생각하는 견해

극락세계의 아미타불을 친견하고 정토선 수행을 가르치시는 분, 삼매에 들어가 석가모니 부처님을 친견하고 인가를 받았다는 분들이 있다.

어떤 영적 존재가 '있다'고 믿어서 그 믿음이 외부로 투사될 때, 자내증(自內證)과 거리가 멀어진다.

수행에 있어서 아미타불과 관세음보살의 존격들은 나를 통해 구현되어가는 불(佛)의 존격들이지 구복(求福)하거나 기원(祈願)의 대상은 아니다.

물론 무동금강도 극락전이나 관음전에 들어가서 기도도 하고 기운영도 한다. 분명 우리 회원님들을 위한 기원도 하고 복을 구하기도 하는데, 위의 부처님을 뵈었다는 두 분의 스님들과 어떤 차이가 있을까? 마음가짐이 어떤 차이가 있는지 궁금하다. 제현 선생님께서 좋은 답변을 주셔서 가져와 본다.

제현 선생님의 답변:

그것은 급의 차이가 아닐까 합니다. 똑같은 드라마를 보더라도 어린이가 보는 것과 어른이 보는 것이 다르듯이 아미타불에 대한 신앙심이나 마음이 다를 것입니다. 다르게 말하면 달이 만물을 비추지만, 간장 종지에 비치는 것과 명경지수와 같은 거대한 바다에 비추는 것에 그 광명이나 형태가 다르게 보이듯 말입니다. 아미타불께서 감로나 광명을 늘 뿌리고 계시는데, 어떤 이는 인식하지 못하고, 어떤 이는 흐릿하게 인식하고 어떤 이는 자신이 아미타불의 화신이 되기도 하는 차이처럼 말입니다.

앞서 말한 부처님들을 친견해서 인가받았거나 극락세계를 구경했다는 분들이 영기장이 안 좋다고 해서 아미타불은 윤회를 끊지 못했다(무동금강 견해에서는 윤회는 인연의 흐름이기에 불(佛)의 미세한 오온들 역시 다르마에 의해 흐른다.)는 견해를 펼치는 사람도 있다.

구복이나 기원의 대상으로서 아미타불께 기도하는 마음은 같으나 무동금강의 마음을 가만히 살펴보면 무동은 아미타불께 '하심(下心)'한다. 나를 낮추고 앞서간 선배님께 절대적으로 말씀 잘 듣겠습니다 하는 이런 마음이다.

음, 믿습니다! 믿습니다! 아미타불 위대하십니다! 믿습니다!

이러지는 않는다. 무동에게는 믿음이 없다. 믿음이라는 것은 스스로 믿지 못함을 스스로 설득하는 것이 아닐까? 아미타불이 있다, 극락세계가 있다. 이러한 것은 그냥 내게는 자연스러운 일이다. 1+1=2라는 것을 믿어야 하나? 그냥 사실인 것을….

그리고 무동금강은 아미타불이나 관세음보살님들에 대한 존격에 대한 이해가 '공성'에 기반해 있기에 신앙심도 내면서 수행의 존격으로 전문가적으로 접근하기도 한다.
수행의 존격으로 대할 때는 내 마음이 아미타불과 관세음보살과 명왕님이 응하는 만다라와 같다는 인식이 있다. 그렇기도 하면서 공성에서 현현한 일체의 존들은 모두 공성의 모습을 띠는 개별적 분임을 알기에 신앙심도 있다.

물컵과 변기에 생수를 들이부으면 물컵은 마실 수 있고 변기의 생수는 마실 수 없다.

이미 회로와 사경과 만다라 사경과 범자 수행과 진언가행으로 '만다라화'된 회로가 본인의 영적인 몸에 짜였기에 보편적인 기운이 응하더라도 특정한 조건화된 기운으로 바꿀 수 있다. 공성에 대한 이해와 수행의 공력을 갖추고 있다면 그분들은 실제로 구현화되기도 하는 분이다. 그러나 물은 물컵에 담길 때 마실 수 있고, 변기의 생수는 마실 수 없듯이 실재성은 모두에게 적용되는 것이 아니다. 공력이 있는 사람을 앞의 변기와 물컵의 비유에서 물이 담길 수 있는 컵으로 이해하면 되는 것이다.

2) 불보살이 없다고 여기는 견해

석가모니께서 존재의 멸함을 설하지 않으셨다. 고통을 어떻게 소멸할 것인가를 연기법을 통해 밝혀놓으셨고, 연기법에 수순하여 고통의 생멸을 지켜보면 고통이 사라진다고 언급하셨다.

그런데 이를 하열한 근기를 가진 자들이 잘못 이해하여 존재를 멸하는 게 깨달음이고 '부처님은 윤회를 하지 않는다'고 하여 왜곡하였다.

부처님은 중생들이 하는 카르마에 의한 끄달림으로 윤회하지 않을 뿐이라고 정정해야 정확한 표현이 된다. '~하지 않을 뿐'과 '~하지 않는다'는 매우 큰 차이가 있다.

부처님은 서로 갚고 죽이고 얽혀 돌고 도는 윤회를 끊었음이지, 그분이 밝혀놓은 '법' 다르마는 하나의 '법'으로서 부처님 역시 이 법에 의한 연기적 존재로서의 존재로 계시다. 그래서 밀교에서는 법신불이라고 하여 '법' 자체를 부처님으로 모시기도 한다. 이 우주가 이러한 법으로 돌아가는 것을 상징화한 것이 법륜이다.

중생에게는 고통이 시작하고 고통이 전개되고 고통이 소멸되고 다시 이를 반복하는 어둠의 12연기이나 보살에게는 서원을 세우고 공덕을 모으고 지혜를 구족하여 서원을 성취하여 부처님이 되고, 다시 보살이 되어 서원을 세우는 빛의 12연기가 된다.(관세음보살은 석가모니 이전에 이미 성불한 정법명여래였다고 하나 지금은 보살로 계신다.) 연기법 자체가 하나의 '다르마'이기 때문에 이 다르마의 바퀴에서는 서로 갚고 갚는 윤회의 면이 있는 반면, 수행을 해서 원인을 구족하고 깨달음이라는 과를 얻는 법륜의 면이 있는 것이다.

만약 극락세계는 서로 지지고 볶는 윤회계이고, 아미타불은 윤회를 하는 급(?)이 낮은 부처님이라고 하면 그 지도자가 가르치는 분들은 한국의 모든 사찰을 기운영을 해서는 안 된다. 왜냐하면 모든 사찰에 아미타불과 관세음보살이 계시니, 그곳의 신장들이 환영하지도 않을 것이다. 또한, 밀라레빠나 파드마삼바바는 높게 치면서 그분들이 아미타불이나 밀교의 불보살들에 대해 헌신하고 경배하였음은 의도적으로 무시한다.

안 계신다고 하면 불보살님들의 가피를 통해 수행의 성취를 한 성취자들이 즐비한데, 이를 어떻게 설명할 것이냐는 의구심이 생긴다. 아미타불이라는 존재가 있고, 극락세계라는 세계가 있으니 이것을 윤회계로 파악하여 비방을 하게 되면 큰 과보가 있는 것이다.

3) 있음의 마장과 없음의 마장

있다고 보면 있음의 마장이 들어가기도 하고 없다고 하면 없음의 마장에 들어간다.

아미타불이 있다고 믿어 열심히 믿기만 하는 경우나 없다고 하여 마장에 들어가는 경우가 있는 것이다.

불보살은 있다고 믿어야 하는 분이 아니다. 그리고 있다고 믿기만 하면 가피를 내려준다는 인식도 잘못된 것이다. 믿음을 넘어서 자신의 경지가 그분을 비출 수 있을 때 그분은 실재성으로 다가온다. 자신의 경지가 그분을 비추지 못한 채 믿음과 실존성에만 의식을 둘 때 수행의 마장이 심각하다. 예를 들어 불보살의 모습을 뒤집어쓴 영적 존재가 현시하는 것이다.

없다고 생각하면 수행의 바른 인도를 받기가 어렵다. 이미 수많은 수행의 성취자들이 불보살들의 가피를 받아 도를 성취하셨는데, 바른 인도가 없으면 현대와 같이 물질적 탐닉에 빠져 구도심을 일으키기 어려운 세태에 도를 증득하기 어렵다.

어려운 케이스라고 생각하지만, 제현 선생님 말씀처럼 각자의 근기에 맞게 비추어지는 것일 뿐이다.

본서에서 밀교 탄트라를 공개하지만 앞서서 여러 개의 글을 적는 것은 의식의 격이 올라가야 불보살님들이 응현하기 때문이다.

이 책은 주술서가 아니며 법을 담은 책이기에 앞에서 여러 편의 글을 적어 마장을 최소화하여 수행의 바른 성취를 얻기 위한 목적으로 저술되었다.

공성에 대한 이해는 본서를 통해서도 얻을 수도 있고 전작 《무동 번뇌를 자르다》라는 책을 통해서도 깊이 있게 이해가 가능하다.

밀교의 신들은 자성심과 계합됨

신이 인간을 창조한 게 아니라 인간이 신을 창조했습니다. 집단 무의식적 존재들입니다. 인간의 관념이 없으면 신의 세계도 존립할 수 없습니다.

신은 복력이 다하면 자연스럽게 이동하게 됩니다. 아무리 강한 신이라고 해도 에너지가 다하면 다른 계로 이동하게 되는데, 이는 곧 수명입니다.

많은 신은 인간에게 의탁하여 에너지를 얻고 있습니다. 인간이 닦은 삼매력을 통해 수명을 연장하고 인간에게는 맑은 색계천, 무색계천의 기운을 내리면서 서로 공생하고 있지요.

맑지만 긴장되어 있음, 경지에서 추락하기 싫은 마음이 인도의 성자들에게서 자주 보입니다. 그들의 마음가짐은 곧 천신들의 마음가짐인 것입니다. 맑음이지만, 퇴보하기 싫고 경지에 연연하면서 단 3시간의 삼매를 위해서 매우 많은 금계(禁戒)를 지켜야 합니다.

이때 질문이 있었습니다.

에너지의 세계가 그렇다면 밀교도 다양한 신들이 있는데, 그들 역시 에너지를 공급받지 않느냐고요. 그렇게 생각할 수도 있습니다.

그러나 밀교의 신들은 자성심이 구현화된 것입니다.

모성(母性)이라 하면 이집트의 이시스, 동양의 관세음보살, 서양의 성모 마리아 등으로 세계 각지에 비슷한 성격의 신들이 있습니다. 이는 인류의 원형적 의식, 그리고 더 깊이 들어가면 우주의 기본적 질료 안에 이미 공통된 종자심이 내재되어 있기 때문이며, 밀교의 신들은 이 종자심의 구현태이기에 본성과 계합된 존재입니다.

그래서 절대의 공성, 바즈라순야라는 글에서 자성심을 자성연화, 자성월륜, 자성금강 등으로 특정한 형태의 모양으로 끄집어내어 밀교의 스승께서 다시 행자에게 자성연화와 자성월륜과 자성금강을 부여함이라고 하였습니다. 그래서 제대로 된 관정은 자성심, 곧 나의 근본 마음과 계합된 것이기에 윤회를 하면서 파괴되지 않는다고 하였습니다. 이는 곧 나의 가장 깊은 원형적 의식을 끄집어내어 다시 내게 부여하는 것이기에, 내가 소멸되지 않는 이상, 관정은 파괴되지 않음을 말한 것입니다.

신들의 세계가 집단 무의식적 세계이기에 문화권에 따라 이집트 고대의 신이 한국에서는 힘을 못 쓰고, 일본의 신들이 한국 문화권에서는 힘을 쓰지 못함입니다.

그러나 밀교의 신들 중 한 분인 애염명왕을 예를 들어보면, 그분은 6개의 손에 각각 지물을 들고 있고 신체 색은 적색이며 머리에는 오고 저가 있고, 사자의 모습을 한 관을 쓰고 있으며 분노한 표정을 짓고 있음은 그러한 상징 하나하나가 인간의 무의식과 배치되게 되어 있어, 상징 하나하나를 관하게 되면 인간의 무의식 격이 상승하기에 애염명왕 수행법이 있는 것입니다.

공성에 대한 이해 없이 신의 세계에 접근하면, 집단 무의식적 에너지에 노출되기에 밀교 수행이 마장이 깊다고 하여 위험하다고 인지되는 것입니다.

무동금강이 부동명왕화염술과 애염천궁 탄트라를 쓸 수 있음은, 그분들이 티베트나 일본에서만 숭배되는 신이라고 이해했으면 한국에서는 그 힘을 쓸 수 없습니다. 그러나 무동금강이 그 힘을 쓸 수 있는 것은 상징은 곧 본성과 계합된 것이기에 금강경에서 말하는 '일체법이 곧 불법'임을 알기에 그분들의 힘을 쓸 수 있습니다.

이 세계가 파괴되어도 금강은 파괴되지 않습니다. 왜냐하면 본성과 계합된 소리(만트라), 인계(동작), 모양(관법)은 곧 본성이기에 형태가 파괴되더라도 이는 파도가 쉴 뿐입니다. 바다는 그래도 있는 것입니다.

이는 다른 의미로도 이해됩니다.

나에게서 시작한 것은 파괴되지 않지만, 내가 아닌 초월신, 근원자, 성스러움에서 시작한 것은 언젠가는 파괴된다는 것입니다. 마치 색계천과 무색계천의 신들의 지원을 받는 이가, 색계와 무색계의 천신들이 떠나가면 그 공력이 흩어지는 것과 같음입니다.

2장

법맥의 장

밀교의 시조를 흔히 석가모니 부처님의 아드님인 라홀라 존자로까지 소급하거나

신통제일 목건련으로 소급하기도 하나 밀교 내부에서는 시조를 대일여래라고 한

다. 흔히 밀교는 달라이라마 성하께서 지도자로 있는 티베트 밀교로 한국 불자들에

게 알려졌으나 실은 일본이나 한국, 그리고 중국에도 밀교가 전해 내려온 적이 있

었다. 현재 그 법맥의 흐름이 일본의 진언종으로 면면히 이어져 오고 있다.

본 장에서는 인도의 밀교가 티베트 밀교와 일본 진언종으로 갈라지는 역사적 이유

를 밝혀보고, 영기장이라는 영적인 체크 방식을 통해 법맥의 특징을 적어본다.

영기장은 기운을 16절지 종이에 그대로 옮겨오는 체크 방식이기에 영기장을 보면

기운으로 그분들을 친견하는 효과가 있다.

한국에서 잘 알려진 밀라레빠 및 파드마삼바바뿐 아니라 한국에서는 잘 알려지지

않은 바즈라보디나 아모가바즈라와 같은 고승의 영기장을 소개한다. 그 외 티베트

법맥의 특징도 적어본다.

밀교의 법맥 - 석존의 법인가?

용수보살은 공사상의 확립자이자 대승 불교를 크게 융성하게 한 고승입니다. 그의 전기를 보면 그는 '용궁'에서 화엄경을 가져왔다고 되어 있습니다. 그는 또한 최초의 밀법행자로 밀교의 역사에는 기록되어 있습니다.

현재 일반적으로 불교 신자들은 부처님 아들인 라훌라를 석가모니로부터 밀법을 전수받은 최초의 밀법행자로 알고 있습니다. 부처님 10대 제자 중 '밀행제일'이라는 칭호로 알려져 있지요. 그러나 불교의 발전사에서 석가모니 당시부터 모든 불교 종파가 다 파생된 것은 아닙니다. 시조는 석가모니가 맞지만 발전되어 온 것이 불법이고 이러한 역사적인 부분을 직시해야 법맥을 알 수 있습니다.

밀교의 고승들이 말하는 밀법의 역사는 금강지 삼장이 구술하고 이를 불공금강이 기록한 《부법전》에 남아 있습니다.

인도 남부에 아주 튼튼한 철쇄로 봉인된 철탑이 있었고, 석존 입멸 수백 년 이후에도 아무도 그 철쇄를 풀고 철탑에 들어가지 못했다. 용수보살이 대일여래의 진언을 지송하니 허공 중에 무량하고 광대한 몸을 나타낸 자가 있어 무한한 법문을 설하니 그것을 받아 적어 '비로자나염송법요'가 되고 7일간 탑 주위를 돌면서 대일여래 진언을 염송하고 7개의 겨자씨로 탑문을 때리니 문이 열리고 대일여래의 금강법계궁이 펼쳐져 있었다. 이 금강법계궁에서 금강살타에게 관정을 받고 최초의 밀법 행자가 된 분이 용수보살이시다.

대일여래는 아래와 같은 태양과 유사한 특징이 있어 대일(大日)이라 의역하며, 음으로 그대로 번역하면 마하바이로차나(비로자나불)라고 번역됩니다. 한국의 절에서 대적광전 혹은 대웅전 등에 비로자나불이라고 모셔져 있는 불상이 대일여래입니다. 일반 불자들은 비로자나 부처님이 실은 밀교의 부처님 대일여래와 같다는 것을 알게 되면 많이 당황스러울 것입니다. 특히 밀교가 타락한 성적인 불교라는 인식이 있는 분이면 더욱이요.

대일여래는 아래와 같은 특징이 있습니다.

① **제암편명(除闇遍明)** - 이것은 대일여래의 지혜의 덕을 나타낸 것으로 태양 빛은 한쪽만을 비추므로 어둠과 밝음, 낮과 밤의 차별이 있

으니 여래의 지혜 광명은 모든 곳에 가득 차 있기 때문에 안과 밖의 구별도 없이 세상의 모든 곳을 골고루 비추어 주기 때문에 세간의 태양보다는 더 훌륭하고 크다는 뜻에서 대일(大日)이라 한다.

② **능성중무(能成衆務)** - 대일여래의 자비의 덕을 나타낸 뜻으로 태양 빛이 땅 위의 모든 동식물을 골고루 평등하게 비추어 각각의 본래 기능을 충분히 발휘케 하여 성장시키는 근원이 됨과 같이, 여래의 자비광명은 일체중생을 차별 없이 평등하게 비추어 중생이 본래 갖추고 있는 불성을 발휘케 하므로 대일이라 하는 것이다.

③ **광무생멸(光無生滅)** - 이것은 대일여래가 나타내는 진리의 영원 불멸성을 나타낸 것으로, 태양이 세상을 비춤에 멸함이 없이 영원한 것과 같이 대일여래 또한 시방삼세에 고루 미쳐 시간상으로 공간적으로 영원하고, 생멸(生滅)이 없이 오랜 옛날부터 영원한 미래에 이르기까지 항상 중생을 위하여 법을 설함을 말하는 것이다.

대일여래는 과거에도 그러했고 현재도 그러하고 앞으로도 그러하게 늘 설법하는 존재이고 이 우주 만물이 대일여래의 화신이기에 새의 지저귐, 태양의 밝음, 달의 청량함, 시냇물의 흐르는 소리 등 모두가 항시 설법하는 존재입니다.

그러나 이 대일여래는 늘 설법하지만, 천둥이 칠 때 귀먹은 자가 들을 수 없고 태양이 비추어도 눈먼 자가 볼 수 없듯이, 사물을 여실히 볼 수 있는 깨달은 자(覺者)가 아니면 그 설법을 음미할 수가 없는 것이지요.

그래서 대일여래의 경계를 알아들을 수 있는 금강계 불보살들이 출현하는 것이고, 대일여래와 문답을 하는 종교적 체득자, 금강살타가 출현하는 것이며 인도 철탑을 열고 금강살타에게서 밀법을 전수받은 이가 용수보살이라는 것입니다. 그래서 태장계 밀법의 고승 선무외삼장과 금강계 밀법의 고승 금강지삼장의 법맥을 이은 진언종에서는 밀법이 석존에게서 아니라 대일여래에게서 나왔다고 합니다. 대일여래와 석가모니는 별개라는 것입니다. 이에 반해 일본 천태종에서는 밀법을 수행하면서도 대일여래와 석가모니는 같다고 합니다.

대체로 밀교를 설명할 때에 석가모니의 아들 밀행제일 라훌라로부터 밀법이 시작되었다고 하나 그것은 밀법이 아닌 일반적인 불교가 밀법을 일반 불교로 포섭시키려는 의도가 있는 것이며, 또한 밀법을 수행하는 이들도 석가모니에게까지 밀법이 소급되어야 스스로 정통성이 있다고 판단해서입니다.

그러나 밀교의 고승들이 남긴 기록은 밀법은 대일여래의 경계를 체득한 금강살타가 인간 용수보살에게 전했다고 되어 있습니다.

밀교의 법맥 - 밀법의 두 가지 흐름

　대승 불교 초기에는 공을 강조하는 중관학파가 있었고 이 중관학파가 모든 것을 부정하고 깨고 논파하는 것에 치우치게 되자 '모든 것은 집착할 것이 없는 것이지만 마음의 흐름을 미세하게 관찰하고 이러한 관찰을 기반으로 실질적인 수행을 해보자.'라는 기류가 형성되어 유식학파가 성행한다.

　금강경에 '약이색견아 이음성구아 시인행사도 불능견여래(若以色見我 以音聲求我 是人行邪道 不能見如來)'라는 구절이 있다.

　해석하면 음성과 모양으로 부처를 구하면 삿된 것이며, 부처를 보지 못한다는 뜻이다. 금강경과 같은 공 사상을 펼치는 경전에서는 이렇게 형상과 소리와 문자에 집착하면 참다운 도(道)에 들어가지 못한다고 거듭 언급하고 있다. 그러나 금강경에서는 이러한 문구도 있다. '일체법(一切法)이 개시불법(皆是佛法)' 즉 모든 것이 부처님이라는 언급도 있다. 진리를 설파한 법문조차도 집착할 것이 없어 법문에 집착하면 법상이 있다고 하는 금강경에서 또다시 모든 것은 진리, 부처님이라는 언급을 한다.

이는 진리라고 믿고 이에 철저히 따르고 집착하는 그 마음조차도 깨어야 진리가 제 가치를 한다는 것이다.

중관학파가 모든 것을 깨고 부정하고 집착할 것이 없다고 하는 반야의 논리를 극단으로 펼치어내자, 다시 한 번 그러한 부정의 논리를 부정하여 모든 색깔과 형상과 음성과 문자가 진리 그 자체임을 드러내는 기류가 형성되었다. 금강경에서 부처를 모양과 소리를 통해 파악할 수 없음을 말하면서 일체의 집착을 부정하다가 마지막에는 모든 것이 부처님의 법이라고 한 것에서 볼 수 있다. 그 경향성이 화엄경에서 강하게 보여 53인의 선지식—그 당시 천민으로 여겨졌던 창녀, 뱃사공까지도 긍정하게 되는 것이었다.

유식학파는 표면상으로는 중관학파의 대칭점에서 시작한 학파이지만, 중관학파의 기본 원리인 '연기법'에 기반을 두고 논리를 전개한다. 중관학파는 모든 것은 인연이 돼 있기에 그 자체로 독립적으로 설정된 고정된 실체가 있음을 부정한다. 무가치하다는 것은 아니다. 무상하기에 집착은 고통을 낳는다는 것을 설파한다. 집착을 떠나게 되면 연기법은 고통을 낳는 우암(愚暗, 어리석은 어둠)의 프로세스이나 수행을 하는 이에게는 수행을 하는 인연으로 인해 장래에 부처가 될 수 있는 가능성을 밝히는 빛의 프로세스가 된다. 그리고 그 논리의 끝에는 요가와 결합한 수행법이 있다.

철저한 부정, 삿된 것을 깨부수자는 중관학파의 끝은 현실 긍정으로서 현실에 있어서 나는 어떻게 부처의 이상을 실현할 것이냐는 '보살도'로 그리고 '수행'으로 나아간다. 수행에 대한 이론을 구축하는 학파가 유식학파이다.

색깔과 소리와 상징이 절대적 긍정으로서의 진여자성의 반영이라는 결론!

그것은 삿된 것을 깨부수자는 중관학파를 한 번 더 부정하고 깨었기에 현실의 절대 긍정이 나온 것이다.

금강경에는 부처를 몸으로 보거나(약이색견아) 음성으로 구하면(이음성구아) 그 사람은 삿된 길을 간다는 말이 있다. (시인행사도) 그러나 금강경은 모든 것은 불법이라고 한다. (일체법 개시불법) 한 번 부정하고 그것을 다시 한 번 부정해서 절대 긍정으로 나아간 모습이다. 이에 따라 금강경 이후에 출현한 화엄경은 밀교의 세계로 건너가는 문이 되고, 화엄경의 교주인 비로자나불은 밀교의 교주인 대일여래인 것이다.

현상에 대한 긍정으로 시작하여 모든 상징은 수행의 매개가 된다.

소리는 차크라[6]를 진동시키고, 소리 한 글자 한 글자는 불보살을 상징하고

색깔은 차크라를 자극하고, 개별의 색깔은 불보살의 몸의 색깔이며

---

6 차크라: 바퀴라는 뜻의 산스크리트어이다. 인체 내의 기운이 응집된 센터를 말한다. 티베트 밀교에서도 언급되는 것이며, 한자로 번역된 밀교 경전에서는 맥륜(脈輪)이라고도 언급된다.

상징은 차크라를 구현하고, 상징은 불보살의 뜻을 구현해 놓은 것이다.

즉 행자가 자신에게 내재된 불보살의 잠재된 모습(잠재태, 暫在態)을 현실의 실재태(實在態) 소리와 이미지와 상징을 매개로 미래의 구현태(具現態) 불보살로 구현시키는 것이 밀법이다.

절대적 진여 자성의 드러남인 현상, 현상 그 자체를 수행의 방법으로 한 것이 밀법이고 이를 기반으로 하여 고도의 상징체계가 구축된다.

대승 불교 초기부터 주법(呪法)이 있어 왔다. 뱀에 물렸다거나 벌레에 물렸을 경우 치료의 주술로서 다라니가 있어 왔고, 수행하기 앞서서 스스로를 영적으로 지키기 위해(護身呪) 진언이나 다라니를 외웠다. 교리화가 안 되어있고 신앙에 가까운 주법이었기에 이 시대를 잡부 밀교라 한다. 그러나 공 사상과 유식학파가 발달하게 되면서 소리, 문자, 상징을 적극적으로 채용하게 되면서 주법(呪法)이 수행의 방편으로 격이 올라가게 된다. 7세기 중반에 대일경과 7세기 후반에 금강정경이 갑자기 출현한다.

이 두 경전을 기점으로 하여 밀법은 대승 불교의 주류가 된다. 이전에는 밀교의 법이 다분히 주술로서 행해져 왔는데, 체계적인 경전의 출현으로 주술에서 부처님의 법으로 승화된다.

인도에서 대일경과 금강정경이 성립되고 100년이 지나지 않아 대일경을 가져온 선무외삼장(슈바카라심하)과 금강정경의 대가 금강지(바즈라보디)가 당나라에 온다. 그 당시 당나라가 전 세계의 실크로드를 운영하고 있었기에 안정된 국제 정세에서 두 고승은 각각 인도에서 당나라로 오게 된다.

A 루트가 선무외삼장이 당나라로 온 루트이고, B 루트가 금강지삼장이 바닷길로 당나라에 들어온 루트이다. 대일경은 인도 북부 지역(동인도로 추정)에서 성립된 것으로 추정되며 선무외삼장이 육지 실크로드를 통해 당나라로 대일경을 가져왔다. 금강정경은 남인도에서 성립되어 금강지삼장이 바닷길로 가져왔다.

원래는 대일경과 금강정경은 따로 성립되어 전혀 다른 밀법 체계에 속한다. 그런데 두 밀교의 대가들이 당나라에 오게 되면서 중국인들은 대일경은 여성적, 금강정경은 남성적이라는 이해가 싹이 트고 두 가지 밀법을 서로 대칭적으로 이해하게 된다.

이 당시 밀법은 밀법이 탄생 된 후 100년도 안 된 시기에 당나라에 들어왔기에 초기에 해당된다. 그 밀법이 신라와 일본에 전해지게 되고, 신라에 전해진 밀법은 소멸되게 되고 일본에 8세기 당시의 밀법이 고스란히 전해지게 된다. 밀법이 전해진 당나라에서는 밀교가 융성하게 되는데, 당나라에서 밀교를 탄압하고 또 당나라가 망하고 혼란의 시대에 접어듦에 따라서 밀법은 크게 위축된다. 결국, 중국에서는 밀법이 소멸되게 된다. 이후 중국에서 전개된 밀법은 당나라 시대의 밀법이 아니라 무상유가 탄트라의 영향을 받은 티베트 밀법이나 몽골 계열의 라마교의 밀법이다.

인도에서는 밀법이 탄생 된 이후 계속 밀법이 연구되어 다양한 탄트라가 만들어지고, 밀법의 이해가 심도 있게 진행된다. 그것이 후기 무상유가 탄트라이다.

특히 몸에 대한 연구가 진행되어 생리적 차원에서 부처님의 몸을 증득하는 탄트라가 성행하게 되고 현실 긍정이 인간의 성에까지 진행되어 성적 행위나 성적 암시를 통한 수행법이 유행한다. 금강정경 계열의 밀법이 인도 밀교 발전사에서 주류가 됨에 따라 태장계법은 하위 탄트라로 분류되었다.

13세기에 이슬람 세력이 인도를 침입해와 밀교의 중심지 사원을 철저히 파괴함으로써 인도 밀교는 끝을 보게 되고, 인도의 고승들은 티베트로 탈출하게 되고 인도 후기 밀교는 티베트에 이식되게 된다.

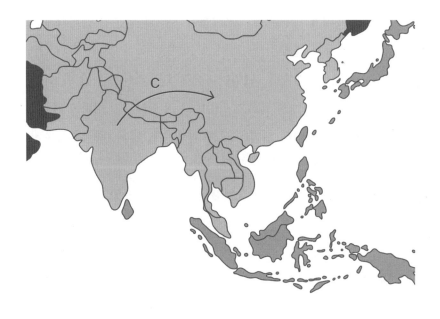

C의 과정이 인도의 밀법이 티베트로 이식된 경로이다. 현재 달라이라마로 상징되는 티베트 밀교는 인도 후기 밀교가 이식되었으며, 이후 수많은 티베트의 성자들이 출현하면서 티베트 밀교는 자체적인 발전을 하게 된다.

당나라 시절의 밀법이 일본으로 전해지고 중기 밀교의 순수성을 가진 한 곳이 일본 진언종에 해당된다.

일본 부동명왕   티베트 부동명왕

똑같은 부동명왕인데, 왼쪽은 일본에 전해지는 부동명왕의 그림이고 오른쪽은 티베트의 부동명왕이다. 칼과 밧줄을 들고 있는 것은 동일한데, 티베트 쪽은 여성과의 합체불로 부동명왕이 있다. 합체불은 후기 인도 밀교의 특징이다. 남녀가 있어야 완전하다는 인식이다.

밀법의 흐름을 보면 갈수록 에너지가 작아지는 경향이 보인다. 탁해지는 경향마저도 보인다. 섬세해지고 복잡해지는 것까지는 좋은데, 성적인 요가를 수행에 접목하고, 이를 뒷받침하기 위해 수많은 개념으로 이론화하였기에 이것이 불교가 가장 발전된 형태, 밀교가 맞는 것이냐는 회의감이 들 수 있다.

무상유가 탄트라, 즉 인도 후기 밀교의 입장에서는 진언종으로 대표되는 중기 밀법을 자신들의 보유한 무상유가 탄트라보다 하위의 탄트라로 분류하고, 자신들이 하는 수행을 그 이상의 탄트라는 없다는 뜻의 '무상' 유가 탄트라로 지칭하여 이 수행을 하면 성불은 보장된다고 주장한다.

그러나 탄트라 자체가 수행의 성취를 보장하지 않는다.

티베트의 분류로는 일본 쪽 밀교의 탄트라는 행 탄트라나 작 탄트라, 그리고 유가 탄트라에 해당되고 무상유가 탄트라는 아니라는 인식이 있다. 그러나 티베트 분류로는 행 탄트라로 분류되는 대일경의 대가 선무외삼장은 영기장[7]상으로는 그 수행의 성취가 대단하다고 보여진다. 즉 탄트라의 성취가 문제이지 고도화되고 정교한 탄트라를 얼마나 많이 알고 있느냐가 깨달음을 결정짓지 않는다고 본다.
이후의 글들에서 밀교 고승들의 영기장을 올리면서 법맥의 특징을 추적한다.

---

7 영기장: 기운의 흐름을 타서 볼펜으로 그림을 그린 것이다.

금강승 불교의 필연적 전개

금강승 불교, 즉 밀교는 후기 밀교인 경우에 부모불이 자주 나온다. 남녀 합체불이 나오는데 부 탄트라의 경우 일반적인 관상법, 모 탄트라의 경우 생리적 흐름을 중요시한다고 한다.

여기서 힌두교의 샥티파의 영향을 받았음을 알 수 있는데 무상유가의 제존 중 여성존이 많은 것은 힌두교 샥티파를 제압하기 위함이라는 설이 있다. 초회금강정경에 모천(母天)이라 하여 힌두의 여신들을 제압하기 위해 헤루카라는 여신이 등장한다.

시대가 흐름에 따라 샥티파의 이론과 실수법이 발전하자 이에 대응하기 위해 초기에 이미 설해졌던 헤루카에 대한 중요성이 부각되며 헤바즈라 탄트라가 발전하게 된다.

금강승 불교는 이미 기존에 있던 것을 변용하고 승격시키는 경향이 강하다. 즉 티베트에서 말하는 지금강불, 본초불의 개념은 중기 밀교에서 말하는 대일여래와 아자(阿字) 개념이 발전한 것이다. 아자에 대한 개념은 본불생이라 하여 본초불의 개념이 이미 정립되어 있음을 알게 한다.

이취경 역시 후기 부 탄트라, 모 탄트라의 원형적 개념을 내포한다. 이렇게 가만 보면 이미 밀교 초중반에 존격들이 설해지고 그 존격들에 의미가 더해지고 실수법이 정밀해짐에 따라 무상요가 탄트라가 출현하는 것이다.

아래는 부동명왕이다. 일본에서 전해지는 부동명왕과 티베트에서 전해지는 부동명왕이다.

일본 부동명왕   티베트 부동명왕

검을 들고 한 손에는 밧줄을 들고 있는 모습은 같지만, 티베트의 경우에는 남녀 합체불이라는 것이 차이이다. 이 차이점은 인도 밀교 초중반과 인도 밀교 후기의 차이점이라 할 수 있다.

일본에 진언 밀교가 전해지기 전에 당나라의 불공삼장께서는 '금강정경유가십팔회지귀'라는 것을 남겼다고 한다. 거기서는 '비밀 집회'라는 이름이 소개되어 있다.

우리가 흔히 아는 티베트 밀교의 중추적인 경전이 '비밀 집회'인데 금강정경 18회 전부는 남아 있지 않다고 한다. 그중 일부만이 전해지는데, 비밀 집회는 불공삼장 당시에는 번역되지 않고 그 실체마저 불분명했으나 그 후 비밀 집회를 위주로 한 수행과 이론들이 출현하게 된다.

불공삼장이 금강정경 일부만을 가져오고 나머지 금강정경 계열(비밀 집회 포함)은 인도에서 계속 꾸준히 연구되고 후에 편찬되지 않았나 싶다. 그래서 일본에는 비밀 집회 탄트라가 전해지지 않은 것이다.

만다라는 이미 남녀 합체불의 성향이 있었다. 왜냐하면 밀교가 아닌 현교에서도 '권속'이라는 개념이 있는데 그 단어는 어떤 보살이나 부처들을 가족이나 부족으로 분류한 것을 의미한다.

이 권속이라는 개념을 좀 더 강화한 게 금강승 불교인데, 금강계 밀교는 허공장보살, 문수보살, 관음보살 등의 존격에 금강이라는 이름을 붙임으로서 보다 통일성 갖춘 만다라를 구현한다. 문수보살을 금강리보살, 관음보살을 금강법보살, 지장보살을 금강당보살 등으로 개별적으로 인식되고 존숭되던 불보살님들을 금강이라는 법호를 부여함으로써 우주적 통일체로서의 만다라의 일원으로 인식하게 된 것이다.

이 권속이라는 개념이 '금강'이라는 하나의 가족의 개념으로 바뀌면서 어찌 보면 초기, 중기 밀교는 후기 밀교의 부 탄트라, 모 탄트라의 원형을 내재했던 것이다. 금강계 권속들이라는 개념은 금강계 가족들로 그 가족들의 어머니와 아버지가 존재하는 관념으로 발전했다.

이 '좌'가 치밀해지는 성향은 후기 밀교의 성향인데…

태장계 만다라의 관음원에 있던 '다라보살'이 후기 밀교에서는 독자적인 존으로서 중시되었다는 부분이나(타라보살을 말합니다. 타라보살을 한자어로 번역하면 다라보살) 오대명왕 중 항삼세명왕에 해당하는 야만타카가 티베트 밀교에서 중시되었던 부분이나 오불 중 동방의 부처 아촉불이 중요시되었던 부분을 보면, '좌'의 부분 중에서 유가 수행에 중요한 부분을 특화하여 발전시킨 후기 밀교의 성향을 알 수 있게 한다. 좌가 치밀해졌다는 것이다.

일본의 진언종과 티베트의 밀교는 천 년 동안 교류가 없다가 현대에 와서 간간이 교류가 있었다. 시기적으로 당나라 때에 인도의 승려들이 중국에 밀법을 펼치고 일본에 구카이가 그 밀법을 펼치게 되고, 중국에 있던 밀교가 정권의 탄압을 받아 소멸되면서 일본에 새로운 밀교는 들어오지 않게 된다.

그 이후 계속 인도에서는 밀교가 연구되다가 인도의 밀교가 소멸되면서 티베트가 인도 밀교를 계승하게 된다.

티베트 밀교에서는 일본에 전해지는 구회 만다라와 태장계 밀법이 전수되지 않고 있다.(티베트에도 태장계 만다라가 있으나 일본에 전해지는 태장계 만다라와는 차이가 있음.)

태장계 밀법은 인도 후기에서는 이미 잊힌 밀법으로 생각되는 것 같다. 그에 반해 일본에서는 티베트의 무상유가 탄트라에 대해서 타락한 것으로 생각하는 듯하다.

그러나 일본의 밀법 안에 티베트의 무상유가의 원형이 잠재되어 있었다.

만트라야나와 칼라차크라야나의 차이

만트라야나(진언승)는 진언 밀교 혹은 유가 탄트라라고 하여 일본 밀교로, 칼라차크라야나(시륜승)는 시륜승, 구생승, 무상유가 탄트라 등으로 불리는 티베트 밀교로 전해졌습니다.

'밀법의 두 가지 흐름, 밀교의 법맥'이라는 글에서 밀법이 일본과 티베트로 전해지는 양상을 적어보았습니다. 이 글에서는 일본에 전해진 만트라야나와 티베트 불교로 대표되는 칼라차크라야나의 차이점을 좀 더 상세히 적어봅니다.

1) 수행과 관련된 존격의 이동

만트라야나는 대일여래를 주존에 모시고 4대 불(佛)을 동서남북에 배치한다. 그러나 칼라차크라야나의 흐름에서는 아촉여래가 중심이 된다. 아촉여래는 금강계 만다라에서 동쪽에 계시고 금강심을 뜻한다.

만트라야나에서 후대로 갈수록 밀교가 더럽다고 여기는 것, 혹은 부정하다고 여겨지는 오줌, 대변, 정액, 피 등등의 상징물을 이용하고 성적인 탄트라까지도 흡수함에 따라 흔들리지 않는 부동심이 갈수록 중요해졌다. 그래서 후대로 갈수록 아촉여래가 주존이 되어갔다.

그리고 수많은 관세음보살의 변화신 중에서 다라보살(타라보살)은 태장계 만다라의 관음원 중 한 존격이나 만트라야나 이후에는 다라보살의 신앙이 더욱 성하였고 거기에 관련된 탄트라가 개발되었다.

만트라야나에서는 부동명왕(아리야아차라나타)이 존승되었으나 만트라야나 이후의 후기 탄트라에서는 대위덕명왕, 즉 야만타카 탄트라가 발전하였다.

원래 부동명왕이 중앙부, 대위덕명왕은 서쪽 아미타여래의 분노불, 문수보살의 분노존으로 해석되나 밀교 공부한다는 사람들은 동양권에서 말해지는 대위덕명왕은 잘 모르고 티베트 밀교에서 수입된 야만타카라는 이름은 더 친숙하게 되었다.

이렇게 존격이 이동하는 현상은 중생 구제를 위한 방편이 좀 더 정교해지고 물질계 최하의 중생까지도 제도하려는 속성이 강해짐에 따라 더욱 가속화된다.

① 보편적인 덕보다 중생의 번뇌에 더욱 효과적으로 대응하는 존격이 더욱더 필요함

② 보편적인 덕으로 수행하기보단 별개의 덕에 의지하여 수행의 성취를 빠르게 함

이러한 이유로 인해 수행자들의 관심사가 별개의 덕으로 이동하게 된다.

관세음보살 자체보다 관세음보살의 눈동자인 타라보살

만다라 중앙의 대일여래보다 만다라 동쪽의 아촉여래

만다라 중앙의 부동명왕보다 만다라 서쪽의 대위덕명왕

이렇게 수행과 관련된 존격이 이동됨으로 인해 지말을 통해 본류로 들어가는 흐름이 강화되었다.

2) 더욱더 불타오르는 분노로 진행됨

일본 밀교 대위덕명왕

티베트 밀교 대위덕명왕

왼쪽이 진언 밀교의 대위덕명왕이고 오른쪽이 후기 밀교의 야만타카(대위덕명왕)이다. 존격이 같은데 오른쪽의 모습이 더욱더 흉악하게 생겼다. 이는 후기 밀교로 갈수록 중생의 번뇌가 더욱 제압하기 어려워지기 때문에 불보살들이 더욱더 분노하여 그 모습을 중생 제도에 특화된 모습으로 변화하기 때문이다. 이러한 모습들은 티베트 밀교 전반의 탱화에서 확인된다.

바즈라요기니

바즈라요기니, 즉 금강유가모라는 존격이다. 모습이 초기 밀교보다 많이 흉악해져서 세련(?)되어졌다고 하겠다. 해골을 목에 걸고 피를 마시는 모습이다. 이는 더욱더 분노하고 해골이나 피와 같은 죽음과 같은 강렬한 심상을 통해 죽음과 관련된 원형적 공포를 불보살의 경지로 올리고자 하는 밀교 행자들의 염원이 있는 존격이라 하겠다.

3) 성취의 목적

후기 밀교가 환신성취 등을 강조함에 따라서 마치 동양계의 신선도와 유사하게 진행된 부분이 보인다.(신선도는 불로불사하여 원신을 성취하고 몸을 탈각하는 경지를 추구한다. 후기 밀교가 환신을 성취하고, 수행의 경지가 파괴되지 않는 것을 추구하는 모습이 많이 보인다.)

만트라야나 역시 즉신성불이라 하여 이 몸이 그대로 성불한다는 것을 추구하나 구카이(空海)의 언급과도 같이 내 마음 자체를 만다라화한다는 것에 가깝지 후기 밀교처럼 내 몸 그대로 영적인 신체를 성취한다거나 의식 자체의 소멸 없이 의식을 전이한다거나 의식을 환신으로 성취한다는 개념은 보이지 않는다.

4) 금강 연화원은?

금강 연화원은 좌공부를 메인으로 하고 보조적으로 만트라야나를 한다. 감로 탄트라나 타라보살 탄트라 등은 깊이 들어가면 후기 밀교의 힘과 동일하게 쓸 수 있다.

밀교 자체가 모든 수행의 기본은 될 수 없다. 왜냐하면 티베트 밀교가 이 세상에 유포된 지 이미 몇십 년이기에 '리차드 기어'와 같은 유명 배우가 티베트 밀교를 열렬히 신앙하는 성과를 거두었지만 리차드 기어가 환신을 성취했다는 이야기를 듣지 못했기 때문이다.

영기장상으로도 밀교의 몇몇 고승들이 후기 밀교 탄트라를 행했다고 해도 초기 밀교의 고승들보다 더욱더 수승하다는 게 입증되지 않았기 때문이다.

석가모니께서 위대한 것은 생사의 흐름을 거역했다는 게 아니라 생사의 흐름에 온전히 맡겨 당신께서 천명하신 연기법에 스스로 맡겨 열반에 들었다는 것에 있다. 죽음을 회피하거나 생을 연장하거나 의식을 몸을 바꾸면서까지 계속 연장하는 것보다 열반에 들어가셨다는 것이다.

수행은 연기의 법인즉 이 세상의 바퀴, 법의 바퀴인 '다르마'에 맡기는 것을 기본으로 한다.

세상의 바퀴가 윤회의 바퀴이기에 돌고 도는 뺑뺑이라면 법의 바퀴는 똑같은 바퀴나 서원과 수행의 바퀴이기에 수행을 하는 자리이다. 생사를 거꾸로 들어간다는 게 수행의 수승함의 기준이 될 수 없다.

이 몸을 회로 수백 수천 수십만 장으로 회로의 몸으로 바꾸는 것이 좌공부라면 그 목적에 부합하는, 태장계만다라 414존, 금강계만다라 1,416존으로 행자의 다종다양의 번뇌들이 곧 대일여래께서 유출한 불보살과 동일하다는 인식으로 스스로를 만다라화하는 만트라야나의 흐름이 좌공부와 비슷하기에 만트라야나의 흐름을 채용한 것일 뿐이다.

밀교의 법맥에 대하여 – 진언비밀승의 중요성

현재 한국에 소개되어 있는 밀교 이야기는 티베트 밀교 관련한 글이 다수이며, 티베트 밀교를 직접 수학한 스님이 저술한 입문용 명상서나 티베트 밀교를 체험한 여행자들의 여행기 정도입니다. 금강 연화원의 글은 티베트 편중의 밀교 이야기는 아닙니다. 중기 밀교에 해당하는 일본 진언종과도 흡사한 내용이 많습니다.

티베트 밀교의 수행 차제를 살펴보면 대다수가 관상법으로 진행되어 있습니다. 이에 반해 진언 밀교의 수행 차제는 진언과 수인과 관상이 다 전해 내려오고 있습니다. 수인법은 밀교 수행의 바른 성취를 위해 중요합니다.

1) 내 손 안의 불국토

손가락은 대일여래, 아축여래, 불공성취불, 아미타불, 보생여래를 뜻하며, 양손은 금강계와 태장계의 양부를 뜻합니다.

양손을 금강계와 태장계로 구분하는 것은 진언종의 특색이며, 티베트 밀교에서는 태장계를 행 탄트라 정도의 2단계 탄트라로 분류하기 때문에 중요성을 낮게 보아 양손을 양부의 만다라로 이해하지는 않습니다.

10개의 손가락으로 이루어진 양부의 만다라를 통해 불보살을 현시시키는 것이 수인법입니다. 내 손으로 이루어진 하나의 불국토가 만들어지는 것입니다.

① 바즈라 파장의 문제

밀교에서 거론되는 관정은 제자들이 스승에게 수행을 하기 위한 적법한 자격을 부여하는 것으로 이해됩니다. 이 말뜻을 음미해야 합니다. 바즈라, 즉 파사의 기운은 반야지에 통달할 때 나오는 것이기도 하지만, 입문자에게 기운으로 응할 수 있게 튜닝하는 작업이 필요합니다. 수인법이 바즈라의 파장을 구현하는 것에 도움이 된다는 것입니다. 수인법은 만다라 안의 하나의 존을 뜻하는 것이기에 적합한 수인 없이 하는 수행은 바른 수행의 성취를 하기 어려운 것입니다.

② 기경팔맥의 문제

물을 먹어도 소가 먹으면 우유가 나오고, 뱀이 먹으면 독이 만들어집니다. 신체 내부의 회로(설계도)를 거치면서 물이 다르게 되는 것입니다. 인체 내부의 기맥을 통과하는 프라나(氣)가 특정한 인계를 손으로 맺으면 특정한 기운으로 변형됩니다. 프라나(인도에서의 '기' 에너지를 프라나라고 함)의 측면에서 보면 수인법은 특정한 존으로 화할 때에 필수불가결한 것이라 할 것입니다.

만약 당나라에 선무외삼장과 금강지삼장이 도착하지 않았더라면, 그리고 일본의 공해 스님이 입당하지 않았더라면, 중기 밀교의 수행법이 전해지지 않았을 것입니다. 현재 알려져 있는 티베트 밀교의 수행법만 전해져, 다수의 인계법이 실전되었을 것입니다.

중기 밀교를 통해 후기 밀교의 특색을 알 수 있습니다. 금강연화원에서 이미 후기 밀교의 특색에 대해서 밝혀놓은 바가 있습니다.(만트라야나와 칼라차크라야나의 차이, 금강승불교의 필연적 전개)

밀교의 심법은 화엄경의 사사무애의 심법에서 시작하였습니다. 세상은 곧 법륜이며, 법륜을 통해서 방편을 구비하면서 나는 곧 금강계 대보살이 되어간다는 것입니다. 보리심이 씨앗이고 자비심이 뿌리이며, 방편은 곧 열매라는 대일경의 삼구법문이 이 심법을 대표적으로 보여줍니다. 방편 자체가 곧 불보살의 경지라는 의미이기에 이 세상을 살아가면서 방편지력을 구비함은 곧 금강계 대보살이 되어가는 과정입니다.

본서(本書) 이전에 출간된 《무동, 번뇌를 자르다》라는 책에서 밀교 수학을 위한 심법에 대해서 상세히 적었습니다만, 태풍의 눈은 태풍의 회오리침을 통해서 인지되며, 촛불의 밝음은 주변이 밝아져서 보이기에 밝음으로 인식되며, 소리의 고요함은 적막함을 가르는 소리에 의해 인지됨을 말했습니다. 태장계 만다라의 중앙에 있는 대일여래는 공성의 자리를 뜻합니다. 그러나 그분의 힘과 지혜와 그분 자체의 여실함은 중대팔엽원의 8분의 불보살을 통해 드러납니다. 이는 8분의 불보살을 비롯한 법계의 모든 불보살과 존재들이 공성의 활동이자 공성의 증거함을 드러낸다는 의미입니다.

중기 밀교까지는 공성의 증거함인 금강계, 태장계 불보살을 내 마음의 만다라로 구현시킨다는 의미가 강했습니다만, 후기 밀교로 갈수록 공성 자체를 증득하려는 성향이 강해집니다. '깨달음' 자체를 증득하려고 성적인 요가까지도 수용하는 모습이 보입니다.

후기 밀교의 비밀관정은 16세의 소녀를 스승에게 바치고, 스승의 바즈라(생식기) 안에 비밀스러운 보리심(정액)이 나오면, 그것을 제자가 마시는 것으로 되어 있습니다. 스승이 제자에게 보리심을 하사하는 것으로 되어 있습니다. 이러한 과정이, 승락(勝樂), 승희(勝喜), 적보리심, 백보리심, 기맥 등등 복잡한 개념으로 합리화되고 있습니다.

성적인 요가 행법이 후기 밀교에서는 실제로 하지는 않고, 관상으로만 진행한다고들 하지만, 티베트 스님들의 법문을 들어보면 실제로 하고 있음을 부정하지 않습니다.

나의 양손에 이미 태장계와 금강계의 만다라가 구족되어 있고, 양눈으로 월광보살(달)과 일광보살(해)이듯, 이러한 나를 통해 훔으로서의 나, 곧 근원이자 존재계이자 현상계의 나를 드러내기만 하면 되는 것임에도 불구하고, 깨달음을 초월로 이해하여 초월적 경지를 성취하기 위해 다양한 방편을 구족한 것이 티베트 밀교입니다. 인간은 존재함으로 그 존재 이유를 증명하며, 인간은 자신의 삶을 초월하기 위해 삶을 살지는 않습니다. 또한, 깨달음은 삼매 속에서 자신을 망각하고 평안함에 안주하는 것이 아닌, 움직이는 나는 모든 나들의 총합으로 움직이며 대일여래의 활동자로서 내가 움직인다는 것입니다.

중기 밀교는 내 마음의 다양한 활동성을 금강애, 금강만, 금강아 등의 보살로 상징화하여 내 마음을 불보살의 격으로 올려놓는다는 것을 말했지만, 후기 밀교로 갈수록 직접 대일여래의 경지를 성취하고자 성탄트라, 환신성취 등을 언급합니다.

쌓아놓은 수행력을 잃기 싫어하여 수행이라는 한정된 카테고리 안에서 윤회하는 존재들이 있는 것을 보면(세세생생에 수행자라는 카테고리 속에서 윤회하는 린포체를 뜻합니다), 대승 불교의 십지보살의 난승지[8]를

---

8 난승지(難勝地): 난승지는 세속의 지혜와 출세 간의 지혜를 조화시키기 어렵기에 극난승지라고 하여 매우 성취하기 어려운 경지라고 칭한다. 난승지의 보살은 중생을 이익되게 하기 위하여 세간의 기예를 모두 익힌다. 중생을 이익되게 하는 일이면 모두 열어 보여서 점점 위없는 불법에 머물게 한다. 중생을 이익되게 하기 위하여 문자와 산수와 약방문과 글씨와 시와 노래와 춤과 풍악과 연예와 웃음거리와 재담 등을 다 잘하며, 나무와 꽃과 약초들을 계획하고 가꾸는 데 묘리가 있고 금, 은, 마니, 진주, 유리, 보배, 옥, 보석, 산호 등의 있는 데를 다 알아 파내어 사람들에게 보이며, 산수가 좋고 나쁜 것을 잘 관찰하여 조금도 틀리지 아니한다. 보살도는 법신불의 무한히 나투어진 그 모습을 배우고 그 모습에 분별 지혜를 얻고서 그 분별 지혜가 평등함을 얻어 그 차별상에 흔들리지 않는 부동심을 얻는 과정이다.

언제 성취하실지 의아하기도 합니다.

자신의 단 1의 제도할 부분이 있다면, 그 하나를 위해서 전부를 봉인하고 사는 것이 보살들이 중생이 되어 윤회계에 들어오는 방식입니다. 수행력을 잃을 각오를 하고 윤회를 법륜으로 삼아 수행하러 오는 것입니다. 그러나 전생의 쌓은 공력을 잃기 싫어 세세생생에 린포체로 환생한다면 잇는 것은 가능하나 나아가지 못함입니다.

영성은 곧 초월로의 수직 상승이 아닙니다. 밀교가 이미 스스로 밝혀놓았듯, 본성이 자아에 반영되어 오로지 행(行)이 곧 본성을 드러낸다는 것!
태풍의 눈은 태풍의 회오리침에 의해 드러나듯, 행을 통해 공성이 드러나게 됩니다.
그러나 후대로 갈수록 공성 자체를 개념화하고 공성 증득과 공성 체험에 몰입하는 모습이 후기 밀교에서 농후하게 보입니다.

영성인은 공을 좋아하고 삼매를 좋아하고, 번뇌를 소멸하려고 하고, 성스러운 것을 좋아하나 수행인은 (근원이 반영된) 나를 좋아하고 (자비심과 보리심이 농축된) 방편을 좋아하고, 번뇌를 끊으려고 하는 게 아니라 다함에서 멈춤을 알게 되며, 속된 일상생활이 곧 대일여래의 지혜가 반영된 것임을 압니다.

밀교 고승의 영기장과 밀교 부법의 미스테리

1. 금강지삼장의 영기장

금강지삼장의 영기장

티베트의 밀라레빠와 파드마삼바바에 가려진 중국 당나라 시대에 활동한 인도의 고승 바즈라보디(Vajrabodhi), 금강지삼장의 영기장이다. 7세기 후반 금강정경 계열의 밀법이 확립된 후 남인도에서 바닷길을 거쳐서 당나라로 와 밀교를 알린 분이다.

하단의 운영체(발에 위치한 원형)가 매우 강력하고, 빛으로 된 세상조정좌가 목 주변에 서려 있는 것으로 보아서 이분은 밀교를 중국에 홍포하기 위해서 태어나신 분 같다. 목 주변의 세상조정좌로 세상에 도움되는 말씀을 많이 전해 밀교를 중국에 홍포했으며, 강력한 운영체로 당시 밀교에 무지했던 중국 불교계와 대중들에게 신선한 충격을 주었을 것이라 본다.

티베트의 밀교 계열이 금강정경을 기반으로 하여 발전해왔고, 밀라레빠와 파드마삼바바 모두 금강계 밀법의 성취자이다. 금강지삼장은 금강정경을 기반으로 한 금강계 밀법의 성취자이기에 현재의 티베트 밀교와 그 상관성이 있는 분이다. 금강정경 기반의 밀법은 금강지삼장 이후에 인도에서 생리적 요가와 결합하여 무상유가 탄트라로 진화하게 된다. 이분의 법은 당나라에 널리 퍼져, 신라 및 일본으로까지 퍼지게 된다. 법맥은 일본의 공해 스님을 거쳐 현재 일본 진언종으로 퍼져 있다.

금강정경을 기반으로 한 금강계 9회 만다라, 종자 만다라

2. 선무외삼장의 영기장

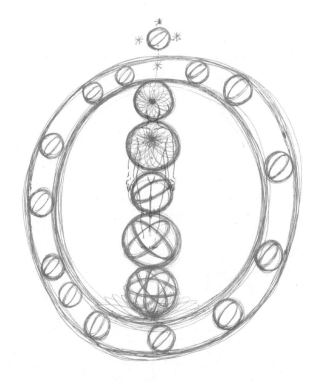

선무외 삼장의 영기장

선무외삼장(善無畏三藏, 인도명 슈바카라심하 Śubhakarasimha)께서는 태장계 밀법을 중국 당나라에 가져오신 인도의 고승이다. 태장계 만다라는 아래 그림을 보면 된다.

태장계는 어머니가 자식을 잉태하여 보호하듯, 법신여래이신 대일여래께서 중생을 보호하고 자궁 안에 양육하듯 중생 역시 어머니의 품 안에 있음을 뜻한다.

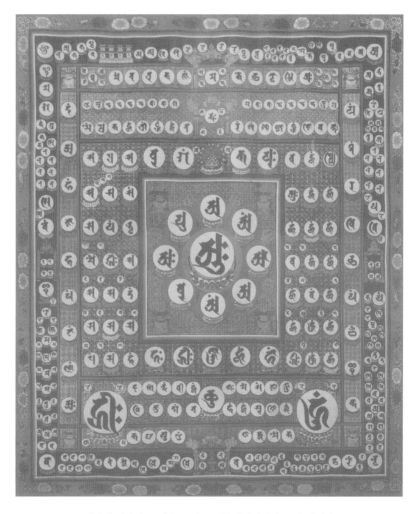

태장계 만다라, 종자를 중심으로 한 만다라이다. 종자 만다라

티베트 밀교에서는 태장계법을 소작 탄트라-행 탄트라-유가 탄트라-무상유가 탄트라 중에서 행 탄트라로 분류하고 있고, 탄트라 중에서 하위 탄트라로 분류하여 유가 탄트라로 가기 위한 발전도상의 수행법으로 인지한다. 옛날 밀법으로 생각하여 태장계법이 현대의 티베트에 거의 전해지지 않는다.

이에 반해 일본에서는 태장계법이 전해지고 있다. 티베트 밀교에서는 잊힌 밀법에 해당된다. 그러나 이에 반해 일본에서는 금강계법이 극상승으로 발전된 무상유가 탄트라는 전해지지 않는다. 인도에서 시작한 밀법이 당나라를 거쳐 일본에 간 이후 인도 본토에서 지속해서 발전된 무상유가 탄트라가 일본에까지 다시 들어가지 못했기 때문이다.

태장계법의 주요한 법은 오자엄신관이다. 몸의 다섯 부위에 범자를 새기고 하단에는 방형, 배 부근에는 원형, 가슴에는 삼각형, 목에는 반원형, 머리는 촛불 모양으로 배치하는 법이다. 이분은 태장계밀법의 성자라서 그런지 영기장 에너지의 흐름이 잡히는 곳은 신체 다섯 부위이다.

이분의 가슴에는 연화가 잡혀 있으며 7차크라(정수리 위의 에너지센터)가 연화처럼 되어 있다. 또한, 좌대에 해당되는 기장의 아래 부근은 연꽃처럼 되어 있다.

태장계 만다라는 대비이자 어머니인 느낌이다. 그래서 그런지 이분의 영기장상 특징은 연화이다. 가슴, 머리, 좌대가 연화이다.

불공삼장의 영기장

불공금강(不空金剛, Amogha-vajra, 아모가바즈라)은 금강지(바즈라보디)
의 제자입니다. 당나라에 수입된 밀교는 아모가바즈라 당시에 엄청난
세력 확장을 하여 밀법이 크게 융성했습니다. 그것은 아모가바즈라가
신통에 매우 능숙했기 때문입니다. 불보살을 시현시켰다던가, 공중에
서 물건을 떨어뜨렸다고 합니다. 특히 안록산의 난을 주법으로 평정하

여 당 황실의 신임을 얻어 밀법이 당나라에서 융성하게 하였습니다.

아모가바즈라의 제자가 혜과화상이며, 혜과화상으로부터 일본의 공해(空海) 스님이 사사하여 불공금강의 맥이 일본에 전해졌습니다. 혜과화상은 또한 태장계밀법을 현초 스님으로부터 사사하여 공해 스님이 금강계와 태장계의 양부 밀법을 한몸에 이은 것입니다.

이분의 영기장의 특징으로는 상단부는 8개의 바퀴살이 달린 법륜 모양으로 되어 있고, 태양처럼 뜨거운 에너지가 발산되고 있으며, 하단에는 촘촘한 세상조정좌 8개와 그 주변을 에워싸고 있는 번개 표시의 결계가 있습니다. 하단의 세상조정좌들이 촘촘하게 있는 것으로 보아 이분 역시 다른 밀법의 대성자들처럼 중생을 위한 방편을 구사했던 것처럼 보입니다. 카르마를 끊는다거나 다양한 이적으로 중생의 소원에 응해주는 힘을 갖고 있었던 것으로 보입니다.

그런데 이분의 가장 큰 영기장상의 특징은 오각형의 좌입니다. 능력이 극대화된 모습으로 보입니다. 영기장상에서의 오각형은 질서, 빛, 힘을 상징합니다. 이분은 능력을 보여주기 위해 오각형의 좌를 갖고 있다고 해석될 정도입니다.

시대의 특성상, 밀법이 단기간에 중국에 자리를 잡기 위해서는 아모가바즈라와 같은 인물이 필요했을 것이라 봅니다.

밀교 부법의 미스테리 –
같은 인물이 다르게 출현하여

'밀교의 법맥-밀법의 두 가지 흐름'이라는 글에서 당나라로 들어온 두 개의 밀법 흐름이 있음을 말했습니다. 인도에서 히말라야 및 중앙아시아를 거쳐서 당나라로 들어온 선무외삼장과 인도에서 해로로 말레이반도를 거쳐 당나라로 들어온 금강지삼장을 언급했습니다.(도표에서 A와 B) 선무외삼장과 금강지삼장은 각각 사사해주신 스승님들에 대해 언급한 바가 있습니다.

금강지삼장은 그가 남긴 기록《금강정유가삼십칠종출생의》에서 금강살타는 대일여래의 법을 얻고 수백 년이 지나 용맹보살(용수보살)에게 전하고 그가 용지보살에게 법을 남기고 수백 년이 지나 금강지삼장에게 법을 전했다고 합니다.

금강지삼장은《금강지삼장행기》에서 나이 10세에 출가하여 적정지에게 성명론을 배우고 31세에 용수보살의 제자인 700세의 용지보살을 7년간 시중들면서 밀법과 대승법문은 배웠다고 남겨져 있습니다. 그때 그의 모습은 30대의 모습이었다고 합니다.

이후 중국에서 금강지삼장의 제자로서 명성을 떨친 불공금강은 스리랑카로 가서 자신의 스승의 스승 되시는 용지보살에게서 밀법을 배웠다고 합니다.

금강지삼장이 남인도에서 밀법을 배우고 바닷길을 통하여 중국 당나라로 가서 밀법을 홍포했던 반면, 태장계법의 대가 선무외삼장은 육지 실크로드를 통하여 당나라에 입국하여 밀법을 전했습니다.

원래 금강계 밀법은 남인도에서 시작과 발전을 했고, 태장계 밀법은 북인도에서 발전했던 두 가지의 다른 밀법인데, 선무외삼장은 신기하게도 달마국다(다르마굽타)로부터 사사 받았는데 그의 나이는 800세 실제 모습은 40대의 모습이었다고 합니다.

이 미스테리한 장수한 인물은 후대 현장삼장(그는 서유기에 나오는 현장법사임)과도 연관이 있는데, 현장삼장은 남인도 책가국 동쪽 끝에 있는 대암라에서 얼굴은 30세로 보이나 실제로는 700세 되는 용수보살의 제자라는 사람에게서 중관론과 백론을 배웠다고 합니다.

불교사 전반에 출현한 이 800세의 인물은 이름만 달리할 뿐이지 고승들에게 법을 전한 동일한 인물로 추정됩니다.

밀법을 두 가지로 나누어 금강지 삼장에게 법을 전하고 선무외 삼장에게 법을 전한 이유는 법은 인연이 있는 자에게 전한다는 밀법 전수의 원칙 때문일 것입니다. 금강계법은 그 적임자에게 태장계법은 그 적임자가 따로 있어 전하고 두 가지 밀법의 대가들이 당나라에 입국하여 제자들을 양성하고 후대에 혜과 화상에게 밀법의 법맥이 모이게 됩니다.

그 법맥이 신라승 오진과 혜일에게도 전해져 신라에 진언 밀교의 법맥이 전해졌음을 추정하지만 모두 맥이 끊기고 당나라 당시의 밀법의 법맥은 일본 진언종에 승계되고 있음입니다.

영기장으로 티베트 밀교의 법맥을 추적한다

1. 파드마삼바바의 영기장

파드마삼바바의 영기장

파드마삼바바(蓮華生, Padmasambhava)는 불공금강보다 몇십 년 뒤에 인도에서 티베트로 밀법을 전한 인물입니다. 이분의 특징은 강력한 좌가 특징입니다. 밀라레빠님과 비교해서 더욱 강력한 좌를 갖고 있습니다. 밀라레빠님과 비교 시 파드마삼바바님께서는 파사의 기운이 좀 더 강해서 현실적으로 신통력을 극대화할 수 있습니다.

파드마삼바바는 티베트의 토속신들을 밀교의 힘으로 제압했다는 말이 전해지는데 이분의 영기장을 봐서는 그럴 수밖에 없습니다. 좌가 매우 촘촘하기 때문입니다.

시대적으로 봐서는 밀라레빠님이 이후의 분입니다만 좌의 형태나 밀집도를 봐서는 신통력은 파드마삼바바님께서 좀 더 특화되어 있습니다. 밀라레빠님은 좀 더 내밀한 영역에서 더 나아간 느낌이 있습니다.

밀교는 파사의 힘을 중요시하고 신통력을 중요시합니다만, 보이기 위한 신통력보다는 내밀한 영역으로 들어가기 위해서 사마가 침범하지 못하게 신통력으로 제압하는 경향이 있습니다. 내면의 견고함이 바깥으로의 견고함으로 드러날 때 일체의 사마가 침범을 못 하는 금강의 좌가 성립되는 것입니다. 그래서 좌가 견고하고 강력하다는 특징이 밀교 성자의 영기장에서 보입니다.

2. 파드마삼바바와 비견되는 인물 아모가바즈라

연화생대사, 즉 파드마삼바바는 아모가바즈라, 즉 불공금강과는 어떤 관계가 있을까? 두 분 다 밀교의 고승이라는 것 이외에 공통점은 없어 보인다. 연화생대사는 티베트 밀교에 인도 밀교를 전해준 큰 스승님이시고, 불공금강은 중국에 인도 밀교를 전해준 큰 스승님이시다.

연화생대사가 전한 법은 티베트 밀교에 전해지고 불공금강이 전한 법은 중국을 거쳐 일본에 전해져 진언종의 근간이 된다.

불공금강의 생몰 연도는 705~774년이라 하여 연도가 분명하지만 연화생대사는 8세기 중엽 혹은 8세기 말이라 하여 연도가 불분명하나 몇십 년 차이밖에 나지 않는다고 본다.

두 분 다 탄트라의 대가이나 불공금강께서는 유가 탄트라의 대가인 반면, 연화생대사는 무상유가 탄트라의 초기 형태를 아신 듯하다. 동양에는 고도의 생리적 행법인 무상유가 탄트라가 전해지지 않은 것 같다.

무상유가 탄트라는 '몸' 자체를 법신 자체로 만드는 행법이다. 티벳 불교를 무상유가 탄트라라 하여 일본 밀교보다 우위에 보는 경향도 있음이나 사실 일본이나 중국, 한국에 전해진 유가 탄트라를 제대로만 수행해도 즉신불이 된다고 한다. 사명대사나 서산대사 역시 유가 탄트라를 공부한 것이다. 불공금강 때만 해도 무상유가 탄트라의 초기 형태가 인도에서 연구된 듯하다.

금강지 삼장이 전한 〈금강정경유가18회지귀〉에 따르면 15회의 비밀
집회 탄트라에 여자 성기 속에서 부처님이 설법하는 내용이 나온다.
보살들이 놀라며 더러운 이야기를 더는 하지 마시옵소서라며 부처님
께 간청한다.

즉 후대의 무상유가 탄트라의 경전들이 이때만 해도 그 대략적인 형
태가 보였으나 경전으로 구현화된 것은 100년 즈음 지난 뒤가 아닌가
싶다. 금강정경유가18회지귀의 15회로 추정되는 '비밀집회 탄트라'가
티베트에서 발견되고, 금강정경유가18회지귀의 2회, 3회, 4회, 14회,
15회로 추정되는 경전들이 티베트에서 발견되고 있지만, 아직은 18회
전부가 드러나지 않았다고 한다.

불공금강과 금강지, 혜과화상, 홍법대사 등의 동양 밀교의 대가들은
금강정경의 1회인 진실섭경만 수학하신 분들이다.
밀교계 경전들은 성립 시기가 각각 다르다. 대승 경전들이 그러하듯
이 시간이 지나면서 경전들이 출현하는 모습이 밀교계 경전들에서도
같은 양상이다.

티베트의 달라이라마께서도 일본 밀교에 대해서 언급한 바 있는데,
티베트와 중국 당나라에 전해진 밀교는 각각 법맥이 다른 스승들에 의
해 전해진 것이 아니냐는 개인적 견해를 밝힌 바 있다.

3. 밀라레빠의 영기장

밀라레빠의 영기장

특징은 하단의 중앙에 운영체, 그리고 운영체를 둘러싼 미세한 좌들, 그리고 그 바깥의 두 개의 회전체. 이것은 이분이 운영 능력에 아주 탁월했다는 것을 보여준다. 현실의 운영, 영적인 운영 모두다.

그리고 기장(氣場, 에너지장)의 테두리에는 세상조정좌(정사각형과 마름모가 겹쳐진 형태)와 번개 표시의 회전체가 이분 주위에 서려 있다.

복부 부근에 강력한 에너지장이 보인다. 배에 세상조정좌의 형태가 있으며 주변에 코일 모양으로 채워진 에너지 형태가 있다. 생리적 요가의 성취가 보인다.

정수리 부근을 보면 세상조정좌에서 지혜의 빛이 세상을 향해 뻗쳐져 있다.

밀법의 흐름은 이 세상에 이바지하기 위함이다. 그래서 일체의 사마가 침범하지 못하게 강한 결계와 이 세상에 이바지하기 위한 상단과 복부의 세상조정좌가 특징인 것 같다. 밀라레빠는 밀법의 화신과도 같은 인물이다.

온몸에 밀교의 정수를 그대로 현현한 분.

4. 티베트 밀교의 린포체들의 영기장으로 본 법맥 흐름

1) 영기장으로 본 티베트 밀교의 법맥 추적 (1) 독댄암틴을 비롯한 까규파의 영기장

현대 티베트 밀교의 유파는 몇 가지로 나누어져 있습니다.

밀라레빠의 흐름을 까규파

파드마삼바바 쪽을 닝마파

달라이라마께서 속한 종파를 겔룩파라고 합니다.

아래는 까규파의 독댄암틴이라는 수행자의 영기장입니다.

독댄암틴의 영기장

기장 자체가 꽃봉오리 모양의 형태이다. 독댄암틴이 서 있는 자리가 상당히 튼튼하다.(하단이 잘 짜여 있는 형태이다.)

압축적인 좌, 하단의 강력한 운영체, 그리고 단전 부분의 회오리 치는 기운.

단전 부근의 회오리 치는 기운은 뚬모 수행의 결과가 아닐까 합니다. 까규파는 생리적 요가인 뚬모 수행(배꼽불 수행)을 합니다.

아래의 영기장은 까규파의 두 분 린포체(환생한 전직수행자)의 영기장
입니다.

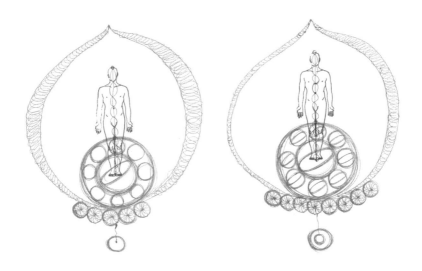

위 영기장 두 개는 환생하신 린포체님들 두 분의 영기장입니다. 수
행을 전문으로 계속 윤회를 하셔서 그런지 좌를 구성하는 정보의 재료
들이 빈약한 부분이 있습니다.

그러나 집중적인 관상 수행으로 좌의 형태가 잡혀 있습니다. 독댄암
틴님과 린포체 두 분의 영기장의 특징은 '연꽃 모양의 기장', '하단 위
주의 좌', '상위 차크라 쪽으로는 하단에 비하면 미미함' 등이 있다.

밀라레빠님의 영기장과는 차이가 크게 있습니다. 밀라레빠님은 상
단에 빛으로 된 좌가 있는데, 강렬합니다. 밀라레빠님를 시조로 하는

까규파.

까규파의 영기장들의 특징은 이상과 같습니다. 그런데 영기장 맨 아래에 무언가 잡힙니다.

그것은 나로빠 육법에서 말하는 '환신[9]' 수행의 결과가 아닌가 합니다.

(밀라레빠님 계열의 수행에서는 환신. 에너지로 이루어진 또 다른 나를 만들어 내는 환신 수행을 중요시한다.)

몸의 전체 기장이 환신이고…
맨 아래에 있는 것이 현재의 나일 수도 있겠다 싶습니다.

어쩌면 환신 수행은 지금의 나를 존재의 시작점으로 돌려놓고, 지금의 나를 환신으로 대체하는 것이라는 생각이 듭니다.

2) 영기장으로 본 티베트 밀교의 법맥 추적 (2) – 감뽀바 대사

감뽀빠님의 영기장입니다. 감뽀빠님은 밀라레빠님의 제자라고 합니다.

---

9 환신(幻身): 티베트 밀교에서 말하는 기의 몸. 성불하기 위해서는 반드시 복덕과 지혜를 구족해야 하는데, 인간의 일생에서 복덕과 지혜를 한번에 구족하기 힘든 것이다. 티베트 밀교에서는 기의 몸을 지닌 분신이 이 세상에 자재로이 활동하면 무량한 지혜와 복덕을 구족하여 성불이 앞당겨진다고 믿는다.

감뽀빠 대사의 영기장

밀라레빠님의 영기장과 많은 차이가 있습니다. 일단 밀라레빠님의 머리 부근에 위치한 빛으로 된 좌가 있는데(이 좌는 강렬한 기운이 특징입니다.), 감뽀빠님은 보이지 않습니다.

밀라레빠님의 외곽 기장에서 보이는 파사 기운(번개 표시)은 감뽀빠님에게서는 미미하게 잡히는 듯합니다.

밀라레빠님의 법맥이 전해져 내려오는 까규파의 특징이 감뽀빠님에게서 보이는데, 실질적인 법맥의 전수는 감뽀빠님으로부터 시작된 것이 아닌가 싶습니다.

3) 영기장으로 본 티베트 밀교의 법맥 추적 (3) – 닝마파와 겔룩파

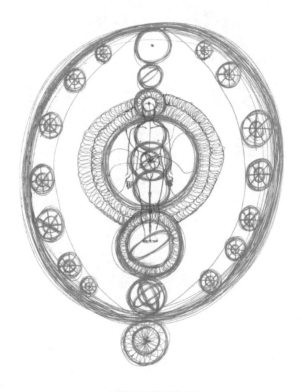

쫑카파 대사의 영기장

티베트 밀교는 여러 유파가 있습니다. 처음 밀교가 티베트에 전해 내려왔을 때 파드마삼바바를 시조로 한 닝마파가 있었습니다. 그 이후 밀교가 다시 티베트에 들어왔는데 신밀교에 대비하여 닝마파를 구밀교라고 합니다.

위 쫑카파 대사는 달라이라마가 속한 겔룩파의 시조입니다.

흐름상 닝마파에 가까운 것이 겔룩파가 아닌가 싶습니다.(영기장으로 관찰한 결과에 의한 추론)

나로빠 6법으로 알려진 생리적 탄트라는 밀라레빠 계열(까규파)의 특징이고, 영기장상으로는 세밀하지 못한 좌, 하단 위주의 좌, 영기장 맨 아래의 무언가 특징적인 것이 잡힘(환신으로 추정되는 기의 흐름)으로 대표됩니다.

아래는 닝마파의 린포체들입니다.

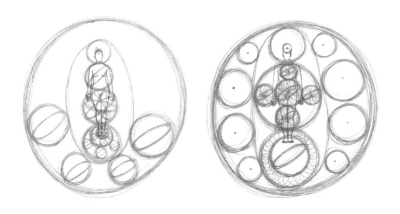

파드마삼바바 계열의 닝마파 린포체들은 좌가 고루 배치되어 있으나 린포체들의 특성상 - 린포체들은 수행이라는 한정된 체험과 한정된 시공간(티베트)에서 활동하였기에 정보량이 적습니다. 수행만으로는 광대한 좌를 짜기에는 부족한 것으로 봅니다. - 정보량이 꽉꽉 눌려져 촘촘하게 좌가 짜이지 않은 것으로 보입니다. 닝마파의 시조 파드마삼

바바에 비하면 좌의 밀집도가 현저히 떨어집니다.

티베트에서는 스스로를 무상유가 탄트라라고 하여 최고의 비밀법이라고 하지만, 이는 한번 생각해볼 문제입니다.

밀교는 초기의 주술적 성격에서 대일경과 금강정경이 출현한 후 급속도로 정순해지고 광대한 만다라의 세계를 구축하였습니다. 그러나 후기로 갈수록 힌두 요가의 생리적 요가(현대의 하타 요가를 연상하면 될 듯합니다.)를 받아들이고, 생리적 현상에 대한 밀교적 이해를 기반으로 특유의 요가 체계를 완성하게 됩니다.

티베트 밀교에서는 소작 탄트라-행 탄트라-유가 탄트라-무상유가 탄트라로 밀교의 발전사를 이해하기에, 현대의 무상유가 탄트라의 입장에서는 금강지, 선무외, 불공금강, 용수보살은 하급 탄트라를 수행한 이들로 이해하고 있습니다.

무상유가를 수행하는 이들은 유가 탄트라를 행한 선배님들이 행했던 수행법보다 나은 것을 하고 있다고 자부하나 무상유가를 한다고 해서 성취의 경지가 더 높다는 것은 의문입니다.

잇는 것은 가능하나 나아가지 못한다

티베트 밀교에서는 린포체라고 하여 환생자들이 있다. 스승이 제자에게 나는 어디에서 태어날 것이니 그곳으로 찾아가 나를 찾아 수행시켜라. 이렇게 유언을 남기거나 입적 후 제자들에게 꿈을 통해 메시지를 주기도 한다.

그럼 제자들은 그곳을 찾아가 아이가 스승의 유품을 찾아내는 테스트를 통해서 전생의 스승을 찾고 그를 제자로 육성하게 된다. 그렇게 스승에서 제자로 제자에서 스승으로 이어지는 법맥이 유지된다.

그런데
과연….

그러한 윤회 방식이 영혼의 진화에 도움이 될까? 수많은 마음을 통달해야 보리심에 통달할 수 있으며(통달 보리심), 수많은 마음을 겪어야 보리심 자체를 늘릴 수 있습니다. (증광 보리심)

화엄경 자체에도 보살은 중생의 기예와 지식과 마음에 통달하여 난승지를 성취한다고 되어 있어서 보살도는 수행이라는 형식에 고정되어 있지 않다고 명시되어 있습니다.

스승과 제자로 한정된 체험, 한정된 지역에 고착되어 윤회하는 것은 정보량의 누적 면에서 불리한 면이 많고, 수많은 분별심과 망상이 곧 지혜로 성숙하여가는 과정인 묘관찰지를 닦는 것에 부족함이 있음입니다.

서원은 윤회의 흐름 속에 잊히지 않습니다.

그래서 끝에 도달한 자들은 전생의 공력에 연연해 하지 않고 범부(凡夫)로 돌아옵니다. 누구나 이번 생애에 도달한 경지를 잃어버리고 싶어 하지 않습니다. 그래서 스승이 제자를 찾아내고 제자가 다시 스승을 찾아내어 수행만을 닦는다고 할지 모르겠습니다.

수행력을 잇고자 하는 마음, 그러나 잇는 것은 가능하나 더 나아가질 못합니다.

더 나아가는 것에는 경험이 필요하기 때문입니다. 석가모니께서 가정을 이루고, 인간사 번뇌를 겪고, 6년간의 고행이 없었다면, 아님 밀라레빠님께서 흑마술을 하여 그 업보를 치르면서 스승에게 혼나는 체험이라든가 인간적 체험이 없었다면, 과연 대도를 이루셨을까요?

사람들은 석가모니께서 남겨주신 위빠사나나 밀라레빠께서 남겨주신 나로빠육법을 열심히 행하나 이는 이미 가지고 있는 것을 만다라화하거나 의식을 고양시키는 과정일 뿐….

타고 있는 장작에 장작을 더하여 더 크게 하여 세상을 빛나게 하는 것은 수많은 윤회를 통하여 복덕자량과 지혜를 쌓아 묘관찰지를 구비하는 보살도로 가능합니다.

체험을 가능케 하는 것은 망각이기 때문에 수행의 끝에 도달한 자들이라 여겨지는 이들도 다시 새로운 시작을 위해 윤회합니다.

그 시작은 시작처럼 보이나 영혼의 시작점은 아니기에 그것을 아는 이들은 윤회를 합니다.

사람들은 린포체들의 환생을 보면서 신기하다거나 혹은 그 한우물을 파는 열정을 보곤 합니다.

그러나 전생 전생마다 모습과 직업과 성별과 성격이 다르더라도 비록 수행 공력에 연연하는 윤회가 아니더라도 진짜 한우물을 파는 존재도 있습니다.

그들 보살은 자신의 서원에 의한 윤회로 한 생, 한 생이 다 성별과 성격이 다 다르더라도 보살의 서원에 의한 나툼이지 수행력을 잃어버린다고 여기며 윤회하지 않습니다.

오로지 나툼에 의한 행만 있을 뿐입니다.

3장

공성의 장

본 장은 밀교 탄트라를 직접 행할 때에 반드시 갖추어야 하는 공성에 관해 이해를 깊이 있게 습득하게 도와주는 글들이다. 본서 이전에 출간된《무동 번뇌를 자르다》가 무동금강의 기본 심법이라면《만다라 현현의 법》의 법은 무동금강이 펼친 훨씬 고도화된 심법이라 하겠다. 본서 자체가 밀교의 실수법에 대해 집중적으로 설명한 글이기에 그 기반이 되는 심법은 아주 간략하게 적을 수밖에 없다. 일부를 본 장에서 언급하며 보다 심층적인 심법의 세계를 맛보고자 하는 이들은 무동의 다른 저서를 보면 되겠다.

般若理趣經 百字偈 (반야이취경 백자게)

菩薩勝慧者 乃至盡生死(보살승혜자 내지진생사)

보살의 수승한 지혜를 지닌 자는 윤회의 생사가 다할 때까지

恒作衆生利 而不趣涅槃(항작중생리 이불취열반)

항상 중생의 이익을 지어내며 그러고도 열반에 들지 않는다.

般若及方便 智度悉加持(반야급방편 지도실가지)

반야와 방편과 깨달은 모든 것들을 지니고 있으면

諸法及諸有 一切皆清淨(제법급제유 일체개청정)

제법과 제유 모든 만물은 일체 모두 청정하게 하며

欲等調世間 令得淨除故(욕등조세간 영득정제고)

욕망의 본래의 힘으로 세간을 다루어 죄악을 멸하여 청정히 하는 것
을 얻기 때문에

  (다른 견해: 욕망의 무리가 세간을 길들이지만, 청정을 득하게 하는 연유로)

有情及惡趣 調伏盡諸有(유정급악취 조복진제유)

천계에서 지옥까지 모든 존재를 조복시킨다.

如蓮體本染 不爲垢所染(여련체본염 불위구소염)

연화는 본래 색에 물들어 있어서 더럽혀졌기 때문에 오염되지 않듯
이

(다른 견해: 연화는 본래 적셔져 있지만(청정한 것과 같이) 더러움에 때 묻
지 않으니)

諸欲性亦然 不染利群生(제욕성역연 불염리군생)

모든 욕망의 성질도 또한 그러하여 물들지 않고 중생을 이롭게 하고

大欲得清淨 大安樂富饒(대욕득청정 대안락부요)

커다란 욕망이 청정함을 얻어 크게 안락하고 풍요로운 것이며

三界得自在 能作堅固利(삼계득자재 능작견고리)

삼계는 자유자재함을 얻어서 능히 견고한 이익을 만든다.

타락한 영성인, 수행인의 경우 수행력이 부족한 것인지 물어보는 사
람이 있었다. 나는 꼭 그렇지 않다고 대답했다.

좌공부 같은 경우 오래 수행하면 욕망이 떨어지는 현상이 있다. 내
경우 초조, 불안, 갈망이 수행하면서 현격히 떨어졌다. 20대에는 20대
의 불안함, 30대에는 30대의 분주함이 있었고, 지금도 내 나이에 맞는

정도의 평범한 에고와 갈애는 있다.

인간적 체험으로 다듬어지는 인격과 수행력은 약간 다른 이야기다. 다만 영성계의 지도자들, 수행계의 고강한 공력을 지닌 이들이 타락하는 이유는 수행이 부족해서가 아니라 그들이 '초월'로 지향하기 때문이다. 이 경우 근본적으로 타락할 가능성이 있다.

인도의 성자들은 에너지에 눈이 취해 있다. 단 한 시간 혹은 세 시간의 무아 체험을 위해 소식과 절식과 헐거운 옷을 입고 요가행을 한다. 번잡한 세속과 담쌓고 에너지의 상태에 집착해서 한 경지에 오래 머물고자 하는 삼매 중독자들이다. 이들은 지금의 나, 불안하고 헛되다고 여겨지는 망상의 결집체, 오욕이 있는 나를 떠나 무념무상의 지고의 존재가 되고자 한다. 이를 '초월'이라 한다. 삼매 중독자들을 내가 일하는 전쟁터 같은 직장에 던져놓으면 고강한 공력은 한 시간에 흩어질 것이다.

많은 영성 지도자들, 수행자들이 타락하는 것은 나 아닌 초월로 도약하고자 하기 때문이다. 나 스스로 되는 것이 아니라 나를 버리고 알지도 못하고 알 수도 없는 개념 불분명의 '초월'로 수직으로 상승하는 것. 그렇기에 그들은 지옥에 가 중생 제도를 할 수 없으며 오로지 1급수에 사는 열목어처럼 고파동에 머물 수밖에 없다. 그들에게 욕망은 타락이며 추락이다.

그러나 연화는 이미 물들었기에 오염되지 않는다. 이미 보살은 자신에게 부처의 오욕과 중생의 오욕이 동시에 있음을 알기에 탐심에 물들어 있어서 오히려 탐심으로부터 자유롭다. 부처의 탐심은 중생 구제의 일이며, 부처의 애욕은 중생을 사랑하는 것이며, 부처의 분노는 중생을 위해 악을 끊어내는 것이다. 이는 연꽃이 이미 색에 물들어 있어서 더럽혀지지 않음과 같다. 지옥연화와 천계연화를 동시에 쓰는 것은 보살만이 가능하다. 삼매는 고요함과 평안함에 상주하지 않는다는 것은 반야지를 증득한 이만 알 수 있는 경계다. 내가 타락할 수 없는 것은 이미 나는 에고적인 존재임을 알기 때문이다. 애초에 물들어 있는 연화이기에 더럽혀지지 않는다.

이취백자게의 다른 견해가 있어 가져와 본다. 아래는 이취백자게 중 다른 견해로 해석한 내용이다.

欲等調世間 令得淨除故(욕등조세간 영득정제고)
욕망의 무리가 세간을 길들이지만, 청정을 득하게 하는 연유로
有情及惡趣 調伏盡諸有(유정급악취 조복진제유)
천계에서 지옥까지 모든 존재를 조복시킨다.
如蓮體本染 不爲垢所染(여련체본염 불위구소염)
연화는 본래 적셔져 있지만(청정한 것과 같이) 더러움에 때 묻지 않으니
···이하 동일 문구

다른 견해에서는 욕등조세간 영득정제고(欲等調世間 令得淨除故)의 욕

(欲)을 욕망의 무리로 보는 견해가 있다. 밀교적 심법이 아닌 현교적 관점에서 보는 것이다. 그리고 여련체본염 불위구소염(如蓮體本染 不爲垢所染)에서 연화는 본래 적셔져 있지만, 더러움에 때 묻지 않는다는 것은 밀교적 심법에서는 이미 물들어져 있으니 더 더럽혀지지 않는다는 의미인데, 현교에서는 청정하니 더러움에 때 묻지 않는다고 한다.

현교에서 보는 이취백자게의 해석을 보면 욕망과 청정함을 둘로 나누고 청정함을 우위에 두는 관점이다. 이는 이사무애(理事無碍)의 관점이며, 부처와 중생은 다르지 않다는 관점이다. 그러나 이취경은 밀교경전이라서 밀교적 심법으로 보아야 한다. 욕망의 성질에 통달한 이는 욕망으로 들끓는 삼계의 모든 존재를 욕망의 본래 힘으로 조복할 수 있고, 이는 연화가 이미 물든 바와 같이 중생의 욕망의 뿌리는 불성(佛性)에서 비롯된 것이다. 밀교에서는 대욕(大欲)이라는 말을 자주하는데, 크나큰 욕망이라는 것이다. 중생 구제의 욕망, 중생 구제에 대한 집착, 중생 구제에 대한 사랑이 크나큰 욕망인 것이며, 이것이 이미 물들어버려 더 이상 중생의 욕망에 물들지 않는 대욕대락(大欲大樂)의 세계인 것이다.

후술하는 금강계 만다라의 구조를 보면 역동적인 중생 구제의 사업을 볼 수 있는바, 밀교적 관점에서는 청정함은 욕망과 대치되는 것이 아니라 욕망과 욕망하지 않음 그 모든 것이 선택에 불과한 것, 머물 수도 머물지 않아도 되는 자유로운 경지라는 것을 의미한다.

극희삼매야(極喜三昧耶) - 쓰임의 심법

인도인들은 '있지 않음'을 0으로 표현했고, 이 0을 공(空)이라 하여 '순야'라고도 한다.

수학계에서 0의 발견은 큰 업적이다. 있을 수 없는 것을 개념화하여 0이라는 숫자로 표현했기 때문이다. 그런데 수행계에서는 이것을 삼매의 경지로 이해하여 '있는 것도 아니고 없는 것도 아닌', 이것도 저것도 아닌 미묘한 경계를 공의 경지라고 말하기도 한다. 무아라는 것, 공한 성품, 깨달음 등등을 마치 '얻어지는 것', '증득하는 것', '알아지는 것' 등으로 이해해버린다. 마치 없음 자체를 실체화한 숫자 0처럼 말이다.

수행계에서는 그러한 경계를 얻었다고 하여 공을 얻었다고 한다. 공은 그렇게 얻어지는 것일까? 만약 얻어지는 것이라면 그것을 유지하려 하면 유지될까?

비록 허공을 볼 수 없지만, 허공을 채운 사물이 있기에 허공을 허공이라 부르며, 태풍의 눈을 볼 수 없지만, 태풍의 회오리침을 보고서 태풍의 눈을 태풍의 눈이라 부르는 것이다.[10] 만약 허공이 허공이라 인지되면, 만약 태풍의 눈이 태풍의 눈으로 인지되면 그것은 인과법에 어긋난 것이 된다.

왜냐하면, 공은 만물의 연기[11]가 되어 독자성이 없는 무자성의 공성이기 때문이다. 마찬가지로 태풍의 눈도 태풍의 눈으로 있는 것이 아니라 태풍의 회오리침 그 가운데가 비어있는 것이며, 허공 역시 허공으로 있는 게 아니라 사물의 주변을 통해 비어있는 것이다. 공이라는 혹은 근원이라는 것을 독자적으로 말하지 않는다.

그래서 열매(用)를 통해 뿌리가 드러나며[12], 사물과 사물의 걸림이 없음을 통해 드러나며[13], 욕망을 통해 천계부터 지옥까지 모든 존재를 조복할 수 있는 금강의 힘을 갖게 되며[14], 보이는 것만으로도 보이지

---

10 전작 《무동 번뇌를 자르다》 〈무한을 머금은 유〉

11 연기법: 석가모니의 교설 중 핵심은 연기법이다. 연기법은 모든 것이 서로 인연되어 있어 특정한 원인 하나만 지목하여 절대의 1원인으로 말할 수 없음을 뜻한다. 만물이 서로 연기되어 있기에 고정됨이 없고 이 고정됨이 없음으로 인해 만물이 비어있다는 결론으로 공 사상이 출현한다.

12 전작 《무동 번뇌를 자르다》, 〈옴아훔의 경계〉

13 전작 《무동 번뇌를 자르다》, 〈사사무애의 경지〉

14 전작 《무동 번뇌를 자르다》, 〈지옥연화에서 천계연화까지〉

않는 것 전부와 보이는 것 전부를 알 수 있다[15].

즉 밀법은 사(事)의 심법이자 용(用)의 심법이다. 열매를 통해 씨앗까지도 알 수 있고, 지렁이부터 지고한 존재까지도 욕망이 있기에 그 욕망을 통해 이 우주를 조복받을 수 있는 금강심을 얻을 수 있으며, 보이는 것을 통해 보이지 않는 그 모든 것을 알 수 있다.

다른 말로 하면 금강계[16] 37존과 태장계[17] 414존은 대일여래의 용(用)으로서 나투어진 것이고, 이는 다르마다투, 즉 법계(法界)로서 이 우주를 운행한다. 우주를 운행할 때 각자의 자리(座)로 운행하여 만다라의 일원으로 움직이는 것, 그것은 좌의 명(座의 命이자 座의 名)이기도 하다.

많은 이들이 근원과 깨달음과 공을 찾으려 한다. 이미 없는 것을 찾아서 열심히 성취하려고 하는 것이다. 숫자 0은 셀 수 없는데도 말이다. 깨달음을 얻으려고 하거나 공을 성취하려고 하니 많이 어긋날 수밖에 없다.

---

15 전작 《무동 번뇌를 자르다》, 〈통달반야지〉

16 금강계: 중생들의 마음의 모든 번뇌가 수행을 통해 금강의 성품으로 바뀔 수 있다는 것을 보여준다. 태장계 만다라가 우주의 현실이 곧 대일여래의 펼쳐짐임을 보여준다면 금강계 만다라는 수행을 통해 존재가 금강계 만다라의 한 존격이 될 수 있음을 보여준다.

17 태장계: 어머니 태내에서 아기가 자라는 것처럼 부처님 품 안에서 중생이 산다는 뜻에서 생긴 이름. 우주가 펼쳐진 우주가 대일여래의 화신이라는 것을 보여준다.

그래서 나는 깨달음과 초월과 초탈과 절대공을 강조하지 않는다. 왜 냐면 초탈은 추락하며 초월은 돌아갈 수 있으며, 공이라고 여기는 경계는 그 경계가 깨어지면 흩어지기 때문이다.

수행자는 자신의 마음 안의 '번뇌'와 '욕망'을 마음의 만다라 안에서 회로로 정리하고 격을 올려놓으면 된다. 비록 번뇌가 많고 산란한 상념들에 괴롭더라도 자신의 마음 한 조각 한 오라기도 모두 다 불보살의 만다라로 올려놓으면 번뇌 하나하나가 만다라를 장엄하게 된다. 회로도 마음의 심주(心主, 心柱)인 자성대일여래가 펼쳐낸 사(事)의 심법이자 용(用)의 심법의 결과이다.

내 마음은 곧 우주이며 이는 곧 폭풍우, 질서없는 난장판, 욕망으로 뒤범벅된 지옥일 수도 있다. 그래서 어떤 이들은 욕망을 정리하고 빼고, 없애고 에고를 순화하고 없애고 정리함에 온 힘을 바친다. 그러나 윤회 한 번에 욕망을 가진 중생으로 태어나 자신의 모든 공력이 사라지는 비운을 맞게 된다. 그러나 어떤 이에게는 욕망과 번뇌와 에고가 회로를 통해 펼쳐낸 만다라처럼 질서 있고 조화로운 법계일 수도 있는 것이다.

욕망과 에고와 번뇌가 만다라에 각각 위치한 나찰, 아귀, 천신들처럼 이미 자기 역할을 하는 아름다운 법계의 일부인 것이다.

공성에 대한 세 가지 문구

공성에서 나온 모든 것은 공성이다. 작위를 일어나는 그 배경, 작위가 일어나는 그 침묵, 그 침묵이 곧 공성이다. 허공이 허공인 것은 물건들이 공간을 점하기 때문이다. 그렇기에 그의 반대 개념으로서의 허공을 알 수 있다.

이를 역으로 환산하면, 개별은 공성을 머금은 개별이다. 소리는 조용히 있음, 고요함을 배경으로 소리로 창출된다. 형상이 형상일 수 있는 것은 허공이 있기 때문이다. 공성은 선사들이 내지르는 '할!'이라는 소리도 아니고, 스케일이 큰 법거량에 있는 것도 아니다.

우리가 아는 보리심은 그 자체로 완성된 것은 아니다. 성품은 고정되어 있지 않기에 흔히 거울로 비유되곤 하지만, 작은 손거울은 작은 형상을 비추고 큰 거울은 호수를 비추기도 한다. 그처럼 보리심은 통달하고 또 증장되려고 한다.

통달보리심 그리고 증광보리심.

태풍의 눈으로 비유되는 공성, 그리고 만물이 현현하는 태풍의 회오리침. 이 회오리침이 커져야 태풍의 눈이 거대해지듯, 공성의 자리, 대일여래는 만물로서 자신을 증명하고 증명하여 자신을 늘려간다. 이는 모든 인간이 가진 심주(心主)이자 심왕(心王)에서 끝없는 만다라를 유출하는 것과 같다. 이는 곧 우주의 창조와 내면의 심주가 발생시키는 회로의 발생 이유가 동일한 것이다.

개별이 커지면 머금은 공성이 커지고, 소리가 커지면 그 배경언 고요함이 더욱더 깊어졌다는 의미이며, 형상이 커지면 형상을 담은 그 공간이 더욱더 커졌다는 의미이다.

따라서 나의 욕망을 통해 삼계의 저 밑바닥의 지옥연화부터 가장 높은 천계연화까지 통달하며 근원과 깨달음을 찾지 않고 오로지 번뇌만이 깨달음의 증거라는 사사무애의 경지가 가능하며, 성취하고자 하는 에고가 실은 불보살들의 중생 제도의 의지와 동일함을 알게 되며, 이미 자란 나무에서 씨앗을 찾는 게 아니라 나무가 성숙하여 열매 맺는 그 안에서 씨앗을 찾게 된다.

심주와 심왕 이야기

- 어떤 이가 우유를 샀습니다.

그 우유가 발효되면서 버터가 되었는데, 우유를 산 이는 산 곳으로 찾아가 나는 우유를 샀지 버터를 사지 않았다고 합니다.

- 촛불이 타고 있습니다.

촛불은 조금 전 타고 있는 불이 지금 보고 있는 불일까요?

존재의 연속성과 동일성에 대한 철학적 질문입니다. 이러한 논의는 2천 년 이전에 불교학자들 사이에서 논의가 되어 왔습니다. 스케치북의 여백. 모든 것을 가능하게 만드는 생명장을 여래장이라 합니다. 그 스케치북에 그려진 그림은 존재입니다.

촛불 비유로 돌아가면 눈에 잘 띄지 않는 보이지 않는 심지는 그대로인데 불빛은 계속 변하고 있고 그것이 존재입니다.

스케치북의 여백과 촛불의 심지와 변화하는 우유지만 우유로서의 기본 성질 등등은 본성이라는 것으로 이해됩니다.

여기서 많은 이들은 화나는 나, 분노하는 나, 성욕을 일으키는 나 등은 에고이며 참나는 명상을 통해 만날 수 있다고 여깁니다.

불빛은 일어난 현상이고, 일어난 현상이 심지를 알 수 있을까요?
스케치북에 그려진 그림이 배경이 되는 여백을 알 수 있을까요?

우유 - 발효유 - 버터로 이어지는 변화 속에 변하지 않는 우유(기본 물성(物性))라는 자체를 알 수 있을까요? 참나라고 여기는 일반인들의 관념은 '좋다고' 여기는 편안한 상태를 특정해서 말할 뿐이지, 실은 여백, 심지, 기본 물성 등은 알 수 없습니다.

이 알 수 없음은 오로지 현상으로 드러날 뿐입니다.

만다라의 중앙부 대일여래는 그 공덕을 414존의 태장계 금강보살과 1,416존의 금강계 금강보살로 유출되어 드러나지 대일여래는 잡을 수도 인지할 수도 없습니다. 빛은 어떠한 색도 없지만, 그 색에 비추어진 사물은 그 사물의 본연의 색을 비추듯 참나나 본성이나 진아는 관념이지 드러난 현실을 통해 그것을 알 수 있습니다.

무지한 이들은 이 또한 '빛'이라는 관념으로 치환하고, '여백'이라는 관념으로 치환하게 됩니다.

대일여래에게서 모든 법이 유출되었기에 법계가 이루어지고 모든 존재가 대일여래의 부분의 공덕을 증명하는 것입니다. 스스로 증명하기 위해 자신의 경계를 펼쳐내었다는 것이 법신자내증의 의미입니다. 곧 경계가 즉 불보살입니다.

열매 안에 씨앗이 있듯이요.

마음 역시 똑같습니다. 심주이자 심왕이 스스로를 증명하기 위해 자신의 경계를 펼쳐낸 것이 인간의 삶입니다. 그 경계 하나하나가 대일여래의 증험이자 대일여래 자신이 있음을 알게 하는 것입니다.

이는 곧 개별의 자신을 통해 개별 자신을 증명함은 곧 대일여래를 증명하는 일이 됩니다.

그리하여 심주이자 심왕은 곧 현상의 나이며, 또한 내가 인지 못 하는 나를 이끌어주는 힘, 나를 존재케 하는 배경(촛불의 심지나 스케치북의 여백)이기도 합니다.

많은 이들이 심왕이자 심주인 본성을 찾아 헤맵니다. 그러나 씨앗은 이미 발아되어 없고 자신이 이미 발아된 존재일 뿐입니다.

그리하여 본성과 일치되는 삶, 본성을 따르는 삶을 찾으나 좋은 것은 본성이고 차원 높은 것은 본성이고 괴롭지 않은 것은 본성이라는 관점에서 끝없이 자신이 열매인지 모른 채 씨앗이 어디 있느냐고 찾는 것입니다.

스스로를 바꾸지 못함에 괴로워하지 마시길….

이미 하나인 것인데 만족하지 못할 뿐입니다.

그려진 나(스케치북의 그림), 타고 있는 불빛(촛불의 불빛)의 나는 본성
과 만날 수 없습니다. 이미 본성이기에.

스케치북에 그림이 완성될 때, 촛불의 심지가 다 탈 때보다 큰 스케
치북이 주어지며 보다 긴 촛불의 심지가 다시 주어집니다. 중생은 보
살이 되고 보살은 여래가 됩니다.

떫은 감이 익으면 떫지만, 맛이 단 감이 되듯 중생이 변하면 불보살
이 되어갑니다.

중생의 마음 모두를 전부 다 뽑아서 만다라로 바꾸어 나가십시오.

심왕이 스스로를 펼쳐내지 못할 때 마음이 불안합니다.

그 불안함에 수행이라는 것을 하게 되나 자신을 증명하는 것은 삶일
진대, 삶과 유리된 수행을 하게 되니 불안함에 방바닥을 긁는 고통 속
에서 오늘도 진아 찾아 삼만리를 하게 됩니다.

심왕이자 심주가 스스로를 드러냄이 곧 회로이며 회로를 많이 하게
되면 특유의 묵직함이 생기는데, 이는 곧 심왕이 배부르게 먹고 배를
두드림과 같으며, 심주가 바로 서서 흔들리지 않음을 뜻합니다.

다름을 다르게 인식할 수 있는 능력 - 묘관찰지

캠릿브지 대학의 연결구과에 따르면 한 단어 안에서 글자가 어떤 순서로 배되열어 있는가 하것는은 중하요지 않고, 첫째번와 마지막 글자가 올바른 위치에 있것는이 중하요다고 한다. 나머지 글들자은 완전히 엉진창망의 순서로 되어 있지을라도 당신은 아무 문없제이 이것을 읽을 수 있다. 왜하냐면 인간의 두뇌는 모든 글자를 하나 하나 읽것는이 아니라 단어 하나를 전체로 인하식기 때이문다.

윗글을 읽는 것은 어렵지 않다. 인지의 결에 맺힌 상으로 이해하기 때문이다. 글자 자체로는 의미를 파악할 수 없으나 우리의 인식 구조, 인지의 결에는 의미가 맺히기에 인식할 수 있다.

인지의 결은 그 작용이 무한하므로 다름을 있는 그대로 볼 수 있는 인간이라면 무한대로 인식할 수 있다. 인지의 결이 무한히 다르게 작용할 수 있는 것은 인지의 그릇이 무한대라는 것을 의미한다.

이때 작용(用)과 체(體, body)는 같은 것이다. 인지적 작용과 인지 자체를 같이 본 것이다. 이것을 불교의 무의식 이론에 비유하자면 아뢰야식은 심종자[18]를 보관할 수 있는 창고로 비유되나 심종자가 무량하기 때문에 아뢰야식도 끝이 없다는 것이다. 담을 수 있는 종자식이 무량하기에 작용과 체는 둘이 아니라고 하는 것이다.

인간에게 구비되어 있는 불성(佛性)이라는 것은 무한한 심종자를 담을 수 있다. 그것은 마치 거울이 사물을 비추는 능력을 갖춘 것과 같으며, 물이 사물을 구분하여 비추는 능력을 갖춘 것과 같다. 인간이 체험하고 그 체험으로 인한 업이 무한하다고 하지만 새로운 것을 새롭게 볼 수 있어야, 즉 다른 것을 다르게 인식해야 지혜가 개발되고 중생 구제의 방편이 무한해지며, 인간의 번뇌에 대응하는 보살의 지혜 역시 무한히 뻗쳐나갈 수 있다.

이것을 묘관찰지라 한다. 밀교의 5대 초능력 중 하나다. 대원경지, 성소작지, 묘관찰지, 평등성지, 법계체성지의 다섯 지혜 중 하나다.

보통 수행계에서는 분별을 놓아라, 마음을 비우라고 하면서 생각과 분별을 쉬라고 하지만, 이는 마음의 결, 비추어질 수 있는 마음의 정묘함, 구분하여 명징하게 사물을 인지하는 능력을 포기하라는 말과 같다.

관세음보살이 32개의 몸을 변화하여 중생을 구호하고, 천 개의 눈과 손을 뻗쳐 방편력을 구사하는 것은 아미타불과 관세음보살이 '묘관찰

---

18 심종자: 사람이 살아가면서 습득하는 모든 정보. 여기서 정보는 숨쉬기와 잠자기조차 포함되는 개념.

지'를 담당하는 불보살이기 때문이다. 일반적인 불교의 이론에서는 아뢰야식을 타파하라고 하지만 아뢰야식의 특징, 즉 무한한 업의 창고, 그리고 이 우주를 덮을 만큼 심종자가 폭포수처럼 쏟아지는 광대함 등은 즉 아미타불의 다른 이름, 무량수불(무한한 생명의 부처님)과 무량광불(무한한 빛의 부처님)과 동일한 것이다. 그래서 아뢰야식을 불교의 유식학에서는 진망화합식이라고 할 정도로 '깨달음'의 다른 측면이라고 본다.

체는 작용성을 통해 간접적으로 드러나기에 다른 것을 다르게, 새로운 것을 새롭게 구분하여 뚜렷이 인지할 수 있는 묘관찰지의 힘으로 거울은 더욱 세밀해지고, 물은 더욱 광대한 이 우주를 구분하여 그대로 비추어낼 수 있다.

깨달음을 다르게 표현한 아뢰야식의 작용성, 무한한 심종자를 담을 수 있는 인지의 결이 새겨질 가능성! 그 가능성이 펼쳐진 것이 만다라의 세계이고 대일여래의 분별심이 아미타불로 대일여래의 탐욕심이 아촉금강으로 대일여래의 애욕심이 금강애보살 등으로 펼쳐진 것이 만다라의 세계다.

엄밀히 말하면 인간의 애욕, 번뇌, 탐심은 진여자성의 한 부분이기에 이 물질계에서 그 마음이 구체화될 수 있고, 그러한 번뇌가 무한한 것은 부처님의 의식 세계가 무한하기 때문이다. 그 구체화가 무한한 것은 묘관찰지, 다름을 다르게 인식할 수 있는 지혜가 부처님에게 있기 때문이다. 이제 우리는 그저 나의 욕망을 소급하여 진여자성의 구

현된 금강법보살, 금강애보살, 금강만보살 등으로 바꾸기만 하면 되는
것이다. 그러면 나는 에고의 모습을 띤 근원, 중생의 모습을 띤 보살,
보살의 모습을 띤 부처로서 이 우주에서 활동하는 것이다.

중생에게는 윤회는 고통이지만 보살에게는 윤회는 법의 바퀴, 즉 법
륜이라고 말한 바 있다. 이것은 보살에게는 중생들의 무한한 차별상이
곧 대일여래의 무한한 차별적 모습이고 이러한 모습을 자신의 분별적
지혜로 승화할 때 무한히 다양한 중생들의 모습에 대응하는 방편을 구
족할 수 있기 때문이다. 흔히들 아뢰야식을 밀어버리라고 하여 번뇌를
밀어버리는 수행을 권한다. 영기상으로 보면 번뇌를 밀어버리려고 하
고, 번뇌를 끊으려고만 하여 번뇌 자체를 다하지 못했을 경우에는 하
위 차크라가 부조화가 있는 경우가 보이고, 상위 차크라에는 빛을 갈
구하는 형태가 나오곤 한다.

원래 에고라는 것은 정보를 모으기 위한 기제이기에 번뇌가 다 하면
자동으로 그 의미를 다 하게 된다. 번뇌를 끊으려고만 할 때 그 에고가
왜곡되어 표현되고 영성을 가로막게 된다. 체험의 의미는 정보를 갖추
기 위함이며 이는 밀교식으로 말하면 '묘관찰지'를 닦는 것이다. 다름
을 다르게 인지하기 위해서는 그만한 부딪힘과 체험이 있어야 한다.

좌공부의 관점에서 말하면 여러분들이 무한히 윤회하면서 쌓은 정
보는 승화할 대상이며, 마음의 번뇌, 즉 갈애가 있다면 그것을 기운으
로 충당하는 회로로, 억눌려진 의식의 에너지가 있다면 기운으로 해소

하는 회로로, 산란한 마음의 파편들이 있다면 마음을 단순화하는 회로로 대치 가능하다. 치환하는 법, 바꿔버리는 법, 대치가 가능한 법이다. 그리하여 의식의 에너지를 만다라화하는 것이다.

의식의 주인 대일여래가 그 몸을 펼쳐 중대팔엽원, 지장원, 석가원, 제개장원, 문수원, 관음원 등등 무수히 많은 불보살을 출생시켰듯 우리 스스로가 펼쳐낸 마음의 조각들 전부를 만다라화하면 되는 것이다.

관세음보살이 무한한 방편의 힘으로 무수히 많은 중생의 무한히 많은 번뇌심에 대치가 가능한 것은 그만한 인지의 결이 번뇌심을 오롯이 명징하게 비추어내어 그에 대응하기 때문이다. 산속에서만 수도한 수행자가 방편의 힘을 구족하기 어렵듯, 묘관찰지는 중생들의 번뇌를 인지해야 닦여지는 것이다.

아뢰야식의 무한한 번뇌를 담을 수 있으나 불성은 무한한 방편을 담을 수 있고 아뢰야식은 번뇌가 폭포수처럼 흐르나 불성은 방편력이 폭포수처럼 흐르는 것이다. 모든 불보살이 이렇게 수행을 했다.

열매 맺기 전의 나무 보고 너 씨앗이 되라고 하면 될 수도 없고 가능하지도 않다. 씨앗에 머금은 정보가 충분히 구현될 때 그 씨앗을 내장한 열매가 탄생하는 것이기에 앞에서 묘관찰지를 말한 것처럼 고도로 확장되어야 하나의 원이 돌아가서 다시 한 점으로 만나는 것처럼 근원과의 만남이 가능한 것이다.

덧없음의 실재함, 실재함의 공성

　보통 꿈은 깨어나는 자와 잠자는 자가 구분되어 있다. 즉 주시자와 주시당하는 자가 구분되어 있다.

　나는 공성이라는 것은 공한 성품으로 이해하지 공의 세계가 있다며 현실계와 구분되는 공의 세계를 인정하지 않는다. 주시자를 상정하는 것은 어떤 측면에서는 공의 세계와 그와 반대되는 상대계가 있다는 의미다. 공성은 말 그대로 공한 성품으로만 이해하고 있다. 만물은 인연에 의해 이합집산하기에 거기에 독자성이 없다는 의미로 공하다는 의미를 쓴다. 만물이 서로 인연법에 의해 나누어지기에 고정된 실체가 없다는 의미로 공하다고 쓰곤 한다. 여기서는 없다는 의미의 '없을 무' 자를 쓰지는 않는다.

　현실은 이 공한 성품이 그림자처럼 비추어진 것이라고 본다. 공한 성품은 따로 있지 않다. 빛이 밝음이라고 보이는 것은 주변 사물이 또렷이 빛날 때 빛이 있다고 보는 것이지, 빛을 실제로는 볼 수 없다. 그래서 공성은 실제로는 없으며 현실로서 알 수 있는 그림자와 같다. 공성이 있기에 즉 서로 집착할 것이 없는 성품이 만물에 머금어져 있기에, 그 성품이 물질계를 비롯한 전 우주에 걸쳐 있기에 서로 인연이 되고 인연이 돼 끝없이 펼쳐지는 우주 삼라만상이 펼쳐진다.

불교에서도 헛되다, 무상하다, 덧없다, 번갯불같이 이슬처럼 덧없는 것이 사바세계라는 말을 한다. 힌두교에서도 마야다, 거대한 꿈이다, 혹은 환상이라는 말을 하는 것으로 안다.

불교에서 덧없다고 할 때는 무상하다는 것이고, 이는 연기법, 즉 모든 것이 인연 지어진 것이기에 인연이 흩어지면 스러지는 것이기에 집착할 것이 없다는 것이다. 즉 사바세계는 꿈이다, 환상이다, 만물은 브라흐마가 꿈꾸는 환상의 세계라는 적극적 개념은 아니다. 미묘한 어감 차이인데, 여기서 수행의 지향점이 확연히 벌어진다.

어떻게 보면 집착하기에 덧없는 것이지 반대로 덧없기 때문에 집착할 필요가 없다는 것은 아니다. 덧없기 때문에 집착할 필요가 없다는 것은 영성계와 수행계에서 석가모니가 내준 결론을 받아쓰기한 것일 뿐, 석가모니가 의도하신 진짜 의도는 집착하는 중생심이 부질없고 덧없고 무상하다는 것을 말하기 위함이다.

그러한 중생심을 깨는 바즈라의 힘은 연기의 법으로 인해 만물이 서로 엮어지고 다시 흩어지고 다시 모이는 그러한 이합집산이 과거에도 현재에도 미래에도 영원한 '법' 다르마로서 존재하기에 석가모니불의 법문으로 만물이 시들고 다시 피어나고 생장하고 다시 시드는 연기의 과정을 드러내었다.

덧없기에, 꿈이기에 집착할 필요가 없을까? 아니면 집착하는 것을 보고서 석가모니는 그것을 덧없다고 한 것일까?

연기(緣起)의 공성(空性)에서는 일체의 집착이 더럽고 환상이고 마야이고 원래는 없는 것이 아니다. 일체의 집착이 연기법의 철저한 지켜짐으로 인해 드러나는 것이며 집착이 시들고 다시 모이는 그러한 과정에서 덧없음의 공성이 드러나는 것이다.

4장

만다라에 대한 이해

밀교의 만다라는 밀교의 교리가 응축된 도화이다. 단순한 회화가 아니라 도화만으로도 밀교의 교리를 알 수 있게 정교하게 설계된 그림이다. 본장에서는 태장계 만다라와 금강계 만다라에 대한 이해를 하여 밀교가 보는 존재론, 깨달음에 대한 시각을 알아보도록 한다.

태장계 만다라의 연원 및 사상적 의의

만다라는 우주의 진리를 도상화한 것이다. 초기에는 땅을 정화하는 의식을 하고 단을 쌓고 불상을 안치하여 예배를 드리는 구역을 말하는 것이었다. 성스러운 영역을 만들고 예배를 하는 것이었는데, 이러한 성역을 구축하는 과정이 도상화된 것이 만다라이다.

불교의 발전사에서 밀교가 태동하기 전의 불교 형태를 바라밀승 혹은 밀교 입장에서는 현교라고 하는데, 우리나라의 불교계 태고종, 조계종, 천태종들이 이에 해당한다. 독자들이 절에 가면 아미타불 삼존불이라 하여 아미타불을 중앙으로 하여 좌우에 관세음보살과 대세지보살이 있음을 알 수 있다. 또한 중앙에 석가모니가 계시고 양쪽에 보현보살과 문수보살이 있음도 볼 것이다. 이러한 모습을 삼존불이라 하고 양쪽에 계시는 불보살님들을 협시불이라 한다.

삼존불과 협시불의 개념에서 '권속'이라는 개념을 볼 수 있는데, 대승 불교 경전에서 권속이라는 표현이 자주 보인다. 경전을 가호하고 경전을 읽는 이를 지켜주는 존재들이 언급되면서 흔히 범천의 권속,

나찰의 권속, 야차의 권속 등이라 보이는데, 이러한 권속이라는 개념에서 만다라의 기본 개념이 발전되었던 것이다.

　권속이라는 개념, 한가족이라는 분류가 만다라의 구획의 기준이 되었으며, 처음에는 땅에 예배의 대상을 안치하는 것에서 점차적으로 도화로서 만다라로 그려지게 된 것이다. 처음에는 아미타불 변상도와 같이 아미타불을 주존으로 하여 관세음보살과 대세지보살이 있는 불화로 표현되었는데, 개별적 존격을 중심으로 한 만다라가 출현했다. 이후 불교의 발전이 밀교로서 교리적, 사상적으로 귀결이 되면서 우주의 진리를 그림으로 표현하게 되었는데, 태장계 만다라와 금강계 만다라로 정리되게 되었다. 만다라는 칼라차크라 만다라와 같이 후기 밀교의 만다라로서도 발전한다.

　태장계 만다라는 '대일경'을 기반으로 하여 중앙의 대일여래를 중심으로 대일여래의 권능이 방사형으로 뻗어나가는 구조로 되어 있다. 인도의 고대 의학에서는 심장에는 9개의 구멍이 있다고 생각했는데, 이러한 개념을 받아들여 중대팔엽원에는 중앙의 대일여래와 주변의 여덟 분의 불보살을 배치하여 우주의 심장을 상징하는 모습을 그렸다.

　태장계 만다라는 대비태장생만다라(大悲胎藏生曼茶羅)의 준말이다. 어머니가 자식을 잉태하여 출생 때까지 태내에서 양육하는 것처럼 중생의 보리심은 부처의 대비심의 도움으로 성숙하게 된다는 의미이다. 중앙의 대일여래의 여러 권능과 복덕이 외곽으로 갈수록 분화되면서 펼쳐지는 모습이다.

태장계 만다라를 후술할 금강계 만다라와 대비하여 물질적, 여성적인 의미로 해석하기도 한다. 물질적이라 함은 이 대일여래의 권능과 덕을 기능적인 면과 작용적인 면 등으로 구획하여 펼쳐놓은 것이 이 우주 자체의 질서(cosmos, 조화)를 드러낸 것이기에 물질적이라 말하는 것이고, 여성적이라 함은 금강계 만다라의 역동적인 모습과 대비하여 우주의 실상을 그대로 드러냈기 때문이다.

태장계 만다라를 통해서 우리는 이 몸 자체가 곧 진리라는 것을 알 수 있다. 신체의 각 장기들이 담당하는 역할들이 마치 태장계 만다라의 부처의 지혜, 부처의 자비, 부처의 언변, 부처의 힘 등으로 구획된 만다라의 부분과도 같아 이 몸 자체가 태장계 만다라라는 인식이 가능한 것이다. 흔히 중생은 곧 부처이고, 부처가 곧 중생이라 말하나, 이를 구체적으로 중생 목표와 부처의 교화라는 기준으로 통일된 모습으로 드러낸 것이 태장계 만다라인 것이다.

태장계 만다라 구조에 대한 이해

태장계 만다라

태장계 만다라의 중앙에는 대일여래가 있는 팔엽연화가 있다. 이 팔엽연화는 대일여래의 덕이 4분의 부처와 4분의 보살로 드러난다. 4분의 부처는 4분의 보살이 성취한 덕을 상징한다. 즉 수행의 인(因)과 수행의 과(果)를 하나로 표현한 것이 태장계 만다라의 중대팔엽원이다.

위쪽의 편지원과 아래쪽의 지명원은 불부의 덕을 드러낸 것이고, 금강수원은 금강부, 관음원은 연화부의 덕을 드러낸 것이다.

편지원은 삼각형의 일체편지인을 중심으로 여래의 일체의 지혜를 의미한다. 편지원이 법신(法身) 설법, 즉 대일여래의 지혜 작용을 의미한다면 그 위의 석가원은 육신을 입어 활동하신 석가모니께서 중생을 위해 구체적인 방편 지혜를 펼친 것을 의미한다. 그 위의 문수원은 구체적 인간사에 작용하는 보살의 지혜 방편을 의미한다.

지명원은 명주(明呪)를 지닌다는 뜻이다. 명주는 곧 지혜를 밝히는 언어, 즉 만트라를 의미한다. 부동명왕, 항삼세명왕, 금강야차명왕, 대위덕명왕, 군다리명왕이 지명원에 있다. 근기가 억세 불보살의 자비방편으로서도 제도하기 힘든 중생들을 힘으로 제압하여 불도에 들게 하는 분들이다.

만다라 왼쪽에 있는 관음원(연화부원이라고도 함)은 여래의 자비의 덕이 구체적으로 펼쳐지는 곳을 의미하고, 오른쪽의 금강부원은 여래의 힘의 측면이 구체적으로 펼쳐짐을 의미한다. 중심의 추상적인 의미가 바깥으로 갈수록 구체적인 의미로 구현되는 것이 태장계 만다라의 구조적 특징이다.

관음원의 바로 왼쪽, 바깥은 지장원인데, 관음원에서 구현된 자비의 활동이 좀 더 물질적으로 구체화되어 지장보살의 대비원력으로 구현된다. 금강부원의 바로 오른쪽, 바깥은 제개장원인데, 여래의 힘이 물질계에 두루 미쳐 장애를 없앤다는 의미의 제개장원으로 드러나는 것이다.

허공장원은 허공장보살을 중심으로 하여 여래의 덕을 의미하여 중생들이 필요한 재보를 산출해내는 곳이다. 소실지원은 앞서 언급한 여래의 여러 가지 활동이 작용하는 곳을 의미한다. 공작명왕과 11면 관음보살이 있다.

맨 최외각의 외금강부원은 만다라를 수호하는 곳이며, 만다라의 여러 공덕을 외부로 계속 확장하는 곳이다. 힌두교에서 유래된 신들, 인도 고래로부터 내려온 신들을 밀교적으로 수용한 곳이 외금강부원이다.

이렇게 태장계 만다라는 이 우주에서 중생 구제를 목표로 활동하는 다양한 모습의 불보살을 도화로서 표현한 것이며, 각 경전에 개별적인 존격으로 산재되어 있는 불보살들을 중생 구제라는 목표로 활동함에 착안하여 금강이라는 단일한 명호를 부여한 것이다.

예를 들어 지장보살은 비원금강, 관세음보살은 청량금강, 문수보살은 길상금강으로 태장계 만다라의 일원으로 되어 있다.

태장계법은 불보살의 가호와 양육으로 중생의 보리심이 익어가는 모습을 그려낸 도화인 것이다.

금강계 만다라의 연원 및 사상적 의의

금강계 9회 만다라

앞서 '법맥의 장'에서 '밀교의 법맥 – 밀법의 두 가지 흐름'에서 태장계법과 금강계법이 싹 터 중국으로까지 오는 경로를 말한 바 있다. 금강계 만다라는 금강정경을 기반으로 하여 제작된 만다라이다. 금강정경과 관련해서는 다음과 같은 일화가 금강지 삼장이 구술하고 이를 불공금강이 기록한 '부법전'에 남아 있다.

인도 남부에 아주 튼튼한 철쇄로 봉인된 철탑이 있었고, 석존 입멸 수백 년 이후에도 아무도 그 철쇄를 풀고 철탑에 들어가지 못했다. 용수보살이 대일여래의 진언을 지송하니 허공 중에 무량하고 광대한 몸을 나타낸 자가 있어 무한한 법문을 설하니 그것을 받아 적어 '비로자나염송법요'가 되고 7일간 탑 주위를 돌면서 대일여래 진언을 염송하고 7개의 겨자씨를 탑문을 때리니 문이 열리고 대일여래의 금강법계궁이 펼쳐져 있었다. 이 금강법계궁에서 금강살타에게 관정을 받고 최초의 밀법행자가 된 분이 용수보살이시다.

인도 남부에 아주 튼튼한 철쇄로 봉인된 철탑이 있었고, 석존 입멸 수백 년 이후에도 아무도 그 철쇄를 풀고 철탑에 들어가지 못했다. 용수보살이 대일여래의 진언을 지송하니 허공 중에 무량하고 광대한 몸을 나타낸 자가 있어 무한한 법문을 설하니 그것을 받아 적어 '비로자나염송법요'가 되고 7일간 탑 주위를 돌면서 대일여래 진언을 염송하고 7개의 겨자씨를 탑문을 때리니 문이 열리고 대일여래의 금강법계궁이 펼쳐져 있었다. 이 금강법계궁에서 금강살타에게 관정을 받고 최초의 밀법행자가 된 분이 용수보살이시다.

금강정경은 10만송이라 하여 매우 광대한 의궤로 되어 있다 한다. 금강지삼장의 구술을 불공삼장이 기록한 '금강정의결'에서는 금강정경이 원래 10만송으로 이루어진 광본이었으나 금강지 삼장이 인도로부터 배에 싣고 오는 도중 풍랑을 만나 모두 버리고, 초회에 해당되는 《초회금강정경》(혹은 진실섭경이라고도 함)만 중국에 가져왔다고 기록되어 있다. 원래 광본 금강정경은 18회에 걸친 설법을 기록한 것이었다고 한다. 금강정의결에는 18회 설법의 설법처와 주요 내용만 간단히 나와 있어 광본 금강정경의 전체를 알기 어려우나 티베트 밀교에서 전해지는 '비밀집회 탄트라'의 내용을 보면 광본 금강정경의 15회에 해당되는 '비밀집회 유가'와 일치하는 내용이 있어 금강지삼장 당시에 이미 비밀집회 유가의 일부 내용이 확립되어 있음을 알 수 있다.

또한 광본 금강정경의 6회에는 타화자재천궁에서 '대락불공삼매야 진실유가'를 설했다고 언급되는데, 이는 현존하는 '이취경'과 경전명과 설법처가 동일하다.

일본에서 전해지는 금강계 만다라는 진실섭경을 기반으로 한 것이고, 금강계 37존으로 표현되는 성신회가 기본적인 만다라이다. 티베트 밀교에서는 37존 그 자체를 명시한 만다라보다 금강정경에 기반한 개별 존격과 관련된 만다라가 주류를 이룬다.

태장계 만다라가 불보살의 권능과 교화의 작용을 기준으로 하여 불보살을 구획화하여 배치한 것이라면, 금강계 37존 만다라는 불보살 상호 간의 상호 작용이 역동적으로 드러나 있다. 후술하는 금강계 성신회의 구조에 대해 이해를 함으로써 금강계 만다라의 의미를 보다 선명히 이해할 수 있다.

금강계 만다라의 구조에 대한 이해

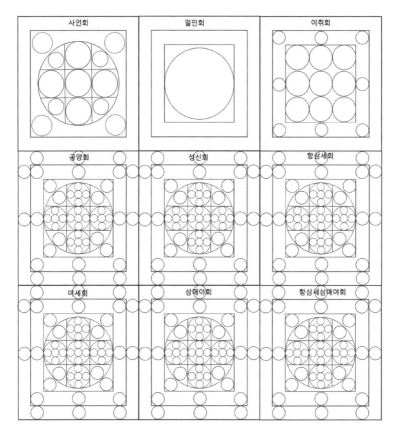

간략히 표현한 9회 만다라

9회 만다라는 여러 금강계 경전들이 묘사하는 각각의 만다라를 9개로 이어 붙여 통일적인 대만다라로 만든 것이다. 여기서는 금강계 9회 만다라의 중앙에 있는 성신회를 기준으로 하여 금강계 만다라에 대한 이해를 해본다.

금강계 만다라에서는 다섯 분의 부처님들이 있다.

대일여래(법계체성지) – 진리 자체를 태양으로 비유하여 언어로 형상화한 부처님으로 한국에서는 비로자나불로 알려져 있다. 범어로는 마하바이로차나로 큰 광휘, 큰 빛을 의미하기 때문에 뜻으로 풀이하면 대일(大日)이며 한자의 음으로 번역하면 비로자나불이라 한다. 한국 사찰의 대적광전의 주존이며 화엄경의 주불이다. 진리 자체를 뜻하는 법신불이고, 법계체성지라는 밀교의 오대 능력 중 하나를 뜻한다.

아촉여래(대원경지) – 만다라에서는 동방에 위치하고 있다. 밀교 오대 능력 중 대원경지를 상징한다. 거울에 비치는 것과 같이 모든 것이 고스란히 비추고 있는 지혜가 대원경지이다. 태어나고 소멸되는 과정을 바로 보아 그 인과를 그대로 통찰하는 지혜가 대원경지이다. 번뇌에 오염된 아뢰야식을 질적으로 변화시킨 지혜이다.

보생여래(평등성지) – 만다라에서 남방에 위치한다. 밀교 오대 능력 중 평등성지를 상징한다. 각기 다른 모습으로 드러나 있음을 알지만 그 모든 것이 공성을 기반으로 하기 때문에 여실히 평등함을 아는 지혜이다. 제7식 말라야식을 전식하여 얻는 지혜이다. 재보를 담당한다.

아미타불(묘관찰지) - 만다라에서 서방에 위치한다. 사물이 모두 다른 모습을 띠고 있음을 아는 지혜인 묘관찰지를 상징한다. 묘관찰지는 번뇌에 오염된 제육식(第六識)을 전식득지하여 변화한 청정한 지혜이다. 이 지혜는 모든 현상을 잘 관찰하여 자유자재로 가르침을 설하고 중생의 의심을 끊어 준다.

불공성취불(성소작지) - 만다라에서 북방에 위치한다. 만물이 생성하게 하는 지혜인 성소작지를 담당한다. 의식의 8개의 층 중 다섯 번째 의식을 전식득지(轉識得智)하여 모든 중생을 돕는 데 필요한 온갖 업(業)을 성취함으로 얻는 지혜인 성소작지를 상징한다.

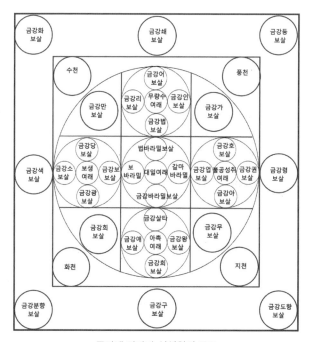

금강계 만다라 성신회의 구조

금강계 만다라 성신회 구조를 불보살의 상호 관계에 중점을 두고 설명한다. 그래서 불보살의 명칭이 위 그림에 더 있음에도 불구하고 몇몇은 생략하였다.

　　금강정경의 내용을 말한다. 수미산에 도달한 일체의성취보살(성불하기 직전의 보살 상태의 석가모니)는 오상성신관을 통해 대일여래의 가피를 입어 스스로가 만다라의 중앙에 있음을 안다. 각 방향으로 얼굴을 돌리니 네 분의 부처님들이 보인다.

　　동서남북의 부처님들은 다음과 같다. 동방은 아촉여래, 남방의 보생여래, 서방의 아미타불, 북방의 불공성취불이고, 일체의성취보살은 대일여래가 되어 그 시선으로 본다.

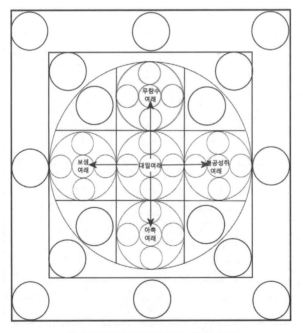

금강계 만다라의 분화 과정1, 4불의 출현

동방의 아촉여래는 다음과 같이 자신의 권능을 분화한다.

서방 금강살타

북방 금강왕보살

남방 금강애보살

동방 금강희보살

남방의 보생여래는 다음과 같이 자신의 권능을 드러낸다.

북방 금강보보살

동방 금강광보살

서방 금강당보살

남방 금강소보살

서방의 아미타여래는 다음의 불보살로 자신의 경지를 드러낸다.

동방의 금강법보살

남방의 금강리보살

북방의 금강인보살

남방의 금강어보살

북방의 불공성취여래는 다음의 불보살로 자신의 힘을 드러낸다.

남방의 금강업보살

서방의 금강호보살

동방의 금강아보살

북방의 금강권보살

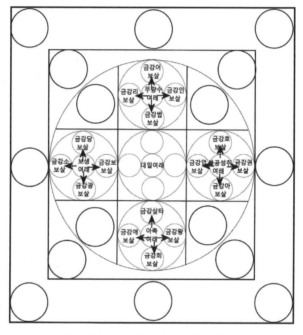

금강계 만다라의 분화 과정 2, 16대 보살의 출현

　이렇게 4분의 여래로부터 각각 4분씩의 불보살(4친근보살이라 함)을
출생하였는데, 이를 16대 보살이라 한다. 분화를 마친 4방에 있는 월륜
의 여래께서는 그 힘이 충만하여 대일여래께 4분의 보살들을 출생하여
공양하게 된다. 아촉여래께서는 금강바라밀보살을 대표로 보내시고,
보생여래께서는 보바라밀보살을 출생하여 대일여래께 보내셨고, 무량

수여래께서는 법바라밀보살을 출생하여 대일여래께 보냈다. 불공성취 여래는 갈마바라밀보살을 출생하여 대일여래께 보내셨다. 4바라밀보살 을 통해 공양을 받은 대일여래께서는 4분의 여래의 비밀스러운 깨달음 의 경지에 맞춰 내공양 4보살을 출생하여 4분의 부처님들께 공양한다.

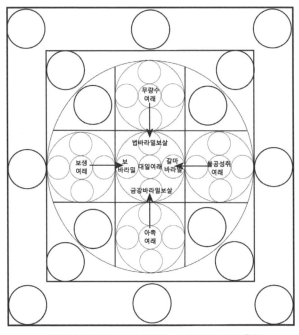

금강계 만다라의 분화 과정 3, 4 바라밀보살의 출현

이 4분의 보살을 내4 공양보살이라 하여 금강만, 금강희, 금강무, 금강가 보살들이며, 각각 꽃다발, 즐김, 춤, 노래를 의미한다. 이는 여 래의 4가지 활동성을 의미한다. 이분들은 보생여래, 아촉여래, 불공성 취불, 아미타불을 찬탄하고 이를 더욱더 증장하기 위해 대일여래께서 시현한 분들이다.

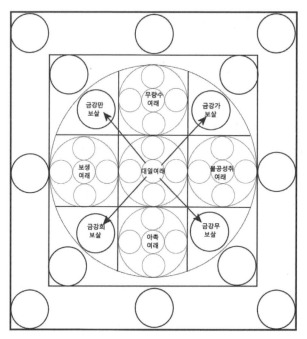

금강계 만다라의 분화 과정 4, 내4 공양보살의 출현

이에 4분의 여래들은 대일여래에게 다시 공양을 하게 되는데, 꽃,
향, 바르는 향으로 대일여래에게 공양한다. 각각 보생여래가 시현한
금강화보살, 아촉여래가 시현한 금강향보살, 불공성취불이 시현한 금
강도향보살. 아미타불이 시현한 금강등보살이다. 이분들을 외4 공양
보살이라 한다.

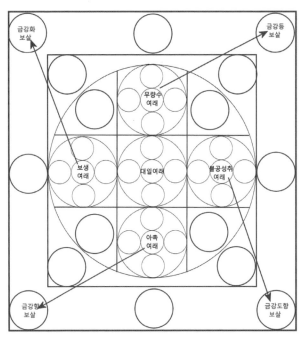

금강계 만다라의 분화 과정 5, 외4 공양보살의 출현

대일여래는 다시 외부의 공양 보살을 출생시켜 외4 공양보살들에게
보답하고, 만다라의 동서남북 4개의 문에 문지기를 출현시킨다. 이를
4섭보살이라 한다. 각각 구(鉤, 갈고리), 색(索, 밧줄), 쇄(鎖, 자물쇠), 령
(방울, 鈴)인데, 앞에 금강의 이름이 붙는다. 불도를 중생을 이끌어 보리
심을 내게 하는 분이 금강구보살이고, 끌어들인 중생들을 해탈의 세계
에 머물게 하는 것이 금강색보살의 역할이다. 그리고 보리심이 후퇴하
는 것을 막는 것이 자물쇠를 상징하는 금강쇄보살의 역할이다.

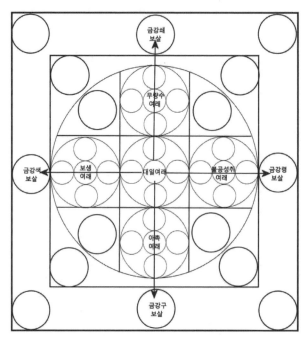

금강계 만다라의 분화 과정 6, 사섭보살의 출현

구, 색, 쇄, 령은 원래 인도의 고대인들이 동물이나 야수를 잡아 길들이는 순서였다. 갈고리로서 잡고, 밧줄로 붙들고, 쇠사슬로 잠그고, 방울로서 즐겁게 하여 길들이는 것이다. 이를 상징화한 것이 금강계 만다라의 사섭보살이다.

이상 금강계 만다라의 구조를 언급했다. 이를 통해 알 수 있는 것은 불보살들의 역동적인 상호 작용을 통해 중생 구제의 사업이 이루어질 수 있는 것이다. 깨달음은 단 한 번도 정지해 있지 않은 것이며, 얻어서 성취하고 끝나는 것이 아닌 늘 움직이고 현재 진행형이라는 것을 알 수 있다.

금강계 구회만다라에 대한 이해

금강계 구회만다라

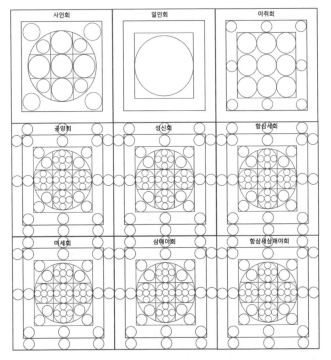

금강계 구회만다라를 간략화한 것

보통 금강계 만다라라고 하면 구회(九會)만다라라고 지칭하나 이는 대중문화 속의 만다라가 구회만다라가 많이 나왔기 때문이다. 정확한 명칭은 금강계구회대만다라(金剛界九會大曼茶羅)이다. 티베트에서는 금강계 성신회를 금강계 만다라라고 칭할 뿐이다. 구회의 만다라를 조직화하여 통일적인 흐름으로 구성화한 것은 당나라에서 활동한 혜과(惠果)로 추정된다. 그리고 그 도상이 일본 진언종에 내려온 것이다.

성신회의 형태를 기본으로 하고 금강정경을 근거로 하여 8회의 대만다라를 가져오고, 대락불공진실삼마야경(이취경)에 근거한 1회의 이취회를 가지고 조직화한 것이 9회만다라이다.

구회만다라는 오른쪽 하단의 항삼세삼매야회로부터 올라가 반시계 방향으로 중앙의 성신회까지 돌아가는데, 이 방향을 상전문(上轉門)이라 하고, 중앙의 성신회에서 삼매야회, 미세회, 공양회, 사인회, 일인회, 이취회, 항삼세회, 항삼세삼매야회로 가는 방향을 하전문(下轉門)이라 한다. 상전문은 수행자가 보리심을 일으켜 거친 번뇌를 조복받고 미세한 번뇌를 정화하는 그 과정을 뜻하며, 하전문은 불신원만(佛身圓滿)을 이룬 여래가 중생구제의 손을 뻗쳐 점차적으로 교화하기 힘든 중생에게까지 손을 내미는 것을 상징한다.

이 9개의 만다라를 상징하는 인계를 순차적으로 맺는 것이 앞으로 후술할 금강계 구회만다라법이다. 구회만다라법은 상전문에 기반한 것이다.

만다라 구조에 대한 이해를 통해 얻을 수 있는 것

태장계 만다라를 여성적 원리라 하여 이(理)라 하고, 금강계 만다라를 남성적 원리라 하여 지(智)의 측면을 드러낸 것이라 하나 이는 만다라의 구조에 대한 이해를 하지 못한 상태에서는 제대로 이해하기 어려운 말들이라 하겠다. 대우주에서 일어나는 불보살들의 중생 구제의 사업을 역할로 나누어 구분한 것이 태장계 만다라라면 금강계 만다라는 중생 구제를 위해 불보살들의 상호 관계를 역동적으로 드러낸 것이다. 이렇게 정적인 측면으로서의 태장계 만다라와 동적인 측면으로서의 금강계 만다라를 이해하고 나면 태장계 만다라가 여성적이고 금강계 만다라가 남성적이라는 말의 의미를 파악할 수 있을 것이리라 본다.

태장계 만다라를 통해 불보살의 권화가 다종다양하여 중생들의 삼독심(탐,진,치)에 대해 불보살들의 권화가 대치됨을 알 수 있다. 그리고 금강계 만다라를 통해 행(行, 움직임)이 곧 여러 불보살들의 보리심이 농축된 것이며, 그 행위가 다시 다른 인(因)이 되어 또 다른 결과를 낳는 중중무진(重重無盡)의 화엄법계(華嚴法界)[19]를 이루는 것을 알 수 있다.

화엄경의 세계 이후 밀교적 세계로 넘어간 것을 여실히 보여주는 것이 태장계 만다라와 금강계 만다라이다. 밀교의 만다라는 대승 불교가 발전되어 최후의 정점까지 오른 교학이 도상화된 것이다.

태장계 만다라를 통해 우리는 내 몸의 지수화풍(地水火風)의 4대가 곧 대일여래의 자내증(自內證)의 결과임을 알 수 있다. 이 물질 우주가 사실은 대일여래의 펼쳐진 모습이며, 우주에서의 역할의 분담이 곧 내 몸에서 이루어짐[20]을 알 수 있다. 금강계 만다라를 통해서는 깨달음은 단 한 번도 정지한 상태로 있었던 적이 없었으며 중생과 부처의 상호 관계를 통해 끝없이 발전해나간다는 것을 알 수 있다.

---

19 중중무진(重重無盡)의 화엄법계(華嚴法界): 중중무진은 우주 만유 일체의 사물이 서로 무한한 관계를 가지고 얽히고설켜 일체화되어 있음을 가리키는 말이다. 화엄법계는 이러한 중중무진의 세계가 끝없이 펼쳐져 있음을 일컫는다.

20 내 몸에서 이루어짐: 내 몸의 장부가 유기적으로 그 기능이 작동하여 이 한 몸이 살아 움직이는 것처럼 온 우주의 법계 역시 각 불보살들의 기능적 작용에 의해 운영이 되는 것이다.

5장

실질적 수행의 장

밀교는 수행 체계의 종교이다. 한국에는 한국화된 진언만 남겨져 있고, 인계와 관법이 실전된 상태라서 밀교적 수행법은 티베트 밀교와 일본 진언종을 통해 받아들여지고 있는 실정이다. 허나 티베트의 진언은 티베트화된 진언이며 일본 진언종의 진언도 일본화된 발음이다. 본서는 되도록 산스크리트 진언으로 탄트라를 구성하며, 인계와 비밀법으로 간주되는 관법도 상세히 공개한다.

기본 가행법

기초 인계 소개

밀교 탄트라를 하기 위한 기초적인 인계를 공개한다. 상세한 각 존격에 대한 인계는 후술하는 개별 탄트라에서 확인할 수 있을 것이다.

지권인: 금강계 대일여래의 인계이다. 수행으로 할 때는 금태양부 대일여래의 인계로 인식하고 수행한다. 왼손의 검지를 세우고 오른손에 끼워 오른손은 금강권[21]의 형태로 한다.

---

21 금강권: 엄지를 안으로 넣어 주먹 쥔 형태

지권인

지권인 하는 방법

내박인: 안으로 깍지를 낀 모양이다.

내박인

외박인: 바깥으로 깍지를 낀 모양이다.

외박인

팔엽연화인: 양손의 엄지와 새끼손가락이 닿게 하여 연꽃 모양으로 만든 수인이다.

팔엽연화인

삼부가지법

이 행법은 탄트라를 행하기 전 기본 가행법으로 한다. 예비 행법이
지만 이 행법만으로도 소정의 정화를 기대할 수 있다. 정삼업 진언을
외우면서 정화를 하고 순차적으로 머리, 가슴, 배의 인체 세 부분을 불
부, 연화부, 금강부로 대치하여 행자의 몸이 만다라가 됨을 관한다. 끝
에 피갑호신법을 하면서 행자가 완전한 만다라가 됨을 관한다. 보통은
정삼업 진언부터 삼고금강인까지 하고 다음에 피갑호신법까지 하여
삼부가지법을 완성한다. 그러나 피갑호신법을 따로 떼어 금강계 결
계법에 붙이기도 한다.

1. 정삼업 진언

연화합장인

열 손가락을 세워 손가락과 손바닥을 바로 맞대는 합장으로 속을 약간 비우게 하여 모양은 연꽃 봉오리와 같아 연화합장이라 한다.

진언: 옴 사르바 수다살바 달마 살바바바수도함.

깊게 숨을 내쉬면서 과거로부터 쌓은 업들이 손가락 사이에서 분출됨을 관한다.

2. 불부삼매야 진언

불부삼매야인

진언: 옴 타다가타브하바야 스바하

옴 불부(佛部)의 제존들께 귀의합니다.

연화합장의 상태에서 속이 보이게 벌린 다음, 엄지를 확실히 벌려 검지에 댄다. 불두(佛頭)를 상징한다. 태장계 만다라는 불부, 연화부, 금강부의 삼부의 만다라로 구성되어 있는데, 신체 역시 삼부로 나누어 머리를 불부, 가슴을 연화부, 배를 금강부로 나누어 인계와 진언을 배치하여 신체를 성스러운 만다라로 바꾼다.

몸으로 행한 신업(身業)이 정화됨을 관한다. 이마에 법륜이 새겨지며, 법륜 중앙에는 범자 옴이 있다. 법륜은 금색, 옴은 흰색의 광휘를 발한다.

〈옴〉

3. 연화부삼매야 진언

팔엽연화인

진언: 옴 파드모드브하바야 스바하

옴 연화부의 제존들게 귀의합니다.

엄지와 새끼손가락을 맞대고 나머지 손가락을 펼쳐 8개의 연꽃 꽃 잎이 펼쳐지는 팔엽연화인을 맺는다. 만다라 내의 연화부를 뜻하며,

말로 지은 어업(語業)을 정화한다.

연꽃이 보이며 연꽃 안에는 아 자가 빛난다. 연꽃의 색은 핑크나 금색 등으로 관해지며 아 자는 금색 혹은 흰색 광휘를 발한다.

〈아, A〉

4. 금강부삼매야 진언

삼고금강인 앞면

삼고금강인 뒷면

진언: 옴 바즈로드 브하바야 스바하

옴 금강부의 제존들게 귀의합니다.

양손을 날이 세 개 달린 삼고금강저처럼 맺는다. 왼손을 앞면으로 보이게 하고, 오른손이 뒷면으로 가되 왼손의 새끼손가락과 오른손의 엄지가 겹쳐 맞대고, 오른손의 새끼손가락과 왼손의 엄지가 겹쳐 맞댄다. 삼고금강저 중앙에 훔 자가 새겨져 있다. 삼고금강저는 금색이며, 훔 자는 짙푸른 남색이다.

뜻으로 지은 업 의업(意業)을 정화한다.

〈훔, Hum〉

5. 피갑호신법

피갑호신인 앞면

피갑호신인 앞면

　내박인의 형태인데, 왼손의 엄지와 약지를 고리 모양으로 맺고, 오른손의 엄지와 약지를 고리 모양으로 맺은 다음 양손을 합친 모양이다. 새끼손가락은 내박인을 할 때처럼 안으로 들어가 있다. 중지는 맞대고, 약지는 벌린다.

　중지로 만든 삼각형은 붉게 타오르는 불의 상징, 이 지혜의 불은 감각 기관에 맺혀진 집착심을 태운다. 양옆으로 뻗은 검지는 대승공관(大乘空觀)의 맹화이다. 일본 진언종에서는 중지는 말라식 7식이고 이 손가락을 모은 것은 자아의 확립이라고 말한다. 검지는 아뢰야식 8식이라 하고, 엄지는 9식 아마라식이며 인류의 집단 무의식이며 가장 원초적인 의식이라 한다. 약지는 6식이고, 새끼손가락은 5식이라 한다. 엄지의 아마라식이 약지 6식과 새끼손가락 5식을 누르는 것이다. 인계에서도 유식학이 녹아 있는 것이다.

진언: 옴 바즈라기니 프라디티프타야 스바하

인계를 맺고 진언을 한 번씩 외우며 이마에, 목에, 왼쪽 어깨에, 오른쪽 어깨에 순차적으로 인계를 이동한다. 마지막에 가슴에 인계를 맺은 손을 갖다 댄다. 금색 광휘로 불타오르는 인계를 이동하면서 신체 각 부위에 금색의 광휘가 새겨짐을 관한다.

금강계 결계법

행자는 삼부가지법을 하여 스스로를 정화한 후 피갑호신법을 하여 신체의 오부에 가지한다. 이로써 행자는 마음의 성역(聖域)을 구축하게 된다.

금강계 결계법은 금강궐을 기둥으로 박고, 금강의 장벽을 펼치고, 금강의 그물로 허공으로부터의 사마(邪魔)를 막고, 금강의 화염으로 결계를 치는 완벽한 결계법이라 할 수 있다. 금강계 결계법을 한 후 여래부, 보살부, 명왕부, 천부의 제존에 대한 탄트라를 할 수 있다.

이 법을 행할 때는 가행이 끝나면 결계는 자연스럽게 흩어진다고 마음을 먹고 해야 한다. 왜냐면 결계가 끝난 후에도 결계를 유지하기 위해 행자의 공력이 소모될 수 있다. 그러니 할 때는 가행이 끝난 후에는 결계를 유지하지 않는다는 것을 한 번 마음 먹으면 된다.

1. 금강궐 결계

금강궐인 윗면

금강궐인 아랫면

양손의 손가락을 겹친 상태에서 중지를 아래로 뺀 후 서로 엮어 기둥 모양을 잡는다. 금강궐은 금강의 기둥을 의미하는데, 금강저가 하늘로부터 땅에 내리꽂힘을 관한다.

진언: 옴 키리키리 바즈라 바즈리 브후 반다반다 훔

2. 금강장 결계

금강장인

양손의 검지와 새끼손가락을 맞대고 중지와 약지는 비스듬히 맞닿는다. 기둥 사이에 벽이 쳐짐을 관하다.

진언: 옴 사라사라 바즈라 프라카라 훔 파트

3. 금강망 결계

금강망인 앞면

금강망인 윗면

양손의 엄지와 새끼손가락을 맞댄 이후 중지를 세워 기둥 모양이 된다. 장막을 칠 때 중심의 기둥을 세우는 것처럼 중지는 금강의 기둥이 된다.

금강망인을 맺고 머리 위에 세 번 반시계 방향으로 돌리며 금강의 그물이 둘러쳐지는 것을 관한다.

진언: 옴 비스푸라드 라끄샤 바즈라 판자라 훔 파트

4. 금강염 결계

금강염인

오른손을 안으로 외손을 바깥으로 위치하면서 양 엄지를 맞댄다. 엄지를 제외한 양손의 네 개의 손가락들은 가지런히 한다. 인계를 배 앞에 두고 엄지의 맞닿은 부분이 불꽃과도 같음을 관한다.

진언: 옴 아사막네 훔 파트

광명 진언 수행법

1) 광명 진언법

광명진언(光明眞言)은 불교의 밀교 종파에서 중요하게 여기는 만트라로서 정식 명칭은 불공대관정광진언(不空大灌頂光眞言)이다. 이 진언은 불공견색비로자나불대관정광진언경에서 나오며 그 경에서는 다음과 같은 효용이 있음을 밝히고 있다.

> 이 다라니를 듣게 되면 중생들의 모든 죄가 소멸하고 지옥에 떨어지지 않는다. 또한 이 다라니를 무덤 위에서 108번 외우면 그 주검의 주인공은 죄를 씻게 되어 극락왕생하게 되며, 환자 앞에서 1,080번 외우면 과거 업에 의한 질병이 모두 사라지게 된다.

우리나라 원효 스님께서는 유심안락도에서는 모래에 광명 진언을 108번을 외우고, 이 모래를 시신이나 무덤 위에 광명 진언을 외우면서 뿌려주면 모래를 맞은 영혼들이 여래의 가피를 받아 극락세계에 태어난다고 하였다.

이런 해석들에 더하여 밀교적 해석을 덧붙인다. 광명 진언은 '옴 아모가 바이로차나 마하무드라 마니 파드마 즈바라 프라바를타야 훔'으로 되어 있는데 이 진언 자체가 밀교의 다섯 부처님의 명호가 녹아 들어가 있다는 것이다.

옴은 진언의 시작에 나오는 단어이고, 아모가는 아모가싯디 붓다(불공성취불)의 앞부분을 따온 것이며, 바이로차나는 바이로차나 붓다(대일여래)의 명호를 가져온 것이다. 마하 무드라는 대원경지의 부처, 즉 악쇼비아 붓다(아촉여래)를 상징한다. 마니는 인도말로 보배라는 뜻인데, 이는 라트나삼바바 붓다(보생여래)를 상징한다. 파드마는 연꽃이며 이는 아미타 붓다(아미타불)를 뜻한다. '즈바라 프라바를타야'는 빛이여 발하소서라는 뜻이다. 훔은 완성을 뜻한다.

진언 자체가 오불(五佛)의 명호가 다 들어간 것이기에 이 진언은 아무 때나 함부로 누구나가 막 읽어서는 안 되는 귀중한 법보(法寶)이다. 그렇기에 격식을 갖추고 외워야 하며, 본서에서는 광명 진언의 원래 힘으로 중생의 마음이 평안해지기를 바라는 마음에서 종자와 인계와 관법을 같이 공개하도록 한다.

① 광명 진언

ༀཨ་པ་ཡ་ནེ་ར་ཝ་ན་མ་ཀྵ་ཛུ་ཇ་མ(ⅶ)པ་དྨ་ཛྭ་ལ་པ་ན་ཏ་ཡ་ཧཱུྃ

옴 아모가 바이로차나 마하 무드라 마니 파드마 즈바라 프라바를타야 훔

② 광명진언 인계: 외박인을 하고, 중지를 세우고 검지를 고리 모양으로 구부려 중지의 손톱 쪽으로 첫째 마디에 댄다. 엄지를 세우고, 약지와 새끼손가락을 살짝 세워 햇살이 비켜나가는 것처럼 펼친다.

오색광인(五色光印)

③ 광명진언 종자

〈아, A〉

④ 광명진언 탄트라

– 진언을 외우며 인계를 맺은 손에 미세한 흰색 실빛이 나옴을 알아
챈다.

– 내 손에 구슬이 있음을 알게 되고 이 구슬에 '아' 자가 빛나고 있다.

– 구슬은 하얀색 달과 같은 빛을 내뿜고 이 구슬 안의 아 자는 금색
이고, 구슬의 빛이 서서히 강해짐을 알아챈다.

– 마무리는 빛이 서서히 사그라들며 아 자 역시 희미해짐을 관하며
인계를 풀고 마무리한다.

2) 광명 진언 7종 수인법

광명 진언은 오불(五佛)의 명호가 다 들어갔음을 말했다. 오불에 해
당하는 인계가 녹아진 것이 광명 진언 칠종 수인법이며, 다음의 순서
에 맞춰 진언을 외우며 인계를 맺는다.

옴 아모카 바이로차나 마하무드라 마니 파드마 즈바라 프라바를타
야 훔

지권인 / 외오고인 / 오색광인 / 보생여래인 / 아미타불근본인 / 지
권인 / 팔엽연화인

'옴 아모카'까지는 지권인을 맺고

'바이로차나'는 외오고인을 맺고

'마하무드라'는 오색광인을 맺고

'마니'는 보생여래인을 맺고

'파드마'는 아미타불근본인을 맺고

'즈바라'는 지권인을 맺으며

'프라바를타야훔'은 팔엽연화인을 맺는다.

마니에 해당되는 보생여래와 파드마에 해당되는 아미타불은 인계가
같기에 손을 다르게 할 필요는 없다. 아래는 외오고인이다.

외오고인

7종의 인계를 순서대로 아래로 배치한다.

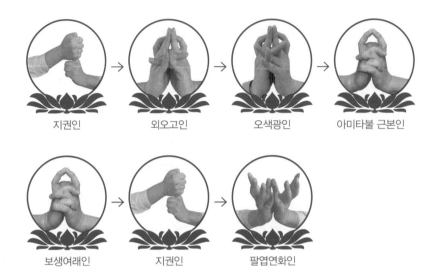

지권인 → 외오고인 → 오색광인 → 아미타불 근본인

보생여래인 → 지권인 → 팔엽연화인

구회만다라법

1) 구회만다라법에 대한 이해

금강계 구회만다라를 앞서의 장에서 설명한 바 있다. 항삼세삼매야 회에서 성신회까지의 상전문의 방식으로 각 회마다 하나의 인계를 맺으면서 임, 병, 투, 자, 개, 진, 열, 재, 전의 소리음을 내는 것을 구회만다라법, 일명 구자인법(九字印法)이라고 한다. 여기서 인계법은 금강계 구회만다라의 각 회의 인계를 상징하나 소리음인 '임병투자개진열재전'은 도가의 술법인 포박자에 나오는 호신법이다.

이 행법은 복잡한 진언 밀교의 수행을 술수로서 간편하게 행할 수 있게 9개의 음절과 9개의 인계를 결합한 것이다. 따라서 구회만다라법은 공력을 발현하는 것에 가까운 것이기에 구회만다라법을 배운다고 하여 그 힘을 온전하게 끌어낼 수 없다. 수행자가 수행한 공력을 발현하는 것이기에 기본이 되는 수행 공력이 중요한 것이다.

구회만다라법에서 나오는 '임병투자개진열재전'은 도가의 서적,

《포박자》[22]에서 유래한 것이다. 《포박자》에 따르면 본디 도사가 산에 올라가 수련할 때에 잡귀를 쫓고자 사용한다고 한다. 《포박자》에서는 육갑비주(六甲秘祝)라고 부른다. 포박자에서는 수인법이 없다. 포박자에서는 아래와 같이 묘사한다.

> 명산에 들어가려면 오색 비단을 5촌 길이로 바위 위에 얹고 마음으로 구하는 바를 깊이 바라며 갑자(甲子)에 따라 길일을 고르라. 산에 들어간다면 육갑비주(六甲秘祝)를 알아야 하니 그 주문은 '임병투자개진열전행(臨兵鬪者皆陣列前行)'으로 모두 9글자이다. 언제나 당연히 비밀스러운 주문이며 피하지 못할 일이 없다. 도를 구함이 번거롭지 않다함은 이런 것을 이른다.

임병투자개진열전행(臨兵鬪者皆陣列前行)은 '병사들이여, 투사들이여, 모두 대오를 짜고 앞으로 나가라'라는 의미로 해석될 것이나 여기서는 뜻보다 음이 중요한 주문이다. 이 주문은 일본에서 진언 밀교의 9개의 인계와 결합하면서 음이 달라지게 되었는데, 임병투자개진열재전(臨兵鬪者皆陣列在前)이 된 것이다. '병사들이여, 투사들이여, 모두 대오를 짜 앞에 있어라'라는 의미이다. 여기서는 임병투자개진열재전으로 설명한다.

---

22 《포박자》: 4세기 초, 중국 위진 남북조 시대의 도가 서적이다. 위진 남북조 시대에 동진(東晉)의 관료였으며 도사였던 갈홍(葛洪)이 지은 책. 신선이 되는 방법 등을 적었다. 포박자는 갈홍 자신의 호이기도 하다. 갈홍은 포박자 말고도 여러 가지 책을 지었다.

앞에 잠깐 언급은 했지만, 이 행법은 자신의 힘을 펼치는 것에 의미가 있는 것이다. 자신이 오랫동안 수행을 하지 않았다면 이 행법을 통해 구현해낼 수 있는 소기의 성과를 얻기 어렵다. 이때의 수행은 호흡법이나 일반 명상과 같은 것이 아니라 밀교의 불보살과 관련된 수행을 오래 해야 하며, 관정을 받아 밀교를 배울 수 있는 자격을 가진 자가 한 수행을 말하는 것이다. 일반적으로 몸을 수련해서 얻은 단련된 기운을 말하는 게 아니라 다소 종교적이기도 한 영적인 수행을 말하는 것이다.

2) 구회만다라 결계법(구자절법)

다음에 소개할 9개의 인계를 맺으면서 해당되는 소리를 발해야 한다.

부동근본인

① 〈임(臨)〉 부동근본인 – 구회만다라 내의 항삼세삼매야회

부동명왕 탄트라에서 하는 부동근본인이다.

대금강륜인 앞면

대금강륜인 뒷면

② 〈병兵〉 대금강륜인 - 구회만다라 내의 항삼세회

부동근본인의 상태에서 중지를 세워진 검지에 구부려 갖다 댄다.

외사자인 앞면

③ 〈투(鬪)〉 외사자인 – 구회만다라 내의 이취회

오른손의 검지가 왼손의 약지에 닿고, 왼손의 검지가 오른손의 약지
에 닿는다. 양손의 셋째 손가락 중지가 검지를 감싸 안는다.

내사자인 앞면

내사자인 뒷면

④ 〈자(者)〉 내사자인 – 구회만다라 내의 일인회

오른손의 네 번째 손가락 약지가 왼손 검지 쪽으로 가고, 왼손의 네 번째 손가락 약지가 오른손의 검지에 간다. 중지를 감싸 안는다.

외박인

⑤ 〈개(皆)〉 외박인 – 구회만다라 내의 사인회

바깥으로 깍지를 낀다.

내박인

⑥ 〈진(陣)〉 내박인 - 구회만다라 내의 공양회

안으로 깍지를 낀다.

지권인

⑦ 〈열(列)〉 지권인 - 구회만다라 내의 미세회

왼손 검지를 세워 오른손 주먹으로 감싸 안는다.

일륜인

⑧ 〈재(在)〉 일륜인 - 구회만다라 내의 삼매야회

양손의 엄지와 검지를 맞대어 펼친다.

은형보병인

⑨ 〈전(前)〉 은형보병인 - 구회만다라 내의 성신회

왼손을 펴고 오른손 주먹을 놓는다.

위의 아홉 개의 인계를 정확히 그리고 빠르게 맺어 숙달한다. 임병
투자개진열재전의 9글자를 소리 내어 읊으면서 인계를 맺도록 한다.
소리와 인계를 맺는 것을 같이 하고 결국에는 소리만 읊어도 인계가
갖는 힘을 끌어낼 수 있도록 자주 해야 한다.

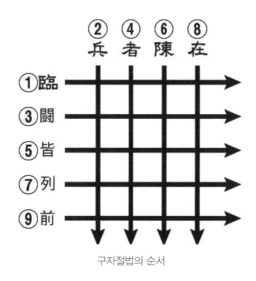

구자절법의 순서

임병투자개진열재전의 포박자의 주문은 포박자에서 나온 도술이기
에 그 자체로도 특정한 효과가 있을 수 있으나 일반인들은 내공의 부
족으로 그 힘을 쓸 수 없다. 그러나 구회만다라의 인계와 결합하여 인
계의 힘이 소리를 내는 것과 일치하면 결국에는 소리만으로도 인계의
힘이 나오게 된다.

후술하는 '대성부동명왕존실지 탄트라'를 보면 부동검인이라는 인계가 나온다. 이 인계를 맺고 허공에 구자절법을 하게 되면, 공간에 각 인계와 결합된 소리음으로 신성한 파동이 맺히게 된다. 이 그물망 모양의 파동을 잡아 내박인으로 감싸 특정한 존재를 포박하거나 소멸시킬 수도 있는 것이다.

육법 공양에 대한 이해

향, 등, 꽃, 과일, 차, 쌀 등 여섯 가지 중요한 공양물을 말한다. 이들 공양물은 각각 상징하는 바가 다르다. 우선 향은 해탈향(解脫香)이라고 해서 해탈을 의미한다. 자신을 태워 주위를 맑게 하므로 희생을 뜻하기도 하고 화합과 공덕을 상징하기도 한다. 등은 반야등(般若燈)이라고 하며, 지혜와 희생, 광명, 찬탄을 상징한다. 꽃은 만행화(萬行花)로서 꽃을 피우기 위해 인고의 세월을 견딘다고 해서 수행을 뜻하며 장엄, 찬탄을 상징하기도 한다. 과일은 보리과(菩提果)로 깨달음을 상징한다. 차는 감로다(甘露茶)라고 해서 부처의 법문이 만족스럽고 청량하다는 것을 상징한다. 마지막으로 쌀은 선열미(禪悅米)로서 기쁨과 환희를 상징한다.

– 출처: 네이버 지식백과 / 두산백과, 육법공양[六法供養]

불자들은 육법 공양에 대해 들어보았을 것이다. 향, 등, 꽃, 과일,

차, 쌀의 6가지 공양물인데, 각각 불교적 의미는 위의 '두산백과'에 나와 있고 스님들의 법문도 이와 크게 다르지 않다.

금강연화원에서 재해석한 밀교적 작법으로서의 육법 공양은 다음과 같다.

① 해탈향

밀교적으로 가지(加持)한 향은 나의 오륜처[23](다섯 개의 차크라)나 9륜탑(구회만다라로 가지한 나의 신체 차크라)과 같도다. 향이 태워짐으로 인해서 나의 업장을 연료로 하여 법으로 바뀌는 전식득지의 유식학의 공덕을 성취한다.

② 등(초)

밝게 타오르는 불빛은 곧 주위의 사물을 구분 지어주는 묘관찰지의 공덕을 성취함이다. 나의 무지(無智)를 심지로 하여 밝게 타올라 탐진치의 어리석음, 치심을 밝힌다. 시선을 나로 하여 어두워서 분별이 안 되었던 나의 내면이 초가 타오르면서 밝게 분별이 됨을 관한다.

---

23 다섯 개의 차크라 : 일반적으로 차크라는 7개가 있다고 한다. 회음, 하단전, 복부, 가슴, 목, 미간, 정수리마다 한 개씩 있다고 한다. 밀교식의 분류로는 회음과 하단전을 한 묶음, 복부, 가슴, 목 그리고 미간과 정수리 한 묶음 이렇게 분류한다.

③ 꽃

자비행을 뜻한다. 서원을 뜻한다. 꽃이 단정하여 원만하듯, 아픈 사람들, 불구인 분들이 꽃처럼 원만하고 단정한 육신을 가지도록 하는 기도를 꽃 공양을 하면서 기도한다. 평등성지, 일체의 것이 평등함을 관한다. 불구와 단정함이 평등하나 차별상으로 펼쳐져 이에 괴로워하나 본질은 평등함을 관하고, 평등하니 고요함을 안다.

④ 차(청수)

차는 감로를 뜻한다. 관세음보살이 들고 있는 정병에 담긴 물은 감로인데, 그 감로는 번뇌의 불길을 끄는 물이다. 감로 탄트라를 하면서 내 심장 앞의 아미타불 근본인에서 감로가 흘러나와 내 심장으로 들어가고 내 몸에 감로가 가득 참을 관한다. 가득 차고 나서야 손에서 나오는 감로로 '차' 혹은 '생수'에 가지한다.

일체의 번뇌가 소멸된 상태를 대원경지라 한다. 차 혹은 청수는 번뇌가 소멸된 상태를 의미한다. 대원경지를 이루는 것이다.

⑤ 과일

불과를 뜻한다. 수행의 과실을 맺음을 의미한다. 공양하면서 과일로 결실을 맺듯 나의 수행도 결실을 맺길 바라는 마음이다. 법계체성지, 불지(佛智)를 의미한다.

ⓑ 쌀

수행할 때 반드시 필요한 연료인 공덕을 뜻한다. 보살은 공덕을 밥으로 삼아 힘을 얻고, 중생은 쌀로서 힘을 얻는다. 쌀은 공덕을 의미하기 때문에 수행에 있어서 난관이 있을 때에 쌀 공양으로 공덕을 보충한다.

쌀을 부처님께 공양할 때 수많은 나들이 쌀을 동시에 올리고 일체의 중생들이 배부름을 관한다.

성소작지에 해당된다. 만물을 이루고 성취하게 하는 성소작지에 해당된다.

밀교적 육법 공양은 다음과 같다.

- 향 – 전식득지의 의미 – 업장이 곧 보살의 힘이었음을 알겠습니다.
- 쌀 – 성소작지의 의미 – 수행력의 힘을 얻게 하소서
- 등(초) – 묘관찰지의 의미 – 반야지를 얻게 하소서
- 꽃 – 평등성지의 의미 – 분별지의 공성을 얻게 하소서
- 차(청수) – 대원경지의 의미 – 부동의 마음을 얻게 하소서
- 과일 – 법계체성지의 의미 – 불과를 이루게 하소서

1) 향 공양

이 세상은 복의 인연으로 인하여 굴러가고 있음입니다. 자신이 누릴

수 있는 것은 누군가의 노고와 공덕에 의해 누릴 수 있는 것이고 거기에 맞는 자격이 있어서 누릴 수 있는 것입니다.

자신이 누리는 것에 비해 자신이 이 세상에 기여한 것이 없을 때에, 엄밀히 말하면 복의 그릇이 좁은데, 자신이 누리는 것이 많을 때에 복이 없다고 말하는 것이며 그 증상은 천상의 존재들에게는 복력이 다하여 추락하는 현상으로 지상의 중생들에게는 복력이 다하면 사념이 많아지고, 불안하고, 현실의 경제가 흔들리고, 온화하지 못하는 증상으로 나옵니다.

현실의 경제가 취약한 것은 복력이 약해질 때 나오는 증상이지만 영기장상으로는 박복함으로 드러납니다.

몸에 털이 난다거나 몸이 거칠다… 는 인상을 주는 영기장은 복력이 없어서 그런 경우입니다.

밀교의 비밀스러운 행법들은 몸을 수많이 나누어서 분신으로 나투어 일거에 복덕을 장엄하는 행법들이 있습니다.

그러나 어려운 관법보다 실제로 하나라도 하는 게 더 중요하다고 보기 때문에 무동금강이 자주 하는 복덕장엄 탄트라를 공개합니다.

2) 쌀 공양

쌀은 배부르게 하는 의미이기도 하고 법미(法米)라 하여 법을 베풀면 중생들의 갈애가 쉰다는 의미가 있습니다. 쌀의 의미를 되새기며 부처님 전에 올릴 때에 내 옆에 수많은 나들이 열 지어 있으며(이는 거울 사이에 내가 있을 때에 수많은 나들이 있음과 동일합니다.) 수많은 나들은 수많은 손을 받쳐 수많은 쌀을 동시에 부처님 전에 올립니다.

부처님이 있는 곳이 이 우주 법계(法界)이며 모든 중생이 쌀을 먹고 안락하고 평온한 마음에 있음을 관합니다.

3) 초 공양

초는 밝음을 상징하고 나를 태운다는 의미가 있습니다.

초를 켜며 초와 나를 동일시합니다. 이 초는 내 몸과 마음이로다.

초의 불빛은 안과 밖이 없으며 한정된 공간을 그 자신을 아껴가며 비추는 게 아니라 아끼지 않고 전 우주로 그 작은 빛을 뿜어내고 있습니다.

내 몸과 마음은 광명이로다.

4) 향 공향

향을 집으면서 내 업장과도 같음을 알아차립니다.

향에 불을 붙이고 향이 닳아지는 것이 내 업장이 닳아지고 내 업장은 곧 금강심으로 화하여 향으로 변하는 것입니다.

향이 자신의 몸을 태워 향을 뿜어내는 것은 탐진치 삼독(三毒)이 실은 여래장이 전변하여 우리의 업은 곧 부처의 불덕(佛德)이며 업이 승화될 때 불덕의 향기로움이 법계에 충만합니다.

* 쌀 공양은 수행의 힘을 얻게 하는 것입니다. 수많은 나들이 동시에 부처님께 쌀을 올리며 모든 중생이 배부름을 관합니다.

* 향 공양을 할 때는 향의 밑부분부터 나의 아래 차크라와 대응하며 관하며 구회만다라법으로 나의 아래 차크라부터 위까지 인계를 한 개씩 맺으면서 관합니다. 구회만다라법의 인계를 소리를 내어 맺으며 향 아래 부분부터 위로 올라가면서 내 몸의 척추 라인의 9처와 동일함을 관하는 것입니다. 그리고 후술하는 부동명왕 일자심진언 '나마 사만타 바즈라남 함'을 외우며 향에 불을 붙입니다. 그 불은 부동명왕의 불길이라 관합니다. 향이 타면서 나의 업장도 동시에 태워짐을 관합니다. 전식득지의 공덕을 성취합니다.

* 초 공양을 할 때는 나의 어둠이 밝혀지며 지혜가 밝아짐을 관하고 불을 붙이고 올립니다.

〈여래부 탄트라〉

금태양부 대일여래 수행

1) 대일여래의 존격에 대한 이해

밀교에 관심이 있는 분들은 금강계 만다라와 태장계 만다라에 대해서 자주 들어보았을 것이다. 태장계(胎藏界)는 어머니가 태아를 품듯이 온 우주는 대일여래의 태내에 있듯 보호되고 양육되고 있음을 뜻한다. 우주의 현상적인 면을 414존의 태장계 만다라의 부처님, 보살, 명왕, 천신으로 상징화한 만다라이다. 태장계 대일여래는 이법신(理法身)이라 하여 우주의 이치적인 면을 부처님으로 형상화한 분이다.

금강계(金剛界) 만다라는 중앙의 월륜에 대일여래가 있고, 동서남북으로 아촉여래, 보생여래, 아미타여래, 불공성취여래의 부처 네 분이 계시고, 다시 각각의 부처들에게 그 권능과 지혜의 분화 형태인 열여섯 분의 보살들이 권속으로 있다. 금강계 만다라는 분화와 통합이 얼기설기 엮여 있는 동적인 요소가 강하다. 금강계 만다라가 지혜의 작용이 두드러지기에 금강계 만다라의 중앙에 앉아 계신 부처님을 지법신(智法身) 대일여래라고 한다.

태장계 밀법은 인도의 북서, 혹은 동인도에서 발원했다고 보이고, 금강계 만다라는 인도 남부에서 발원했다고 보여 원래 각각의 밀법은 역사적으로 따로 발전해 왔으나 중국 당나라에서 이 두 개의 밀법 흐름을 하나로 이해하게 된다. 남녀, 음과 양, 본체와 작용 이렇게 대칭으로 이해하게 되어 두 개의 밀법 흐름을 하나로 통합하게 된다. 이때 금강계 대일여래와 태장계 대일여래를 하나로 보지만 드러남은 다른 모습으로 이해하여 금태양부(金胎兩部)[24]의 불이(不二, 둘이 아님)의 사상이 완성된다.

대일여래는 태장계와 금강계 각각의 모습에 따라 진언과 인계와 종자형이 다르다.

금태양부대일여래 수행은 단독으로서 수행하기보다는 여러 형태의 탄트라 의궤를 하기 위해서 전반부에 시작하는 수행으로서의 의미가 더 크다.

---

24 금태양부: 금강계와 태장계의 양부의 밀법을 뜻함.

2) 태장계 대일여래

① 종자:

〈아, A〉

② 종자 '아'에 대한 이야기

종자 '아'는 산스크리트 음운에서 가장 먼저 나오는 글자이다. 알파벳 A처럼 말이다. 아는 모든 모음의 기본이고, 어린이가 가장 빨리 말할 수 있는 발음이 '아' 발음이기에 고대 인도 불교도들은 '아' 자라는 글자에 불성이라는 의미를 부여했다. '아' 자에서 '다' 자까지의 42개의 글자에 대승 불교는 불보살의 덕이 있다고 생각하였다. 화엄경에서는 이 42개의 글자에 의미를 두어 화엄경 입법계품에서 중예동자가 선재동자에게 '아' 자를 비롯한 42개 글자의 뜻을 관하게 하면서 반야바라밀문에 들어가는 법문을 가르친다. 42개 글자의 근본을 '아' 자에 두고 있다.

또한, 범자에서는 A를 접두사로 쓸 때는 부정을 뜻하는 의미로 쓴다. 이 의미에서 아자본불생이라는 의미가 더해지게 된다. 원래부터 창조된 것도 아니고, 또한 멸하는 것도 아니며, 항상 있는 것도 아니고 항상 멸하는 것도 아닌 제법의 실상을 드러낸 글자라고 한다.

따라서 대일여래의 종자가 '아' 자이며, 뒤에 후술할 모든 성취의궤의 기본이 되는 수행이 이 금태양부대일여래의 수행이 되는 것이다.

③ 인계: 선정인

④ 진언: 옴 아비라 훔 캄 스바하

oṃ avira hūṃ khaṃ svāhā

3) 금강계 대일여래

① 종자: 바(VA)

② 인계: 지권인

③ 진언: 옴 바즈라 다투 밤

oṃ vajra-dhātu vaṃ

4) 금태양부 대일여래 수행의 실제

① 금태양부대일여래의 진언: 옴 아비라 훔 캄 바즈라 다투 밤

② 금태양부대일여래 인계: 지권인

– 좌정한 다음, 금태양부 대일여래 진언을 외우면서 지권인을 맺는다.

– 진언을 외우면서 나는 하얀색 월륜 안에 있다.

– 이 월륜 안에 종자 '아'가 금색으로 떠오르면서 완연히 빛나고 있음을 안다.

종자 '아'가 연화대 위의 월륜 안에 있는 사진, '아자 본존도'라고도 한다

– 내 마음의 본성은 아의 글자와도 같아 내 마음의 덕은 월륜과 같이 원만하며 내 마음의 본성은 월륜과 같이 시원한 빛임을 관한다.

– 금색 '아' 자가 백색 월륜 안에 서서히 녹아 들어가고, 수행이 끝날 시점에는 백색 월륜이 서서히 옅어지며 인계를 풀면서 마친다.

아촉여래 탄트라

아촉여래는 금강계 만다라의 동쪽에 있는 분이다. 동쪽에서 해가 뜨듯이 수행의 기본은 나를 조복케 하는 강렬한 수행심이다. 아촉여래는

강렬한 수행심 즉 발보리심을 뜻하기 때문에 항마(降魔)의 존격이라 보면
된다. 여래의 힘을 뜻하는 분이다. 이 분의 여러 이름은 부동(不動), 무동
(無動), 무노불(無怒佛)이다. 이름에서 알 수 있듯이 흔들리지 않는 마음을
상징하며, 이 분은 밀교의 5대 능력 중에서 대원경지(大圓鏡智)를 뜻한다.

① 아촉여래 인계: 항마촉지인이다. 오른손 다섯 손가락을 펴서 오
른쪽 무릎에 놓고 땅에 살짝 닿듯이 내린다.

② 아촉여래 종자

〈훔, Hum〉

③ 아촉여래 진언

– 아촉여래 본심진언
옴 악쇼비아 훔
oṃ akṣobhya hūṃ

④ 삼매야형: 오고금강저

⑤ 아촉여래 탄트라

– 아촉여래 탄트라를 실제로 할 때는 지권인과 아미타불 근본인을
한다. 아미타불 근본인은 검 혹은 삼각형 혹은 연꽃의 꽃술 여러 형태
로 이해되는바, 여기서는 삼각형을 뜻한다.

– 지권인을 맺고 '옴 악쇼비아 훔'을 외우면 가슴 부근에서 연꽃이
피어나고 그 위에 훔이 떠오름을 관한다.

– 인계를 아미타불 근본인을 맺고 삼각형 안에 훔이 들어가 있음을
관한다. 지혜를 뜻하면서 날카로운 모서리로 일체의 어리석음을 깨뜨
리는 삼각형 안에 푸른색으로 불타는 훔이 있음을 관한다. 훔의 빛이
일체의 어둠을 깨부수는 것을 관한다.

불공성취불 탄트라

불공성취불은 금강계 만다라 대일여래의 북방에 있고, 여래의 끝없
는 활동력을 상징한다. 밀교에서의 '업'은 없애야 하는 것이 아니라 중
생의 삼업(三業)을 여래의 삼업으로 바꾸면 그것으로 되었다는 의미라
서 업 자체가 부정적인 것은 아니다. 중생이 자신의 욕망에 이끌려 지
향점 없이 헤매는 존재라면 불보살은 중생 구제라는 서원을 세우고 자
신의 복덕과 방편을 닦아 중생과 더불어 성숙해가는 존재이다. 중생이
끝없는 번뇌를 펼쳐내듯 불보살은 중생 구제에 대한 고민을 끝없이 하
는 존재이다.

이러한 불보살의 사유가 헛되지 않음을 뜻하는 것이 불공(不空), 즉 산

스크리트어로 아모가(amogha)라고 한다. 불공성취여래(不空成就如來)는
이 아모가와 성취라는 의미의 싯디(siddhi)가 결합한 이름을 지니고 있다.

여래의 끝없이 펼쳐지는 복덕의 업, 그리고 이 업이 깨달음으로 가
는 것에 있어 전혀 헛되지 않음이 불공성취여래의 의미이다.

① 불공성취불 인계

항마촉지인

오른손을 펼쳐 바깥으로 내민 모습. 시무외인이라 한다. 왼손은 펼
쳐서 배꼽 위에 놓는다.

갈마총인

두 손을 외박인을 한 상태에서 엄지와 새끼손가락을 붙이고 손바닥
을 편 모양이다.

갈마총인

② 불공성취불 종자

〈아, A〉

③ 불공성취여래 진언

– 불공성취여래 본심 진언

옴 아모가 싯디 아

oṃ amogha–siddhe aḥ

– 불공성취여래 삼매야 진언

바즈라즈남 아

vajrajñām āḥ

– 불공성취공양 진언

옴 사르바 타다가타 바즈라 카르마 아누타라 푸자 스파라나 사마예 훔

oṃ sarvatathāgata vajra–karm–ānuttara–pūjā–spharaṇa–samaye

hūṃ

④ 삼매야형: 갈마금강(羯磨金剛)

⑤ 불공성취여래 탄트라

– 불공성취여래의 인계는 시무외인이나 수행을 할 때는 지권인과 갈마총인을 한다.

– 지권인을 하고 불공성취여래 본심 진언 '옴 아모가 싯디 아' 외우고, 행자가 맺은 지권인에 월륜이 맺혀짐을 관하고, 월륜 안에 글자 아가 있음을 관한다.

– 인계를 갈마총인으로 바꾸고 아 자가 갈마금강저로 변화하면서 12연기로 인해 발생된 업들이 12개 날의 갈마금강저에 의해 다르마의 12연기로 정화됨을 관한다.

무량수여래 근본다라니 탄트라

아미타불은 태장계 만다라에서도 대일여래 서쪽에 있고, 금강계 만다라에서도 대일여래 서쪽에 위치한 분이다. 아미타불을 범어로는 아미타바하(Amitabha), 아미타유스(Amitayus)라고 한다. 이중 Amita는 '끝없는', abha는 광명, ayus는 삶, 수명(생명)이란 뜻이다. 따라서 아미타바하는 끝없는 광명을 뜻하며, 이를 무량광불(無量光佛)로 번역한다. 아미타유스는 끝없는 생명의 부처라는 뜻이기에 무량수불(無量壽佛)이라고도 한다.

아미타불은 관세음보살과 대세지보살을 협시보살로 두고 있다고 많은 분이 알고 있다. 실제로 한국의 극락전에 가보면 관세음보살과 대세지보살을 양옆에 둔 아미타불을 볼 수 있다. 그러나 아미타불의 가장 중요한 의미는 그분이 만다라 중에서 연화부의 주존이라는 것이다. 자비로서 중생 구제에 진력하는 관세음보살은 아미타불의 뜻을 받들어 중생 구제를 하는데, 태장계 만다라의 중대팔엽원의 연꽃잎에 아미타불이 앉아 있고, 그 옆에 그분 뜻의 구현자로서 관세음보살이 있는 것이다.

아미타불은 무량수불이기 때문에 감로와도 연관이 있다. 동서고금 감로는 불사(不死)의 영약으로 알려진바, 인도 신화에서의 신들의 음료 소마, 그리스 신화에서의 신들의 음료 넥타르와도 연관이 있는 것이다. 그분의 밀교식 이름은 감로왕여래(甘露王如來), 즉 아므르타라자(Amṛta-rāja)인 것이다. 이 명호와 관련된 중요한 탄트라가 있으니 후술할 '무량수여래 근본다라니 탄트라'이다.

나모 라트나 트라야야 나마 아리야 미타바야 타타가타야 아르하테 사막 삼붇다야 타댜타 옴 아므르테 아므르토 드바베 아므르타 삼바베 아므르타 가르베 아므르타싣데 아므르타테제 아므르타비흐림태 아므르타비흐림타가미네 아므르타가가나키티카례 아므르타둠누비스바례 사르바르 타사다네 사르바 카르마크레 삭사얌카례 스바하

'무량수여래 근본다라니'라는 다라니이다. 감로를 산스크리트어로 '아므르타'라고 하는데, 이 다라니에서는 아므르타라는 단어가 10번이 나오기 때문에 십감로주(十甘露呪)라고 한다.

아미타불의 어원은 '아므르타'에서 시작한다. 아미타불은 산스크리트어로 무량광불(無量光佛)인 아미타브하와 무량수불(無量壽佛)인 아미타유스라고 부른다. 아미타불은 무한한 빛의 부처님과 무한한 생명의

부처님이라는 뜻이고, 무량수불의 무한한 '생명'은 감로의 의미 불로불사의 이슬과 이미지와 일맥상통한다. 힌두교의 신들이 마시는 음료인 '소마'나 그리스 신화에서 신들이 마시는 음료 '넥타르'와 감로 아므르타는 닮아있다.

이 다라니는 아미타불의 본체를 의미할 정도로 아주 중요한 다라니이고, 불보살님들을 시현시킬 때 중요한 감로바다를 만드는 데 기본이 된다. 이 다라니의 해석을 보면 이 다라니의 중요성을 알 수 있다.

귀명합니다, 삼보에게. 귀명합니다, 성무량광여래응공정각존님에게.(여래의 다른 이름으로 응공, 정각이 있음)

옴. 감로존이여, 감로에서 태어난 존이여, 감로에서 능히 탄생하신 존이여!

감로태장의 존이여! 감로성취존이여! 감로위광존이여! 감로유희존이여! 감로유행존이여!

감로응설존이여!(감로의 설법존이시여!) 감로고음존이여!(감로의 북소리님이여!)

일체의 성취존이시여!

일체악업인과를 제거하고 멸하는 존이여! 성취됩니다.(스바하)

이 다라니를 기본으로 하고 무량수여래 근본다라니 탄트라를 진행하고, 이 다라니의 짧은 버전인 진언도 있다.

무량수여래심 진언이며, 무동금강은 감로광진언(甘露光眞言)이라고 부르는 진언이다.

옴 아므르타 테제하라 훔

옴, 감로여! 빛으로 운영하소서. 훔

이 다라니 수행을 하기 위한 인계와 종자와 삼매야형을 말해본다.

① 아미타불 종자:

〈흐릭, Hrih〉

② 아미타불 근본인: 내박인을 취한 후 중지를 세워 연꽃의 술처럼 모은다.

아미타불 근본인 앞면

아미타불 근본인 뒷면

③ 아미타불삼매야형: 연화

탄트라 발굴의 계기

무량수여래 근본다라니를 외우면서 강원도 건봉사와 해남 미황사에서 아미타불 근본인을 맺고 잠시 수행을 한 적이 있었다. 아미타불 근본인에서 '흐릭' 자가 맺힘을 수행하면서 알게 되었고, 이 글자 흐릭에서 광명이 뻗침을 알게 되었다. 그리고 아미타불 근본인을 맺은 손은 연꽃, 중지는 꽃술이라는 인식에 도달하였고, 이후 아래 밀교 경전에서 이 수행의 핵심을 알게 되었다. 밀교 경전을 인용해본다.

아래 두 가지 경전에서 '힐리자'나 '해리자'라고 나오는 것은 산스크리트 '흐릭' 자에 해당된다. 이 경전에서는 관하라고 명시되어 있으나 실은 행자가 수행할 때 변화하는 자신의 몸이 감로의 바다이며, 수인을 맺은 양손은 연꽃이며, 손가락에 맺힌 연꽃은 꽃술임을 알아챈다. 열심히 상상하기보단 자연스럽게 연상을 해야 한다.

경전에서 이렇게 하라고 나와 있는 것은 사실은 깨달은 각자(覺者)가 자신의 경지를 문자화시킨 것이다. 그래서 그 경지에 도달하지 않은 이가 하면 그것은 '따라 하기'에 가까운 것이다.

무량수여래근본탄트라 수행은 아래와 같다.

① 아미타불 근본인을 맺으며 무량수여래 근본다라니를 왼다.
② 다라니를 외며 나의 손을 본다. 양손의 중지가 모인 지점에서 흐릭이라는 빨간색 글자가 뜨고, 나의 손은 연꽃이로다.
③ 다라니를 더욱 외면서 삼매에 젖어든다.

④ 흐릭이라는 글자 주변에 '옴 아므르타테제하라 훔'이라는 글자가 회전한다.

⑤ 흐릭 자에서 빛이 나오면서 나의 심장에 흘러들어와 내 몸이 감로의 바다가 된다.

⑥ 내 몸이 감로의 바다가 되면서 부정한 것들이 온몸의 구멍을 통해서 전부 빠져나오게 된다.

금강정경관자재왕여래수행법(金剛頂經觀自在王如來修行法)

다시 얼굴 앞에 안락(安樂) 세계를 관하라. 땅은 유리(琉璃)로 되어 있고 바다는 공덕의 젖[乳]으로 되었으며, 그 바다 가운데에 힐리자(頡哩二合字)가 있는데 미묘한 활짝 핀 연꽃[開敷蓮華]이 되었다가 그 꽃이 변화하여 관자재왕여래로 되며, 색상이 장엄하기가 앞에서 몸에 관한 것과 같다.

금강정유가약출염송경

또한 허공에서 밤자(鑁字)는 비로자나불로 된다고 관상해야 한다. 자비를 갖춤에 말미암아 젖비를 뿌려서 위륜산에 두루 하다. 문득 감로의 큰 바다를 이룬다. 그 바다 가운데에서 다시 반라자(般喇字)는 거북이 모양을 이루고 그 거북이는 마치 금색과 같고, 몸의 광대함은 무량한 유순(曲旬)이라고 관상해야 한다. 다시 거북이의 등 위에 해리자(奚哩字)를 관상하라. 그 글자가 변하여 적색으로 되고, 적색 빛의 연화는 열의(悅意)이며 아주 뛰어나다. 그 꽃은 3층으로서 층마다 8엽의 대(臺)에 꽃술이 구족하여 있다.

끝으로 이 수행이 중요한 것은 이 무량수여래근본다라니(무동금강은 이 탄트라를 '감로 탄트라'라고도 부른다.)의 수행은 감로의 바다를 만들고, 감로의 바다에 떠 있는 모든 불보살들이 태어나는 연꽃을 만들기 때문이다.

이 탄트라를 통해서 이후에 서술할 '타라보살 탄트라'가 가능하다.

보생여래 탄트라

보생여래는 금강계 만다라 대일여래의 남쪽에 있고 재보와 복덕을 상징하는 여래이다. 범명은 라트나삼바바(ratnasambhava)이다. 밀호로는 평등금강(平等金剛)이다. 유식 사상에서 다섯 가지 지혜 중 하나인 평등성지를 뜻한다.

대일여래에게는 대원경지(大圓鏡智), 평등성지(平等性智), 묘관찰지(妙觀察智), 성소작지(成所作智), 법계체성지(法界體成智)의 다섯 가지 지혜가 있다. 이 지혜는 각각 금강계 만다라의 네 부처인 아축불, 보생불, 아미타불, 불공성취불과 주존불인 대일여래가 나누어 담당한다. 이를 물에 비유해서 설명하면, 대원경지는 광대한 바다와 같아 만물이 바다에 비추는 심경(心鏡)의 광대함을 나타내고, 평등성지는 만물이 차별 없이 비추어지는 심경의 무차별성을 드러낸다. 묘관찰지는 물에 비추어지는 심경이 왜곡 없이 있는 그대로 보이는바, 다름은 다르게 비추는 경지를 뜻한다. 성소작지는 물속에서 수많은 생명이 자라나듯 만물을 양육하는 힘을 뜻한다. 법계체성지는 이러한 바다가 두루두루 미쳐 온 세계의 바다가 하나로 연결되듯 대원경지, 평등성지, 묘관찰지, 성소작지의 지혜가 원융하여 운행됨을 뜻한다.

보생여래는 재보와 복덕을 상징하지만, 이 세상의 중생은 이를 차별 있게 체험하고 있다. 그렇기에 이분은 역설적으로 평등성지를 의미하는 것이다. 밀교 내에서 재보와 복덕을 뜻하는 불보살들은 많다. 허공장보살, 관세음보살, 길상천, 변재천 등이다. 보생여래는 복의 원형적 모습, 즉 이데아((Idea)적 개념을 구현화한 여래이기에 실제적인 작법은 허공장보살과 길상천 작법을 하기 앞서 예비 작법을 할 때 관련된 탄트라를 한다. 삼매야형은 삼변보주. 종자(種子)는 트라흐(trāḥ)이다.

① 트리라트나(Triratna)

세 개라는 접두사 'Tri'와 보물이라는 'ratna'가 합쳐진 산스크리트 단어이다. 삼보(三寶)라고도 한다. 부처, 부처가 남긴 법(法), 부처의 가르침에 따라 수행하는 승려의 집단을 불법승(佛法僧)이라 하는데, 이를 형상화한 도안이다. 기원전 2세기 산치대탑에서도 이 삼보의 그림 형태가 조각으로 남겨져 있다. 도안으로는 세 개의 과일로 보이기도 하고, 때로는 세 개의 보석 구슬이 모여진 형태로도 표현된다. 한국 불교 조계종의 마크가 삼보의 이미지를 차용한 것이며, 사찰 지붕에 이 삼보 마크가 있는 곳을 볼 수 있다.

| 보생여래, 파리 기메미술관 소장 | 보생여래, 티베트 탕카 |

② 보생여래 인계: 외박인을 한 상태에서 중지를 고리 모양으로 모은 형태이다.

보생여래인

③ 보생여래 종자

〈트라흐〉

④ 보생여래 진언

보생여래 발심 진언

옴 사르바타다가타 바즈라 라트나 누타라 푸자 스파라나 삼마에 훔

oṃ sarva tathāgata vajra-ratnā nuttara pūjā spharaṇasamaye hūṃ

옴 일체여래 금강 보물부의 더없는 광대한 공양을 서원한 자여, 훔

보생여래 현현 진언

옴 라트라 삼바바 트라흐

oṃ ratna-sambhava trah

옴 보물을 생성하는 자여, 트라흐

⑤ 삼매야형: 삼변보주(트리라트나)

과일 세 개의 형태로 있는 트리라트나   조계종 마크로 알려진 트리라트나(Triratna)

⑥ 보생여래 탄트라

(1) 대일여래 수행을 하면서 '옴 아비라훔캄 바즈라 다투밤'을 외운다. 아 자가 있는 월륜이 보이고, 아 자가 변화하여 트라흐, 즉 보생여래의 종자로 변화한다.

(2) 인계를 보생여래인으로 바꾸고 보생여래 발심 진언 '옴 사르바타 다가타 바즈라 라트나 누타라 푸자 스파라나 삼마에 훔'를 외운다. 일체중생, 일체 여래께 공양하는 마음을 내어 지극히 헌신하는 마음이 곧 보생여래의 본심이니 이 마음으로 진언을 외운다.

(3) 종자 트라흐가 삼변보주로 변화한다. 이 형태는 세 개의 투명한 구슬이 삼각 형태로 모여진 형태이다. '옴 라트나 삼바바 트라흐'를 외운다.

(4) 삼변보주를 내 마음의 복덕의 심종자가 삼변보주와 같이 원만함을 관한다. 삼변보주가 빛을 발하고 원만한 모습임을 알게 된다.

약사여래 탄트라

약사여래는 약사유리광여래(藥師瑠璃光如来)라고도 부른다. 서방 정토(淨土)에 아미타불이 계시다면 이분은 동방 정유리세계(淨瑠璃世界)의 교주로 계시는 타방 국토의 여래이다. 범명 바이사지야구루 (Bhaiṣajyaguru)라고도 부른다. 일체의 병고(病苦)로부터 구제해주는 위대한 부처라는 의미로 대의왕불(大醫王佛)이라고도 한다. 이분과 관련된 경전은 약사유리광여래본원공덕경(藥師瑠璃光如来本願功德)이며, 약사유리광여래가 보살일 때 세운 12가지 서원이 잘 나와 있다.

중생의 질병을 고쳐주고 수명을 연장하게 해주고, 재앙을 없애주고, 의식(衣食)이 풍족하게 해주는 서원을 세운 분이기에 동양 삼국에서 널리 신앙된 분이나 이분의 원래 모습은 궁극적으로 무명(無明)의 병고로부터 해방시켜 불도에 들게 하려는 의왕(醫王)이다.

① 약사여래 12대원

(1) 광명보조(光明普照): 내 몸과 남의 몸이 광명이 들도록 치성하려는 원

(2) 수의혹변(隨意或辨): 위덕이 높아서 중생을 모두 깨우치려는 원

(3) 시무진물(施無盡物): 중생으로 하여금 욕망에 만족하여 부족하지 않도록 하려는 원

(4) 안립대승(安立大乘): 일체중생으로 하여금 대승교에 들어오게 하려는 원

(5) 구계청정(具戒淸淨): 깨끗한 업을 지어 삼취계(三聚戒)를 구족하게

하려는 원

(6) 제근구족(諸根具足): 모든 불구자의 병고를 구원하려는 원

(7) 제병안락(際病安樂): 몸과 마음이 안락하여 부처님 세계를 증득케 하려는 원

(8) 전여득불(轉如得佛): 여성이 불리한 조건으로 성불할 수 없다면 나의 이름을 듣고 남성으로 변성하여 성불할 수 있도록 하겠다는 원

(9) 안립정견(安立正見): 외도의 유혹에 빠지거나 외도의 속임수에 넘어가는 자가 있다면 반드시 건져주고, 바른길로 인도하여 부처님의 정법에 의지하도록 하겠다는 원

(10) 제난해탈(濟難解脫): 나쁜 왕이나 강도 등의 고난으로부터 중생을 구제하려는 원

(11) 포식안락(飽食安樂): 일체중생의 기갈(飢渴)을 면하게 하려는 원

(12) 미의만족(美衣滿足): 의복이 없는 사람에게 옷을 얻게 하려는 원

이분의 모습은 여래형의 모습에 피부색은 푸른색이다. 그 푸른색은 라피스라줄리와 같이 짙푸른 색이다. 티베트 탱화에서 보면 이분의 신체색은 청금색이다. 라피스라줄리의 색이 보는 이로 하여금 청량한 느낌을 주는 것처럼, 이분은 번뇌의 열뇌를 식혀 중생을 편안하게 하여 불도에 들게 하는 부처이다. 이분의 범명 이름을 번역하면 '청금색과 의약의 인도자'라 하여 라피스라줄리의 청금색과 연관이 있다. 이분이 교주로 계신 동방 정유리세계는 그 이름처럼 맑고 투명하고 깨끗한 세계인데, 이분의 속성과 같다. 정유리세계의 교주인데 한국이나 중국과 일본에서는 약사여래를 푸른색의 부처님으로 보지 않았음이다. 한국 불교

에서 많지는 않지만 간혹 보이는 불상에서는 약합을 들고 있다.

국보 제58호 청양 장곡사 철조약사여래좌상

약합을 들고 있는 약사여래상이다. 삼매야형은 약합, 종자는 범명에
서 유래한 바이(bhai)에 해당된다.

② 약사여래 인계: 외박인을 상태에서 엄지만 세운 상태이다.

약사여래인

③ 약사여래 종자

〈바이, Vai〉

④ 약사여래 진언

소주

옴 후루후루 찬다리 마롱키 스바하

oṃ huru huru caṇḍāli mātaṅgi svāhā

중주

옴 바이사지아 바이사지아 바이사지야 삼우드가테 스바하

oṃ bhaiṣajye bhaiṣajye bhaiṣajya-samudgate svāhā

대주

나모 바가바테 바이사지아 구루

Namo bhagavate bhaiṣajyaguru

바이듀리아 프라바 라자야

vaiḍūrya prabharājāya

타타가타야 아르하테 삼약삼붓다야 타댜타

tathāgatāya arhate samyaksambuddhāya tadyathā

옴 바이사지에 바이사지에 바이사지아 삼우드가테 스바하

oṃ bhaiṣajye bhaiṣajye mahābhaiṣajya-samudgate svāhā

⑤ 삼매야형: 약합

⑥ 약사유리광 미묘락불신성취 탄트라

(1) 금태양부 대일여래 탄트라 진행

(2) 월륜 안에 훔 자가 청금색으로 변화하며 연화좌로 변한다.

　　– 약사유리광여래 대주 3번

　　– 약사유리광여래 중주 7번 이상

　　– 약사유리광여래 소주

　　소주를 계속 외우고 인계를 약사여래 인계로 바꾼다.

⑶ 연화좌에서 바이자가 머리 위에 떠오르며 약합이 된다.

⑷ 머리 위에 약합을 왼손에 쥐고 계신 청금색의 약사여래의 모습이 보인다.

⑸ 내 마음의 삼처, 단전에 푸른 연꽃, 중단에 푸른 연꽃, 상단에 푸른 연꽃이 피어나며 머리 위의 약사여래에서 청금색의 약사 감로가 내려온다. 삼처의 연꽃들에 도관이 내린다.

⑹ 각 연꽃 안에는 바이자가 있으며 약사유리광 부처님들이 세 분이 앉아 계신다.

⑺ 청금색의 약사여래로부터 약사 감로가 연꽃에 내려온다.

⑻ 내 몸은 약사여래이로다.

⑼ 약사여래의 본원을 생각하며 약사여래의 12대원이 곧 중생을 보호하는 12신장으로 펼쳐져 내 몸 주변에 약사여래 12대야차장이 있음을 알게 된다. 내 몸과 내 머리 위에 있는 약사 만다라에 각각의 분들이 있음을 안다.

⑽ 약사여래의 심장에서 빛이 나와 내 주변이 청금의 유리로 변화해 나간다.

⑾ 약사여래에서 나온 빛이 세세하게 약사유리광만월세계를 구축하고 있음을 관한다.

⑿ 약사여래의 광휘가 서서히 심장 안으로 스며들어 가면서 바이자 안에 들어가고 바이는 연꽃으로 변화하고 상단, 중단, 하단의 비밀한 심처로 옅어져 간다.

〈보살부 탄트라〉

금강살타 탄트라

금강살타(金剛薩埵)는 범명 바즈라사트바(Vajrasattva)이며, 밀교 이전에는 지금강(持金剛), 또는 집금강(執金剛)이라 불리면서 여래의 호법신의 역할을 하였다. 단순한 호법신으로서의 역할보다 중요한 것이 밀적금강(密迹金剛)이라는 밀호처럼 여래의 비밀스러운 사적(事迹)을 여래를 보좌하면서 기억했다는 것인데, 이 의미가 확장되어 이분은 후대에 금강살타라는 밀교의 대보살이 된 것이다. 금강저를 쥐고 있는 자라는 의미로 금강수보살(金剛手), 범명 바즈라파니(Vajrapani) 혹은 바즈라다라(vajradhara)라고 불리운다. 보현보살과 동체(同體)로도 이해된다. 이때의 이름은 보현금강살타이다.

금강살타는 대보살로서 대일여래로부터 밀교를 전달받아 인간 용수(龍樹, 범명 나가르주나)에게 전수했다고 한다.

일체 여래의 상속자이며 아들이며 법왕자(法王子)이기에 탄트라를 하기 앞서서 이분을 관하는 탄트라들이 있다. 이 의미는 수행을 하는 행자는 모든 법을 상속받은 법왕자로서 다른 더 특별한 탄트라를 행할 수 있는 자격이 된다는 의미이다.

하얀빛의 피부를 갖고 있으며, 영락과 보관과 귀걸이와 팔찌로 몸은 장엄한 모습이다.

① 금강살타 인계: 외오고인, 외박인을 한 상태에서 엄지, 중지, 새끼손가락을 세우고, 양손의 검지를 고리 모양을 취하되 중지의 첫째 마디에 닿는다.

금강살타인, 외오고인

② 금강살타 종자

〈훔〉

③ 금강살타 진언

옴 바즈라사트바 아

oṃ vajra-sattva āḥ

④ 금강살타 삼매야형: 금강령과 금강저

⑤ 금강살타 백 자 진언 수행법

티베트 금강살타 탱화

금태양부대일여래 수행을 먼저 한다. 지권인을 맺고 새하얀 월륜 안
에 '아' 자가 떠오름을 관한다. '아' 자가 금색으로 떠오르면서 완연히
빛나고 있음을 안다. '아' 자가 월륜에 녹아들어 간다.

옴 바즈라사트바 아 oṃ vajra-sattva āḥ – 해석: 옴 금강살타여 아

외오고인을 맺으며 '옴 바즈라사트바 아'를 외운다.

나마 사만타 바즈라남 바즈라트마코 함 – 해석: 일체 금강제존께
귀의합니다. 나의 성품은 금강의 성품을 지닌 자가 된다.

일체 금강제존께 귀의합니다. 나의 성품은 금강의 성품을 지닌 자가
된다는 뜻의 '나마 사만타 바즈라남 바즈라트마코 함'을 외운다. 이때
아래와 같은 관법을 진행한다. 인계는 계속 외오고인으로 한다.

– 대일여래의 월륜 안에 금색 훔 자가 떠오르며 금강저가 되고 금
강저는 갈마 금강저가 되어 연화좌로 변한다. 연화좌에서 다시 금강저
가 떠오르며 빛을 발하며 곧 내가 된다.
– 나의 머리 위에 천 개의 꽃잎의 연꽃이 피어나며 하얀색 금강저
가 연꽃 위에 세워져 있고 빛을 발한다. 금강저는 흰색 옴 자가 되었다
가 금색의 법륜이 된다.
– 가슴에 천 개의 꽃잎이 피어나며 하얀색 금강저가 연꽃 위에 세워
져 있고 빛을 발한다. 금강저는 금색 아 자가 되며 금색의 연화가 된다.
– 단전에 천 개의 꽃잎이 피어나며 하얀색 금강저가 연꽃 위에 세워져
있고 빛을 발한다. 금강저는 파란색 훔 자가 되며 금색의 금강저가 된다.
옴 삼마야스 트밤 oṃ samayas tvaṃ ‐ 나는 삼매야가 된다.
'나는 금강살타의 모든 삼매야형을 구족한 법왕자인 금강살타이도

다'라는 의미의 '옴 삼마야스 트밤'을 외운다.

나의 전체 모습을 신구의 삼업(머리, 가슴, 배)이 모두 금강살타의 것과 다르지 않음을 알고, 금강살타의 모습을 전체적으로 조망한다. 그리고 아래의 백 자 진언을 외운다. 해당 백 자 진언은 티베트어가 아니라 산스크리트 기준이라서 인터넷상에 유포된 것과 발음상의 차이가 있다.

옴 바즈라사트바 사마얌 아누팔라야
바즈라사트바 베노파티스타
드리도 메~브하바, 수토쇼 메~브하바
아누락토 메~브하바, 수포쇼 메브하바 사르바싯딤 메~프라야차
사르바카르마 수차메 싯담 스레야
쿠루훔, 하하하하 호 바가반 사르바 타타가타 바즈라 마 메문차, 바즈라 브하바 마하삼마야사트바 아 훔 파트

해당 백 자 진언을 외우면서 금강살타의 가슴안에 훔이 있고, 그 훔이 흰색의 빛을 뿌린다. 먼저 가슴을 관했을 때, 금강저가 '아' 자로 변화하고 '아' 자가 연화가 되는 그 과정은 금강살타의 복덕을 구족하기 위한 것이고, 지금 언급하는 금강살타의 가슴안에 '훔'이 있다고 한 것은 금강살타의 내적 심장 안에 오롯이 있는 비밀한 법장의 중심에 있는 '훔'이다.

금강살타의 내적 심장에 '훔'이 있고, 그 훔이 백 자 진언을 외울 때마다 빛을 발하며 내 안의 부정한 것들이 밀려나가고 소멸됨을 관한다.

보현연명보살 탄트라

보현연명보살 12세기 일본, 보스턴 미술관 소장

보현연명보살은 보현보살이 수명을 연장시켜주는 공덕을 주관할 때 화하는 보살이다. 태장계 만다라에서는 대안락불공금강진실보살(大安樂不空金剛眞實菩薩)이라고 부른다. 태장계 만다라의 편지원에 계시다.

보현보살은 흰색의 코끼리를 타고 있는 모습인데, 보현연명보살은 일본 진언종계에서는 20개의 팔을 지니고, 네 마리의 코끼리를 타고 있으며, 일본 천태 밀교에서는 두 개의 팔과 세 개의 머리를 가진 한 마리의 코끼리가 떠받치고 있다.

20개의 팔을 가진 보현연명보살은 태장계 만다라의 대안락불공금강진실보살일 때의 모습이며, 20개의 팔은 16대보살과 사섭보살들의 삼매야형들을 지물로서 갖고 있다. 앞서 '만다라에 대한 이해'의 장에서 '금강계 만다라의 구조에 대한 이해'의 부분을 보면 16대보살과 사섭보살이 어떤 의미인지 알 수 있다.

본서에서는 보현연명보살의 인계, 진언, 종자 등을 알아보고, 보현연명보살과 관련된 특별한 비술, 연명 탄트라에 대해 적어본다.

보현연명보살의 20개의 팔을 전체 다 관하기는 어려운 관계로 두 개의 팔의 보현연명보살을 언급한다. 지물은 금강령과 금강저이며, 세 개 머리의 코끼리를 타고 있다. 세 개의 머리들의 코에는 독고저를 쥐고 있으며, 코끼리의 다리는 네 개이다.

① 보현보살 인계

보현삼매야인: 양손을 외박한 상태에서 중지를 세운다.

보현삼매야인

보현보살인: 네 번째 손가락 약지를 맞대고 중지를 맞대어 검지와 새끼손가락을 세운다.

보현보살인

② 보현보살 종자

〈암〉

③ 보현보살 진언

- 보현보살 종자심 진언

나마 사만타붓다남 암 앟 스바하

namaḥ samanta-buddhānāṃ aṃ aḥ svāhā

- 보현보살 본심 진언

나마 사만타붓다남 사마타-아누가타 비라자-다르마 니르자타 마하 마하
스바하

namaḥ samanta-buddhānāṃ samatā-anugata viraja-dharma-
nirjāta-mahā mahā svāhā

- 보현삼매야 진언

옴 삼마야스 트밤

oṃ samayas tvaṃ

- 보현연명보살 진언

옴 바즈라유스 스바하

oṃ vajrāyuṣe svāhā

④ 삼매야형: 금강저 및 금강령

⑤ 보현연명(延命) 탄트라

수명을 늘리는 탄트라를 연명 탄트라라고 한다. 옛날에는 단명할 운이 있는 자손을 출가시켜 운명의 굴레에서 벗어나게 하는 관례가 있었다. 불문(佛門)에 입문하는 이에게는 업보로 인한 재앙이 감해진다는 생각에서 자녀를 출가시키는 경우가 있었다. 수행심이 있다면 여래의 자비심에 의해 수명이 늘어날 것이라는 소박한 마음이 있었던 것이다.

수명을 늘리는 탄트라는 보현연명보살을 주존으로 하지만, 그 구체적인 내용은 이 세상에 공개되지 않았다. 수명을 늘리는 세속의 주술은 등가의 무엇인가를, 즉 생명력을 바치는 형태이지만, 주술이 아닌 법술은 보리심을 매개로 여래의 자비심으로 그 과를 성취하는 것이기에 수행심만 있으면 가피력에 의해 수명이 연장되는 것이다.

현우경에 빈녀(貧女) 난타의 설화가 전해진다. 석가모니가 사위성에 설법을 하실 적 이야기이다. 밤에 석가모니의 거처에 수많은 등이 켜져 있었으나 가난한 여인 난타는 수중에 돈이 없어 구걸하여 간신히 자신의 마음을 다해 등 하나를 석가모니께 공양하였다. 새벽이 되어가면서 공양한 등은 서서히 꺼져 갔으나 난타가 공양한 등은 꺼지지 아니하였다. 이에 제자 목건련이 등의 불을 끄려고 했으나 꺼지지 않아 난감해 하였다. 이를 본 석가모니는 그녀가 올린 등의 불은 지극한 신심으로 올린 것이니 꺼지지 아니할 것이라고 말하고, 그녀에게 후대에 여래가 될 것이리라 예언하였다.

연명 탄트라는 보리심을 인(因)으로 하고 자비심을 근(根)으로 하여 수명 연장이라는 과(果)를 성취하는 법이다. 따라서 수행심이 있는 자를 대상으로 해야 한다. 빈녀 난타의 설화를 통해 연명 탄트라를 행할 수 있다.

《보현행원품》이라는 경전이 있다. 그 경전에는 아래와 같은 문구가 나온다.

허공계와 중생계와 다하면
나의 원도 그와 함께 끝나겠지만
중생의 업과 번뇌 끝이 없으니
나의 원도 끝내 다함이 없으리.

보현보살의 중생 구제의 의지와 스스로의 구도심은 끝이 없다는 것을 의미한다. 마치 빈녀 난타의 기름과 그녀 등의 심지처럼. 이하 관법을 말한다.

⑥ 관법

⑴ 금태양부대일여래 수행을 하여 월륜 안에 아 자가 있음을 관한다. 보현삼매야인을 맺고 보현보살종자심 진언 '나마 사만타붓다남 암 앟 스바하'을 외운다. 종자 '암'이 떠오르고 흰빛과 금빛을 내뿜는다.

⑵ 종자 '암'은 금강저로 변화하고 금강저를 쥔 흰색의 보현보살이 응화한다. 왼손에는 금강령을 쥐고 계시고, 오른손에는 금강저를 쥐고 계신다. 행자는 보현보살인을 맺고, 보현연명보살진언을 외운다.

⑶ 보현보살은 세 개의 머리를 가진 코끼리를 타고 있고, 코끼리의 코 세 개에는 독고저 한 개씩이 다 있고, 코끼리 아래에는 거대한 연화가 있고, 그 연화 아래에는 수만의 코끼리가 있음을 안다.

⑷ 보현보살의 머리를 보면 오지보관이라 하여 다섯 분의 여래가 있는 보관을 쓰고 있다. 아래의 코끼리와 신체, 그리고 머리 위의 보관 등을 구석구석 관한다.

⑸ 밀법 가행자 앞에 연명 탄트라의 대상이 되는 분이 기름 등을 올린다. 심지가 있고, 기름을 채울 수 있는 기름 등이면 된다. 기름은 빨간색 파라핀유가 있어 그것으로 하면 된다.

⑹ 연명 탄트라의 대상은 다음과 같은 선언문을 읽는다.

끝없는 법해(法海, 법의 바다)처럼 나의 보리심은 끝이 없음으로

나의 보리심은 법유(法油, 법의 기름)가 되며

나의 구도심은 끝이 없음으로 곧 나의 심지가 되어

이번 생의 수명도 곧 나의 보리심과 같이 영원하리다.

⑺ 보현연명보살 진언을 외우면서 밀법행자는 불을 키는 도구(길쭉

한 형태의 가스라이터)를 갖고 기름을 붙인다.

(8) 보현연명보살이 해당자의 수명을 더 늘려주셨음을 관하고 마무
리한다.

금강리보살 탄트라

금강리보살(金剛利菩薩)은 문수보살의 밀교식 이름이다. 금강계 만다
라 내에서의 이름이며, 이분의 다른 이름은 묘길상보살(妙吉祥菩薩)이
다. 범어 이름은 만주스리(Manjushri)이다. '만주'는 달다(甘), 묘하다,
훌륭하다는 뜻이고, '슈리'는 복덕(福德)이 많다, 길상(吉祥)하다는 뜻으
로, 합하여 훌륭한 복덕을 지녔다는 뜻이 된다. 태장계 만다라에서의
밀호는 길상금강(吉祥金剛), 반야금강(般若金剛)이라고도 한다. 석가모
니의 협시보살로 유명하며, 석가모니가 교화를 할 때 지혜의 활동성을
상징한다.

반야의 지혜를 상징하기에 이분은 각 경전에서 지혜를 상징하는 보
살로 묘사된다. 예를 들어 유마경에서는 유마거사와 문답하는 주요한
보살로 묘사되는데, 이는 문수보살이 지혜를 상징하기 때문이다. 또한
화엄경에서 선재 동자가 53인의 선지식을 만나는 구도의 여행을 하게
되는데, 이를 권한 분이 문수보살이다. 깨달음에 이르는 가장 중요한
덕목이 반야(般若)이기에 문수보살의 불교 내의 위상은 실로 크다 하겠
다. 태장계 만다라 중에서 중대팔엽원 서남쪽에 자리하고 문수원에서

는 주존이 되며, 금강계 만다라에서는 서방월륜의 교주 무량수여래의 남쪽에 계신 금강리보살(金剛利菩薩)이다.

오른손에는 검을 들고 있고, 왼손에는 지혜를 상징하는 범협(梵夾)[25]이나 청련화(靑蓮花)를 들고 있다. 문수보살이 들고 있는 검은 금강이검(金剛利劍)이라 하여 예리한 지혜로 번뇌를 끊어내는 검이다.

① 문수보살인: 양손을 외박한 후 중지를 세워 갈고리 모양으로 맺는다.

문수보살인

---

25 범협(梵夾): 나뭇잎 패다수의 잎으로 만든 경이다. 일반적인 책 모양으로 생각해도 된다.

② 문수보살 종자

〈맘〉

③ 문수보살 진언

문수보살 대주

나마사만타붓다남 맘 헤헤 쿠마라카 비묵티 파타스티타 스마라 스마라

프라티즈남 스바하

namaḥ samanta-buddhānāṃ mam hehe kumāraka vimukti-patha-

sthita smara smara pratijñāṃ svāhā

(귀명합니다. 모든 부처님들께. 동자이시여, 해탈도에 머무는 자여, 억념한다,

억념한다, 본원을. 스바하)

오자심 진언(문수보살심주, 五字心眞言)

옴 아 라 파 차 나 드히

Om Ah Ra Pa Ca Na Dhih

④ 삼매야형: 청련화, 이검, 범협

⑤ 금강리보살 탄트라

– 금태양부대일여래 수행을 하여 월륜 안에 아 자가 있음을 관한
다. 문수보살인을 맺고 문수보살 진언을 외우며 삼매에 들어간다.

– 아 자가 월륜에 녹아들어가고, 종자 맘이 월륜 안에 보인다. 종자
맘은 금강검으로 변화한다. 금강검은 시원한 빛을 뿌린다.

– 인계를 그대로 하고, 문수보살 심주를 외운다. 금강검을 오른손
에 쥐고 왼손에는 범협을 든 금강리보살이 출현한다.

– 문수보살이 쥔 검을 천천히 위에서 아래로 보고, 멀리에서 가까
이에서도 보면서 예리한 검광이 나를 비춤을 안다.

– 금강리보살의 검이 곧 나의 마음이며, 지혜의 작용이 검으로 드
러났음을 안다.

금강업보살 탄트라

앞서 불공성취여래는 중생 구제의 활동을 끝없이 하고 그 활동이 헛
되지 않는 업으로 남는다고 하였다. 금강업보살(金剛業菩薩)은 이 불공
성취여래의 보살로서의 모습을 뜻한다. 금강업보살 탄트라를 할 때는
불보살의 중생 구제의 사업은 끝없이 이어지고 나의 보리심 역시 끝없
이 이어짐을 관한다.

① 금강업보살인

갈마총인

두 손을 외박인을 한 상태에서 엄지와 새끼손가락을 붙이고 손바닥을 편 모양이다.

갈마총인

② 금강업보살 종자

〈아, A〉

③ 금강업보살 진언

금강업보살 본심 진언

바즈라 카르마

vajra karma

금강업보살 갈마진언

옴 바즈라 카르마 캄

om vajra karma kam

④ 삼매야형: 갈마금강저

⑤ 탄트라

 - 불공성취여래 탄트라와 동일하게 진행하되 끝부분만 추가된다. 불공성취여래의 인계는 시무외인이나 수행을 할 때는 지권인과 갈마총인을 한다.

 - 지권인을 하고 불공성취여래 본심진언 '옴 아모가 싯디 아' 외우고, 행자가 맺은 지권인에 월륜이 맺혀짐을 관하고, 월륜 안에 글자 아가 있음을 관한다.

 - 인계를 갈마총인으로 바꾸고 아 자가 갈마금강저로 변화하면서 12연기로 인해 발생된 업들이 12개 날의 갈마금강저에 의해 다르마의 12연기로 정화됨을 관한다.

 - 진언을 옴 바즈라 카르마 캄으로 외우면서 불보살의 중생 구제의 사업은 끝이 없고 나의 보리심도 역시 끝이 없음을 관한다.

타라보살

타라보살은 티베트 밀교에서 존숭되는 관음보살의 화신이다. 관세음보살의 눈물이 모여 호수를 이루고 그 호수에서 연꽃이 피어나 타라보살이 태어났다고 한다. 관세음보살이 불상의 형태로는 남성의 형태이고 중성적인 이미지지만, 타라보살은 여성성이 강조된 관세음보살의 화신이다. 동양에서는 관세음보살이 주로 중년 여인으로 표현되기도 하나, 경전상으로는 관세음보살의 성별은 여성이라는 구절은 확인되지 않는다. 그러나 타라보살은 경전상에서 보이는 여성성이 강조된 관세음보살이다.

타라보살과 관련된 티베트 설화가 있다. 타라보살은 10세부터 명상을 하여 79세에 깨달았고, 99세에 부처님이 주신 환약을 먹고 아들을 낳았다. 아들을 극진히 사랑하였으나 1천 나라의 불보살이 아들을 감추었다. 아들을 찾으려고 타라보살은 천상과 지옥의 육도를 헤매면서 각각의 중생들이 고통받는 현실을 보게 되었다. 그동안 쌓은 수행의 힘은 사라지고 안색은 어두워지고 다리는 후들거렸다. 결국, 불보살들이 황금탑 안에 숨겨놓은 아들을 만나게 되었다. 이때 타라보살은 다음과 같은 서원을 세운다.

"내가 이 아들을 찾아 육도를 헤매면서 고통스러운 중생이 너무나 많은 것을 보았습니다. 나는 이제부터 아들을 찾던 그 애절한 마음으로 고통스러운 중생들을 건지리이다."

이렇게 서원하니 일체의 불보살들이 환희하면서 "타라 어머니시여, 우리가 아들을 숨긴 것은 중생들이 겪고 있는 고통의 실상을 어머니가 보게 하기 위함이었습니다." 하였다.

이 설화를 보면 타라보살은 지극한 모성을 가지면서 이 모성을 보편적인 자비의 마음으로 격을 높인 분이라는 것을 알 것이다. 타라보살이 완연한 여성의 모습을 띠는 것도 이해가 될 것이다.

티베트 밀교에서 타라보살의 존숭되는 면이나 위의 타라보살의 설화를 보면 경전에 근거하지 않은 티베트 불교 특유의 관세음보살의 토속적 변용이 아닐까 하는 의구심이 들 수 있다. 그러나 티베트 밀교의 타라보살은 동양 삼국, 한국, 중국, 일본에서도 다라보살(多羅菩薩)로 전해진다.

《대일경》'입만다라구연진언품'에서는 다라보살이 비구지보살과 함께 관음보살의 협시보살로 등장하고 있는데 내용을 소개하면 다음과 같다.

관자재보살은 빛이 흰 달이나 상거 빛의 군나화와 같으며 미소를 머금고 흰 연꽃에 앉아 있으며 상투에는 무량수 부처님을 나타낸다. 그 우측에는 큰 이름의 성자 다라존이 계시는데, 청색과 백색이 어우러진 중년의 여인의 모습이며 합장하여 푸른 연꽃을 쥐었으며 둥근 빛은 치우침이 없고 마치 깨끗한 금과 같이 찬란하고 미소를 머금고 깨끗한 백의를 입었다. 우측 가에는 비구지보살이 계시며 손에는 진주 목걸이를 드리우고 세 개의 눈에 상투를 틀었으며 황색과 적색, 백색이 어우러져 있다.

이에 대해 태장계 만다라의 다라보살에 대한 자세한 해설은 《대일경소》에 나와 있는데 다음과 같다.

다음 관세음보살의 우측에는 다라보살을 그린다. (만다라의) 모든 성인은 모두 대일여래를 향하고 있다. 여기서는 관세음보살의 우변은 곧 서쪽에 앉는 것이다. 이들이 모두 여기에 들어있다고 한 것에서 이것은 관자재삼매이기 때문에 여인상을 짓는 것이다. 다라는 '눈'의 뜻이 있으며 푸른 연꽃은 깨끗하고 티 없음을 가리킨다. 이와 같은 드넓은 눈으로 중생을 섭수함에 아주 앞서지 않으며 또한 뒤늦지 않기 때문에 중년 여인의 모습을 짓는 것으로 너무 늙지도 않고 너무 어리지도 않는 것이다. 푸른색은 항복을 뜻하는 색이며, 백색은 대비를 뜻하는 색이다.

그 신묘함이 두 가지 묘용 가운데 있기 때문에 두 가지 색을 화합케 하는 것이다. 이러한 의미로 인해 푸르지도 않고 희지도 않은 것이다. 그 모습은 합장하고 있는데 손에는 이 푸른 연꽃을 지니고 있으며 손바닥은 관세음보살을 가리키고 있는데, 미소를 띤 모습으로 몸 전체에 깨끗한 금색의 원광을 두르고 있으며, 몸에는 흰옷을 걸치고 있다. 머리에는 상투가 있어 천계(天髻)의 모양을 짓고 있으나 대일여래의 보관과는 다르다.

타라보살의 존상, 인도 사르나트 지역, 프라티하라 시대, 10세기, 사암

이렇게 《대일경》과 《대일경소》에서는 다라보살이 묘사되어 있어 다라보살은 티베트 불교 특유의 관세음보살의 토속적 변용인 존격이 아닌 것으로 확인된다. 《불설성다라보살경》 및 《금강정경다라보살염송법》에서도 다라보살에 대한 내용이 확인된다. ─ 이후 다라보살을 산스크리트 원음 타라보살로 통일적으로 지칭한다.

타라보살은 관세음보살의 중생 구제에 대한 지극함이 결정화된 보살이기에 수행의 과(果)가 분명하고 신속하다. 타라보살 수행은 복덕을 구비하는 데 출중하고, 일체의 내적 장애를 정화한다.

타라보살의 신체 색이 경전에서는 푸른색과 흰색이 섞인 색이라고 되어 있는데, 푸른색은 원적을 꺾는 조복시키는 힘을 상징하고, 흰색은 자비심을 뜻하기에 타라보살의 신체 색이 녹색인 것이다.

1) 타라보살 탄트라를 하기 위한 인계와 만트라와 종자

① 타라보살의 도상

─ 타라보살은 푸른색 연꽃(청련화, 淸漣花)을 쥐고 계시다.

─ 타라보살의 눈은 미간에 하나 더 있는 세 개다. 관법이 더 진행되면 양손과 양발에 눈이 더 있어 총 7개이다.

─ 타라보살의 신체 색은 녹색이다.(티베트 밀교에서는 흰색 타라보살, 녹색 타라보살, 흑색 타라보살 등이 있으나 수행할 때는 녹색으로 관한다.)

─ 타라보살의 오른손은 여원인, 왼손은 연꽃 줄기를 들었고, 연꽃

줄기 위의 연꽃은 풍성한 청련화를 쥐고 있다.

- 자세는 편안한 유희좌(遊戲坐)로서 오른쪽 다리를 내려뜨린 자세이다.

② 인계: 팔엽연화인

팔엽연화인

③ 타라보살의 종자

〈탐〉

④ 타라보살 진언

타라보살 진언: 옴 따레 뚜따레 뚜레 스바하

oṃ tare-tutare ture svāhā

타라보살 근본진언: 옴 따레 뚜따레 뚜레 훔

oṃ tare-tutare ture hum

⑤ 삼매야형: 청련화(푸른 연꽃)

2) 청련제장애무량승타라보살존 탄트라

(푸른 연꽃을 들고 계신, 모든 장애를 없애주시는 데 으뜸인 타라보살 수행)

① 이 탄트라는 감로 탄트라에 익숙한 행자가 해야 한다.
모든 연화부 제존들은 감로의 대해(大海)에서 출생하기 때문이다.

무량수여래근본탄트라를 행한다. 흐릭 자에서 빛이 나오면서 나의
심장으로 감로가 들어오고 내 몸에 감로가 차오른다. 내 몸은 감로의
바다이로다. 아미타불 근본인은 연화이고, 나의 모아진 중지는 연꽃의
꽃술이고 흐릭 자는 꽃술에 맺혀져 있다.

② 감로가 차면 나는 어느덧 감로의 바다, 내 손은 감로의 바다에
떠 있는 연꽃이로다.

③ 아미타불근본인의 흐릭 자가 연꽃에 스며든다. 이때 아미타불근본인에서 팔엽연화인으로 바꾼다. 타라보살 진언을 외운다.

옴 따레 뚜따레 뚜레 스바하

팔엽연화인에서 범자 탐 자가 떠오르고, 탐 자는 곧 푸른색 연꽃 청련화로 변화하여 수승한 빛을 뿌린다.

'옴 따레 뚜따레 뚜레 스바하'를 지속적으로 외운다. 청련화는 녹색 빛을 내뿜으며 대비성자 관자재타라보살존으로 변화한다.

④ 타라보살의 색은 연두색, 푸른색으로 보인다. 푸른색이 강조된 초록색이다.

탄트라가 제대로 되면 초록색과 바다 빛이 일렁거리거나 진동한다. 진동하는 초록–푸른빛이다.

흰빛을 내뿜는 투명한 목걸이, 오색 광이 나오는 팔찌, 귀걸이, 보관이 있으며 보관에는 아미타불이 모셔져 있다. 타라보살의 눈매는 금분이 묻은 짙은 녹색, 눈동자는 푸른 바다 빛, 녹색, 갈색의 삼중안이다.

⑤ 타라보살은 내 머리 위에 있으며, 타라보살 아래의 나는 작은 타라보살이고, 타라보살이 내 머리에 감로를 부어주신다. 감로가 내 몸에 가득 차며 부정한 더러운 것들이 내 몸에서 빠져나온다.

⑥ 이때 진언을 옴 따레 뚜따레 뚜레 훔으로 바꾸면서 나는 어느덧

대비성자 타라보살이 되어 있다.

⑦ 타라보살법의 마무리는 타라보살의 모습이 역으로 범자 '탐' 자로
변화하고 심장에 봉안하는 것으로 마무리한다.

여의륜관음유가 탄트라

1) 여의륜관음 존격의 의미

산스크리트로는 '친타 마니 차크라(Cinta mani cakra)'이다. 친타는
사유·소원, 마니는 진귀한 구슬, 차크라는 바퀴·영역을 뜻하는 말
이다. 친타와 마니가 합하여 여의보주가 되고, 차크라는 법륜(法輪)을
뜻하므로 여의륜관음은 여의보주와 법륜을 지니고 자비와 지혜를
베푸는 보살을 이르는 말이다. 여의보주는 본래 사가라 용왕의 궁전
에 있던 것으로 용왕의 뇌에서 나온 것이라고 한다.

이 보주를 간직하면 독약을 먹어도 살 수 있고 활활 타오르는 불
속에 들어가도 살 수 있다고 한다. 일설에는 부처의 사리가 변한 것이
라고도 한다. 한편 차크라는 본래 바퀴를 뜻하는 말인데, 앞에 법을 뜻
하는 다르마(dharma)가 붙으면 법륜이 된다. 그러나 이 경우처럼 차크
라만으로 법륜을 뜻하기도 한다. 세상의 돌아가는 이치, 진리가 순환
하는 모습, 불법이 펼쳐지는 모습을 상징적으로 나타내는 말이다.

실차난타가 한역한 《여의륜다라니신주경(如意輪多羅尼神呪經)》에

따르면 이 보살은 세간의 재물과 출세간의 재물 두 가지를 모두 만
족시켜 준다고 한다. 세간의 재물은 금은 등의 보석을 말하고, 출세
간의 재물은 복덕과 지혜를 말한다. 몸은 황금색이며 손은 6개이다.
오른쪽 맨 위의 손은 중생을 구제하기 위하여 사유하는 모양이며,
중간 손은 여의보주를 들고 있고, 맨 아래 손은 염주를 들고 있다.
왼쪽 맨 위의 손으로는 광명산을 누르고 있으며, 중간 손은 연꽃을
들고 있고, 맨 아래 손으로는 금륜(金輪)을 들고 있다.

　이 6개의 손은 지옥, 아귀, 축생, 아수라, 인간, 천(天)을 헤매는 육
도(六道)의 중생을 상징한다. 또한 보살의 수행법인 육바라밀을 나타
내는 것이라고도 한다. 이밖에 팔이 둘, 넷, 여덟, 열, 열둘인 여의륜
관음도 있다고 한다.

– 두산백과, 여의륜관음(如意輪觀音) –

　여의륜관음은 관세음보살의 수많은 변화 관음 중 한 분이다. 6개의
손에 6개의 지물이 있어 6개의 지물마다 육도계의 중생들을 구제하고
자 하는 관세음보살의 서원이 응집되어 있는 분이다. 여의보주로서 중
생의 뜻에 응하며 법륜을 들고 있는 손으로 중생들이 부처의 길로 갈
수 있도록 구제하는 분이다.

　존격에 대한 상세한 이해는 이분이 갖고 있는 지물들을 통해 알 수
있다. 다음은 금강지 삼장이 한역한 '관자재여의륜보살유가법요'의 일
부이다.

첫째, 손(第一手)은 사유(思惟: 思惟手)를 지으니 유정(有情)들을 가엾

게 여기시는 까닭이요, 둘째, 팔은 여의보주를 들고 계시니 모든 소원을 원만하게 성취시켜 주시기 위한 까닭이요, 셋째, 팔은 염주(念珠)를 들고 계시니 방생(傍生:畜生)의 괴로움에서 건져주시기 위한 까닭이니라.

왼쪽 첫째 팔은 광명산(光明山)을 누르시니 휩쓸려 움직임이 없음을 성취시키기 위한 까닭이요, 둘째 팔은 연꽃을 들고 계시니 모든 법답지 않은 것을 청정하게 하시기 위한 까닭이요, 셋째 팔은 법륜을 들고 계시니 위 없는 법(無上法)을 굴리시기 위한 까닭이니라.

여의륜관음유가법은 재물과 행복과 건강과 같은 세간의 이익을 성취하는 것에 도움이 되며, 법륜이 내포하는 상징적 의미와도 같이 출세간적 이익(수행성취)을 성취할 수 있게 한다.

파주 봉덕사 여의륜관음상

2) 여의륜관음유가 탄트라를 하기 위한 인계와 만트라와 종자

① 여의륜관음 도상

일본 園城寺観音堂의 여의륜관음

보살의 모습이고, 신체 색은 흰색 혹은 금색(관할 때마다 다를 수 있음)
이다. 손이 여섯 개인바, 왼손 첫째 손은 턱을 살짝 괸 사유의 모습, 왼
쪽 두 번째 손은 여의보주를 들고 있으되 가슴 부근에 위치해 있고, 왼
쪽 세 번째 손은 염주를 들고 있다. 오른쪽 첫 번째 손은 광명산을 누
르고 있고 오른쪽 두 번째 손은 연꽃을 들고 있고, 세 번째 손은 법륜
을 들고 있다.

② 여의륜관음근본인: 외박인을 하고 엄지를 세운 상태에서 양손의
검지를 구부리듯 모으고, 양손의 중지 역시 구부리듯 모은다.

여의륜관음 근본인 앞면

여의륜관음 근본인 뒷면

③ 여의륜관음 종자

〈흐릭, Hrih〉

④ 삼매야형: 여의보주

⑤ 여의륜관음 진언

여의륜관음 근본다라니

나모 라트나 트라야야 나모 아리야–아바로키테스바라야 보디 사트바야 마하사트바야 마하가루니카야 타디야타 옴 차크라바티 친타마니 마하 파드메, 루루 티스타트 즈바라, 아카르사야 훔 파트 스바하

namo ratna-trayāya nama āryāvalokiteśvarāya bodhi-sattvāya mahā-sattvāya mahā-kāruṇikāya Tadyathā oṃ cakra-varti cintāmaṇi mahā-padme, ru ru tiṣṭhat jvala, ākarṣāya hūṃ phaṭ svāhā

귀명합니다. 삼보주여, 귀명합니다. 성관자재보살님이시여, 큰 중생이시여, 대비를 가지신 자여,

옴 전륜성왕이시여, 여의보주존이시여, 대연화존이시여, 루루, 머무르소서, 광명으로 인도하소서, 훔 파트 스바하

大心陀羅尼(心秘密真言) 대심다라니, 심비밀 진언
옴 파드메 친다마니 즈바라 훔(옴 연화존이시여, 여의보주존이시여, 광휘의 존이시여, 훔)

oṃ padme cintāmaṇi jvala hūm

小心陀羅尼(心中心真言) 소심다라니, 심중심진언
옴 바라다 파드메 훔(옴 베풀어주시는 연화존이시여, 훔)

oṃ varada-padme hūm

3) 여의륜관음유가 탄트라

여의륜관음유가 탄트라는 두 종류가 있다.

여의륜관음유가 보옥 탄트라(친다마니차크라 아바로키데스바라 트리라트나 탄트라)와 여의륜관음유가 법륜 탄트라(친다마니차크라 아바로키데스바라 다르마차크라 탄트라)의 두 가지 법이다. 여의륜관음유가 보옥 탄트라는 세간의 이익을 성취하는 법으로, 여의륜유가 법륜 탄트라는 출세간의 이익(수행 성취)을 성취하는 법이다.

① 여의륜관음 보옥 탄트라

(1) 십감로주(무량수여래근본다라니)를 외우면서 감로의 바다가 채워진다. 감로의 바다가 무량해짐을 관하고 나서 홍련화가 떠오르고, 홍련화의 꽃술이 내 손의 중지 2개가 모인 것과 같음을 안다.

(2) 꽃술에 흐릭 자가 맺히고 흐릭 자에서 광명이 발산된다. 흐릭 자의 광명이 육도의 세계에 두루 비추고 그 광명이 육도 중생들의 번뇌를 쉬고 안락하게 하고 불도에 드는 것을 관한다.

(3) 인계를 여의륜관음근본인으로 바꾸고 여의륜근본다라니를 외운다. 흐릭 자가 보옥으로 바뀌고 보옥을 쥔 여의륜관음보살이 현신한다.

(4) 손의 지물들을 천천히 현미경 보듯 클로즈업하여 관하고 거대한 여의륜관음의 색신을 두루 클로즈업하여 보게 된다.

(5) 여의륜관음보살의 보옥이 세 가지 구슬이 모여진 구슬임을 안다.

세간의 이익(중생의 이익) ― 재물, 건강, 행복
출세간의 이익(보살의 이익) ― 법신자량, 법신현신, 법신자재
불과의 이익(부처의 이익) ― 공성자량, 공성현신, 공성자재

이 세 가지 구슬이 모여 하나의 구슬임을 알았을 때, 보옥이 여의륜 관음의 심장 위치에서 빛나고 있다. 보옥에서 광휘가 뻗치고 세간과 출세간의 이익이 성취됨을 관한다.

② 여의륜관음유가 법륜 탄트라
(친다마니차크라 아바로키데스바라 다르마차크라 탄트라)

여의륜관음유가 보옥 탄트라의 4번째 단계까지 동일하다. 4번째 단계 이후 다음 5번째 단계를 행한다.

(1) 십감로주(무량수여래근본다라니)를 외우면서 감로의 바다가 채워진다. 감로의 바다가 무량해짐을 관하고 나서 홍련화가 떠오르고, 홍련화의 꽃술이 내 손의 중지 2개가 모인 것과 같음을 안다.

(2) 꽃술에 흐릭 자가 맺히고 흐릭 자에서 광명이 발산된다. 흐릭 자의 광명이 육도의 세계에 두루 비추고 그 광명이 육도 중생들의 번뇌를 쉬고 안락하게 하고 불도에 드는 것을 관한다.

(3) 인계를 여의륜관음근본인으로 바꾸고 여의륜근본다라니를 외운다. 흐릭 자가 보옥으로 바뀌고 보옥을 쥔 여의륜관음보살이 현신한다.

(4) 손의 지물들을 천천히 현미경 보듯 클로즈업하여 관하고 거대한 여의륜관음의 색신을 두루 클로즈업하여 보게 된다.

(5) 여의륜관음보살의 다르마차크라가 여의륜관음의 6개의 지물의 공덕과 지혜의 합임을 안다.

- 육도 윤회계는 부처의 여섯 가지 공덕(중생제도에 대한 사유, 보옥, 염

주, 광명산을 누름, 연꽃, 법륜)의 나툼임을 알고 여의륜관음의 여섯 손의 지물에서 육도계 각각을 제도할 수 있는 공덕광이 비추어짐을 안다.

– 육도로 뻗치는 여의륜관음의 공덕광이 서려 있는 손길이 모두 다르마 차크라에 모이고 다르마 차크라는 법의 순환으로서 이 순환에 의해 수행을 이루게 됨을 알게 된다.

– 수행에 장애가 없음은 법륜이 장애물을 밟아버려 없애면서 나아가는 금강륜이기 때문이며, 수행을 가속화할 수 있는 것은 법륜이 빠르게 구르는 성취륜이기 때문이며, 수행이 불과를 이루게 하는 것은 법륜이 불과라는 지향점을 향해 구르는 불신원만의 바퀴이기 때문이다.

– 다르마 차크라에서 광휘가 나와 가피를 받는 이들이 수행의 과를 이루게 됨을 안다.

허공장보살 복덕 탄트라

1) 허공장보살 존격의 의미

도쿄 국립박물관, 헤이안 시대 후기, 허공장보살

허공처럼 무한한 자비를 상징하는 보살이다. 자비와 지혜가 허공과 같이 광대무변하다고 하여 허공장보살이라 한다. 범어로 아카샤가르바라고 한다. 오컬트에서 말하는 모든 일들이 기록된다는 '아카식 레코드'의 아카식이 허공을 뜻하는 아카샤에서 유래한 말이다. 번역하여 허공장(虛空藏), 허공잉(虛空孕)이라고 한다.

'허공장보살경'에는 허공장보살이 사바세계(지구)가 아닌 다른 계에서 온 불보살로 묘사되어 있다. 서방 80억 항하사(恒河沙)를 지난 곳에 일체향집이란 불국토가 있다고 한다. 그곳의 승화부장불(勝華敷藏佛)을 모시고 있는 보살이 허공장보살이다.

허공장이 승화부장여래의 처소에 가서 여쭈니 여래께서 말씀하시기를 "여기서 동쪽으로 80항하의 모래 수효만큼이나 많은 나라를 지나가서 사바(娑婆)라는 세계가 있다. 이 사바세계는 오탁(五濁)으로 더럽혀진 나쁜 국토로, 이 나라와 별로 다를 것이 없다. 너도 지금부터 그 나라에 가서 석가모니불을 예배 공양하고 바른 법을 받아 가져서 그 나라의 모든 악한 중생을 위해 파악업장다라니경(破惡業障陀羅尼經)을 설하여라." 하고 말씀하시며, 허공장을 사바세계로 갈 것을 권하셨다.

승화부장불의 권고를 받은 허공장보살은 사바세계에서 대광명을 뿌리며 강림하여 사바세계를 정토로 바꾸게 된다. 사바세계를 직접 제도하는 불보살로는 지장보살이 한국 불교 내에서 유명하지만 허공장보살 역시 사바세계의 중생을 제도하는 불보살이다. 지장보살과 유사한 역할을 한다.

지장보살이 '땅'과 유관하다면 허공장보살은 '하늘'과 연관이 있다. 지장보살과 허공장보살은 금강계 만다라의 남쪽 방향에 거하는 '보생여래'의 권속이다. 두 분의 불보살이 중생 제도라는 공통의 목표를 향해 음으로 양으로 힘쓰고 있다는 것을 알게 된다. 지장보살은 금강계 만다라에서 금강당 보살로, 허공장보살은 금강보 보살로 계신다.

허공장보살은 허공이 끝이 없듯, 무한한 복덕과 지혜를 갖추신 분이기 때문에 관세음보살과도 닮아 있다. 지혜의 문과 복덕의 문 두 가지를 겸비한 분이기 때문에 관세음보살과도 닮아 있다. 허공장보살의 지혜로서의 성취자로서의 존격은 허공장구문지법이라 하여 총명함을 올리는 수행법으로도 유명하다. 본서에서는 허공장보살의 무한의 복덕의 측면에서 탄트라를 적어보도록 한다.

2) 보생여래-허공장보살-길상천과의 관계성

길상천은 복을 구족하게 해준다는 여신이다. 힌두의 '라크슈미'가 불교적으로 받아들여진 천부의 신이다. 작법을 하기 앞서서 보생여래와 허공장보살과 길상천에 대한 관계 이해가 필요하다고 느꼈다. 보생여래는 재보에서 태어났다는 여래이시고, 또는 재보를 산출해내는 여래라고도 일컬어진다.

복덕을 구비하기 위해서는 '복'이라는 것이 무엇인가에 대한 고찰이 필요했고, 불교적 인과설에 복덕자량은 어떠한 의미일까라는 고찰을 하였다. 본서 후반부에 있는 삼변보주 탄트라에서 그 의미를 상세하게 적었다. 심종자가 불보살의 복덕자량으로 변화하는 것에 대해 적었고, 업장 소멸이 벌을 받는다는 것이 아닌 복덕자량을 구비해나가는 것임을 적었다.

복권에 당첨이 되었다는 분들이 가정이 파탄되고, 돈을 흥청망청 써서 오히려 복권에 당첨되기 전보다 더 비참하게 되었다는 뉴스를 보기도 한다. 그리고 재벌가의 후손들이 단명하거나 마이클 잭슨이나 휘트니 휴스턴 같은 해외 유명인사들이 말년이 좋지 않음을 보게 된다. 복을 누릴 수 있는 그릇이 있는데, 복을 누리지 못하는 그릇에 복이 들어오면 재앙으로 변하는 것이다.

불교 내에 이런 말이 있다. 착한 일을 해도 아직 힘들다면 선의 열매가 아직 익지 않았음이고, 나쁜 짓을 많이 하는 악인이 잘살고 있음은 나쁜 일의 과실이 아직 익지 않았음이라는 말이 있다.

복이 온다는 것은 '운이 오는 시기'와도 연관이 있어, 운이 오게 되면 복이 실현되나 그것을 누릴 수 없으면 흘러가는 복이 된다.

보생여래가 복덕을 뜻하는 분이라면, 허공장보살은 복덕자량과 연관되어 있는 분, 그리고 길상천은 복덕자량이 들어오는 운때와도 관계가 있다. 물이 들어와도 저수지가 미비하면 물이 흘러내리듯, 복덕자량이 있어야 그 복을 유지할 수 있다.

세간의 복을 부른다는 주술들이 인간의 근본적 변화, 즉 심종자를 성숙시키는 것에는 관심이 없고 오로지 복을 구하는 것이라면 밀법의 법술은 인간 존재의 변화를 꾀한다. 길상천은 '천부'이다. 육도 윤회계의 한 담당이기에 질서계 상위의 신이다. 천부는 인간에게 영향을 줄 수 있지만, 인간 존재를 바꿀 수 없다.

인간 존재를 바꿀 수 있는 것은 심종자를 터치할 수 있는 불보살들이다. 허공장보살은 아카샤가르바, 즉 아카샤(허공)와 같이 무한한 지혜와 복덕을 구비한 불보살이다. '아카샤가르바'라는 말 자체가 심종자가 광대한 이 우주와 같이 많다는 유식학의 결론과 일치한다.

허공장보살 관련 작법이 심종자를 바꾸어준다면 길상천 작법은 저수지가 만들어지고 물을 대어주면 물이 차는 것과 같이 복이 현현하게 나오는 것을 도와준다.

저수지가 없으면 물이 있어도 그냥 흘러가듯이 저수지를 만드는 것도 중요하고 물이 흐르게 운때를 당겨주는 것도 중요하다.

질서계의 상위신인 길상천은 운명의 기록부에서 복이 오는 시점을 당겨올 수 있는 권한을 지닌 것으로 보인다. 아니면 운명의 흐름에서 복의 물꼬를 터주는 역할을 하는 것으로 보인다.

세간의 주술이 그저 좋은 일만 생기기를 바라는 것이기에 여기에는 인간 존재를 변화시킨다는 개념이 누락되어 있다. 나는 그대로인데, 좋은 일만 더 생기기를 바라는 것은 원인 없이 결과를 바라는 것이고 설령 소원하는 일이 성취된다고 하면 그것은 미래의 원인과 결과를 현재로 당겨서 구현시키는 것이기에 스스로에게 빚을 지는 것과 같다.

세간의 주법과 밀교의 법술은 하늘과 땅 차이만큼 그 간격이 크다.

아쉽게도 자비의 방편인 밀교의 법술을 세속의 주술처럼 더러운 욕망의 구현 수단으로 접근하는 사람이 많다.

구족하면 열망하지 않을 것이나 구족하지 않기에 갈망으로 접근한다.

3) 허공장보살복덕 탄트라를 하기 위한 인계와 만트라와 종자

① 허공장보살 도상

보살의 모습이고, 신체 색은 흰색이다. 오른손에는 보검을 왼손에는 여의보주를 쥔 형태이고, 간혹 오른 손바닥을 바깥으로 보이면서 늘어뜨리는 여원인을 취하고 왼손에는 여의보주를 쥔 형태를 취하기도 한다.

② 허공장보살보주인: 외박인의 형태로 손을 모으고 중지를 세워 모은다. 검지를 엄지와 맞닿은 형태로 둥글게 만다.

허공장보살 보주인 앞면

허공장보살 보주인 뒷면

③ 허공장보살 종자

〈트라흐, Trah〉

④ 삼매야형 : 보검과 여의주

⑤ 허공장보살 진언
허공장보살 근본진언:
oṃ vajra ratna hūṃ
옴 바즈라 라트나 훔
옴 금강보여, 훔

허공장보살 지혜 성취 진언
나모 아카샤 가르바 옴 알리카 말리 물리 스바하
namo ākāśa—garbhāya oṃ alika māli muli svāhā

허공장보살 현현 진언
나마 삼만타붓다남 아카샤사만타—누가타 비치트람바라다라 스바하
namaḥ samanta—buddhānāṃ ākāśasamanta—nugata vicitrāmbara
dhara svāhā

귀명합니다. 일체의 부처님들께. 허공과 동등하신 분이여!

4) 허공장보살복덕 탄트라

허공장보살이 금강계 만다라에서는 금강보 보살이기 때문에 보부의 주(主)인 보생여래로부터 금강보 보살이 출현한다. 본서에서는 금태양부 대일여래 수행으로부터 허공장보살이 출현하는 법으로 적는다.

① 금태양부 대일여래 탄트라를 진행하면서 아 자가 월륜 안에 녹는다. 월륜 안에 허공장보살의 종자 '트라흐'가 서서히 뜬다. 백색 혹은 금색으로 관해진다.

② 인계를 허공장보살 보주인으로 바꾸면서 허공장보살 근본 진언 '옴 바즈라 라트나 훔'를 외운다. 이때 트라흐는 백색의 빛을 내뿜는 보옥으로 바뀌는데, 보옥에서 내뿜는 빛은 무지갯빛이 살짝 서린 백색광이다.

③ 보옥에 집중하면서 허공장보살 지혜 성취 진언 '나모 아카샤 가르바 옴 알리카 말리 물리 스바하'를 외운다. 끝이 없는 허공과 같은 복덕과 지혜를 구족한 분이 허공장보살임을 안다.

④ 가슴 부근에 보옥을 왼손에 쥔 허공장보살이 드러난다. 허공장보살은 백색의 몸을 지닌 분이다. 화려한 장신구를 걸치고 있다. 오른손에는 보검을 들고 있다. 허공장보살 현현 진언을 외우면서 금강보옥 삼매에 젖는다.

⑤ 허공장보살이 쥔 보옥에서 광명이 나와 자신을 비추거나 타인을 비추는 관상을 한다.

대성지장보살천도비밀 탄트라

1) 지장보살 존격에 대한 이해

사찰에 가면 지장전이라 하여 머리를 삭발한 스님의 형태로 앉아 계신 보살상이 있고, 망자의 위패가 모셔져 있는 것을 확인할 수 있다. 지장보살은 중국에서 변용된 모습으로 계시나 인도에서의 원래 형태의 지장보살은 관세음보살과 유사하게 보살의 모습으로 계신다.

지장보살은 일반적으로 비구(남자 스님)의 모습으로 가사를 입는 형태이다. 장신구는 없고 영락(목걸이) 정도로 간소화되어 있다. 왼손에 여의주, 오른손에 석장을 가진 형태 또는 왼손에 여의주를 들고 오른손은 여원인(손바닥을 이쪽을 향해서 아래로 늘어뜨리다)의 인상을 취하는 상이 많다.

그러나 밀교에서는 태장계 만다라 지장원의 주존으로 갖은 장신구를 걸친 통상의 보살형으로 나타내며, 오른손은 가슴 앞에서 일륜을 갖고 왼손은 깃발과 연꽃이 같이 합쳐진 형태의 지물을 갖고 있다.

지장보살은 산스크리트어로 '끄시띠라자'라고 하는데, 끄시띠는 땅이고 라자는 곧 왕임을 뜻한다. 직역하면 지장왕보살이라고도 한다.

2) 지장보살에 대한 고도의 이해

지장보살은 범어 끄시띠가르바의 한역이다. 끄시띠는 땅이며 가르
바는 '함장되어 있다', 혹은 '창고'로도 해석된다. 지장보살의 다른 이름
은 끄시띠라자로 지왕(地王)으로도 번역된다.

석가모니께서 깨닫고 처음 맺은 수인은 항마촉지인이다. 땅에 오른
손을 내려뜨린 인계이다. 깨달음이 대지와 같이 견고하고 영원하다는
것을 의미하는 동시에, 지신(地神)을 증인으로 내세워 깨달음을 증거하
는 것이다. 여기서 지신은 이 지구를 의미한다.

동양권 불교에서는 지장보살은 죽은 자의 세계(명부)를 소관하는 것
처럼 보이는데, 실은 이 지구의 윤회가 벌어지는 육도의 주관은 지장
보살의 주관인 것이다. 미륵불이 향후 오기 전까지 석가모니께서 중생
들의 교화를 지장보살에게 맡긴 것은 지장보살이 육도계 자체를 뜻하
기 때문이다.

지장보살은 불교 이론에 맞지 않는 분이다. 정업은 피할 수 없다는
것이 불교의 인과응보설인데, 이 지장보살은 정해진 업도 멸할 수 있
는 권능을 갖고 있다. 마치 기독교의 '죄사함'과 유사하게 죄업을 탕감
에서 끝나는 게 아닌 죄업을 아예 없애주는 분이기 때문이다.

그러나 생각해보면 지장보살은 끄시띠라자로서 이 지구의 왕, 지왕
이기에 지구에서 벌어지는 일체의 업력은 지장보살의 심종자로 있는
것이다. 그렇기에 땅에서 벌어진 일은 땅의 소관이고 땅의 주인인 지

장보살만이 죄업을 없애준다는 것이다.

범자 '하'는 지장보살의 범자 종자인데, 이 범자 종자가 세 번 들어간 것이 지장보살 심주이다. 이 심주에서 끄시띠라자라는 단어가 들어가는 소위 '법왕자 진언'을 외우면 지장보살이 법체로서 화현한다. 다시 이 지장보살이 한국 불교계에서 널리 알려진 '옴 바라마니다니 스바하(원래 범어 진언과는 발음이 차이가 있음)'인 멸정업 진언으로 응축되어 광휘가 발하게 된다. 이 광휘는 태양과 달의 힘이 응축되었다.(비밀 작법에 해당함)

지장보살은 천도에 있어서 육도의 업력을 끊어내는 역할을 한다. 아미타불께서는 천도 과정에서 업력이 끊어진 중생을 극락세계로 끌어올리는 역할을 하신다.

스님들이 하는 천도 작법에 대해서는 잘 모르지만, 무동의 연구에서는 지장보살은 업력을 해탈시키고, 아미타불은 극락왕생으로 끌어올려 주시게 된다.

부처님 여기 음식들 많이 차려놓았습니다.
스님들이 다수 모여서 열심히 염불합니다.
그리고 후손들이 정성을 들여 돈 삼백만 원 혹은 천만 원을 갖다 놓았습니다.
부디 천도해주세요.

이것이 세간의 천도라면 밀교의 천도 작법에서는 밀법행자가 법체가 되어 직접 죄장을 멸하고 극락의 문을 열게 된다. 아래는 일본 진언밀교의 태장계 지장보살이고, 그 아래는 티베트의 지장보살이다. 동양권의 스님 형태의 지장보살과는 모습이 다르다.

진언 밀교의 지장보살도상

티베트 밀교의 지장보살도상

3) 지장보살 탄트라를 하기 위한 인계와 만트라와 종자

① 지장보살 도상

모습은 보살의 형태로 있다. 오른손에는 일륜이 있으며 가슴 부근에 일륜이 위치하고 있다. 왼손은 연꽃을 쥐고 있으며 연꽃에서 깃발이 솟아 나와 있다. 태장계 만다라에서는 지장원의 주존이시며, 금강계 만다라에서는 남방 보생여래의 4근친 보살로서 금강당보살로서 계신다. 금강당보살은 당번(깃발)을 들고 있는 보살인데, 깃발을 들어 올려 중생에게 진리를 설파하는 모습을 띤다.

지장보살은 중생 구제를 위해 육도에 대응하여 활동하시는바, 이를 육지장이라고도 한다. 지옥계, 아귀계, 축생계, 수라도, 인간계, 천상계의 순으로 일본에서는 다음과 같이 칭한다. 금강원지장(金剛願地藏), 금강보지장(金剛寶地藏), 금강비지장(金剛悲地藏), 금강당지장(金剛幢地藏), 방광왕지장(放光王地藏), 예천하지장(預天賀地藏)으로 불리는데, 이는 경전에 나왔다기보다는 각각의 세계마다의 지장보살의 원력이 투사된 것을 상징적으로 부르는 것으로 이해하면 된다. 육지장일 때의 지물은 다음과 같다. 연화, 석장, 향로, 번, 염주, 보옥이다.

② 지장근본인: 내박인을 하고 중지를 세운다.

지장근본인 앞면

지장근본인 뒷면

③ 지장보살 종자

〈하, Ha〉

④ 지장보살 삼매야형

보옥, 당번(깃발)

⑤ 지장보살 진언

− 지장보살 심주

옴 하하하 비스마예 스바하

om ha-ha-ha vismaye svaha

- 지장보살 법왕자 진언

옴 끄시띠라자 사르바 싯디 훔

om ksiti-raja sarva siddhi hum

- 지장보살 보옥체 진언

옴 프라마다니 스바하

om pra-mardani svaha

4) 지장보살 천도 작법

지장보살 천도는 법력(法力)이 있는 자가 해야 한다. 다음에 적을 내용은 금강연화원에서 행한 천도 작법의 일부이다. 법력이 있는 자가 해야 한다는 단서를 건 것은 지장보살 천도 작법을 행하면 천도를 원하는 주변 떠도는 영혼들이 와서 천도를 행하는 이에게 빙의되기 때문이다. 그러면 천도도 제대로 되지 않고, 법술을 행하는 자도 망자들의 카르마와 인연 맺기 때문에 지장보살 관련된 수행은 주의해야 한다.

천도 작법 역시 제대로 되어야 하며, 그렇지 않으면 천도 작법 하다가 천도가 안 된 영혼들이 행자 주변에 떠돌기 때문에 이 부분 역시 주의해야 한다.

다음 천도 작법은 사회자가 있고 공양하는 자가 있다. 천도 작법을 행하는 행자는 끄시띠가르바가 되어 천도를 집전하게 된다.

사회자: *끄시띠가르바님의* 대비원력은 법계의 모든 곳에 나투어져 있으니 육도의 중생들은 그 원력에 힘입어 상승하고 있음입니다. 각 회원님들은 망자의 위패를 제출해주십시오.

밀법행자: *끄시띠가르바 탄트라 진행*

(*끄시띠가르바의* 심주, *끄시띠가르바의* 법체, *끄시띠가르바의* 보옥체 진언을 외운다. 심주에서 지장보살의 근본 에너지를 운영하며, 법체 진언에서 지장보살이 시현하게 되며, 보옥체 진언에서 지장보살 존재 자체가 지장보살이 쥐고 있는 보옥으로 응집된다.)

사회자: *끄시띠가르바의* 대비원력은 육도계에 편만히 나투어져 있는바, 각 선생님들은 공양을 올려주세요.(6인의 공양을 받으면서 여섯 분의 지장보살들이 힘을 얻어 각각의 육도계에서 활동하고 있음을 관한다.)

지옥계 대원력 지장님 연화를 받으소서.
아귀계 대원만 지장님 감로를 받으소서.
축생계 대지성취 지장님 금강검을 받으소서.
수라계 대무구광 지장님 보옥을 받으소서.
인간계 발보리심 지장님 금강저를 받으소서.

천상계 대미묘락 지장님 회로를 받으소서.

지장보살 심주 탄트라, 심법체 탄트라, 심보옥 탄트라 진행
(사회자는 눈빛을 받고 다음 진행)

육도 지장님들이 법을 갖추고 각 육도에 내원합니다.
OO 선생님 석장을 공양하십시오.

지장보살 탄트라를 계속 진행하면서 석장을 받음.
(눈빛을 받고 사회자는 말한다.)

사회자: 육지장님은 방편을 갖추고 육도를 방문하는바, 육도의 중생들은 다음과 같은 공덕을 성취합니다.

OO 선생님 지옥계 중생들의 안락화를 공양하십시오.
OO 선생님 아귀계 중생들의 감로수와 오색 감로미를 공양하십시오.
OO 선생님 축생계 중생들의 금강지혜(삼고금강저)를 공양하십시오.
OO 선생님 수라계 중생들의 금강화락(화만[26])을 공양하십시오.
OO 선생님 인간계 중생들의 금강원만성취(수정염주)를 공양하십시오.

---

26 화만: 꽃을 모아놓은 것. 꽃다발, 꽃목걸이를 뜻한다. 본 탄트라에서는 접시에 꽃을 모은 것으로 했다.

OO 선생님 천상계 중생들의 미묘광(32면체 원석)을 공양하십시오.

끄시띠가르바 보옥체 진언을 외우며 멸정업 진언으로 들어간다.

멸정업삼매(지장보살이 쥐고 있는 보옥에서 광명이 나와 영혼들의 부정한 것들이 사라짐을 관한다.)

(가행 진행 후 눈빛을 받고 사회자가 언급)

육도의 중생들이 안락함을 얻었습니다. 중생들은 이제 해탈심을 얻었고, 일체의 어둠을 여의고 감로광의 인도를 받아 극락 문으로 들어가게 됩니다.

〈명왕부 탄트라〉

공작명왕 탄트라

무량수여래근본다라니법을 하던 중 금색 공작이 하늘에서 날아오는 것이었다. 공작명왕법을 하지 않았는데, 왜 공작이 달려오는 것이지 하는 의구심이 들었다. 분명 아미타불 수행인데, 관법을 어떻게 해야 하나 잠깐 고민하고 부지런히 공작명왕에 대한 자료 조사를 했다.

공작명왕은 명왕중에서 분노하지 않는 평온한 얼굴로 장애를 없애 주시는 명왕이다.

공작명왕의 이름은 '마유라'이다. 인도의 여신에서 유래한 명왕이고, 그래서 불모대공작명왕이라는 이름도 붙는다. 부처님을 낳는 어머니와 같은 존재로 인식되기에 불모대공작명왕(佛母大孔雀明王)이라는 별호도 갖고 있다. 독을 품은 뱀을 잡아먹는 공작은 번뇌를 제거해주는 데 탁월한 효과가 있다고 한다.

조사해보니 아미타불께서는 공작좌에 앉아 있는 분이다. 아미타불

헤이안 시대 공작명왕상, 도쿄 박물관

께서 보내신 것 같았다. 무량수여래근본다라니는 아미타불과 관련된 수행인데, 왜 공작명왕이 드러나시었는지 알았다. 공작명왕님은 연화부에 속하는 명왕님이라는 것을 깨달았다.

다시 무량수여래근본다라니법으로 들어갔다. 차례대로 관법을 진행 후에 공작을 현신시켰는데, 내 몸에서 손가락 마디 하나만 한 구더기가 털구멍에서 다 기어 나오는 것이었다. 그걸 공작이 다 쪼아 먹었다.
사무 처리에 찌들었는데, 벌레들 기어 나오고 공작님 배부르게 드시고 나니 피로감과 탁한 기운이 정리된 듯싶었다.

경문을 찾아보니 아미타불은 공작좌에 앉아 계시고, 아촉불은 코끼리좌에, 불공성취불은 가루라좌, 보생불은 마(馬)좌에 앉아 계시다.
마두명왕이라는 명왕이 있다. 그분은 관음보살이 축생계를 제도하기 위해 말머리를 한 모습으로 변화했다고 한다. 번뇌의 풀을 먹는다는 말이 있다.

공작명왕은 번뇌의 벌레를 쪼아 먹는다.

탐식(貪食)… 탐하여 먹는다.

깊은 의미가 있다. 불보살의 세계는 나의 더러운 것을 마구마구 탐식하여 먹어치운다. 중생계가 시간이 흐를수록 새로운 번뇌와 새로운 열망이 더해지는데….

이 불보살의 세계에서도 새로운 번뇌 독충, 번뇌 독초에 대응하기 위해 새로운 방편이 고안되고 있다. 연구소와 같다고 느낄 때가 있다. 불보살의 세계에서는 나의 삼독을 드리고 나의 보리심을 얻는다.

불보살은 방편이 구족되어 갈수록 광대한 방편 지력을 갖춰나간다. 관세음보살이나 여타의 불보살들이 윤회의 바퀴를 법륜으로 삼아 광대한 방편 지력을 닦고 있음이다. 그게 불보살님들의 진화 방식이 아닌가 한다.

이러한 부분은 철학이 아니다. 실제로 이뤄지는 일이다. 무동금강은 진화를 하고자 방편을 구족하려고 하는 것은 아니지만, 도와주려는 마음이 있다 보면 자연스럽게 탄트라가 갖춰지는 경우가 많아서 이 부분을 '실제로 이뤄지는' 일이라고 말하는 것이다.

공작명왕은 공작이 독사와 벌레를 먹듯 나의 삼독심(어리석음, 분노, 탐욕)이 공작명왕을 통하여 정화된다는 의미를 가진 존격이다.

공작명왕은 독사와 해충을 잡아먹는 공작새를 신격화한 것으로 명왕 중에서는 유일하게 분노의 상을 가지고 있지 않다. 명왕은 억센 중생을 제도하기 위해 분노의 상을 하고 있는데 반해, 공작명왕은 존격으로는 명왕으로 취급되면서 분노의 상은 아니다. 마하마유리라는 인도의 여신에서 기원한 명왕이다.

불모대공작명왕경이라는 경전에서 한 스님이 나무를 하다 뱀에게 발가락을 물려 고통받고 있을 때 석가모니께서 '불모공작명왕대다라니'를 전하였다. 이 다라니가 뱀독은 물론 다른 모든 병을 낫게 하였다. 공작명왕은 병을 치유하는 것과 비를 내리는 기우의 본존으로 밀교에서는 존승되었으나 원래의 의미는 독사의 독으로 상징되기도 하는 삼독심(어리석음, 분노, 탐욕)을 정화하는 본존이기도 하다.

외양은 공작을 타고 앉아 있는 보살의 형태이로되 손은 4개이고 손마다 각각의 지물이 있다. 첫 번째 오른손은 연꽃, 두 번째 오른손은 구연과[27], 첫 번째 왼손은 길상과[28], 두 번째 왼손은 5개의 공작 깃털을 쥐고 있다. 연꽃은 중생에 대한 자비심을 뜻한다. 구연과와 길상과는 공작의 먹이로서 과일을 채용한 듯싶다. 구연과는 인연을 구족하게 해준다는 뜻인데, 부처님과의 인연을 맺게 해주고 그 결과로서 성불이라는 과일로 맺어진다는 의미를 가진다. 길상과는 빨간색 과일로서 불교 내에서는 종종 석류를 길상과라고 한다. 어둠을 정리하고 중생의 복을 늘리는 의미로서 상서로운 과일이라는 의미의 길상과를 쓴다. 공작 깃털 5개를 쥐고 있는 것은 공포와 불안과 초조함이 쉬는 안식을 의미한다.

---

27 구연과(俱緣果): 참외라는 설이 있으나 무동금강이 파악하기로는 모과로 해석된다.

28 길상과(吉祥果): 석류로 일컫는다.

① 공작명왕 인계: **외박인을 한 후 엄지와 새끼손가락을 세운다.**

공작명왕 근본인

② 공작명왕 종자

〈마, Ma〉

③ 공작명왕 진언

옴 마유라 크란데 스바하

oṃ māyūrā-krānte svāhā

④ 공작명왕 탄트라 실수법

(1) 무량수여래근본다라니 탄트라를 행하면서 아미타불근본인의 중지가 모여진 곳에 흐릭 자가 생겨난다. 흐릭 자에서 감로가 생성되면서 나의 손은 연꽃이고 종자 흐릭 자에서 흘러나온 감로가 바다를 만든다. 여기까지는 무량수여래근본다라니 탄트라와 동일하다.

(2) 흐릭 자가 공중에 뜨면서 하늘 높이 높이 올라가서 거대한 산이 보이게 된다. 그 산은 수미산[29]이라 생각해도 좋다. 인계를 공작명왕 근본인을 맺고 공작명왕 진언을 외운다. 공작명왕의 종자 '마'가 얼핏 보이면서 산으로 선명히 보인다.

히말라야의 여느 산처럼 거대하고 오염되지 않은 깨끗한 산에서 여러 마리의 작은 새들이 날아온다. 점차 그 새가 공작이라는 것을 알게 된다.

(3) 공작들이 나의 주변에서 움직이자 나의 털구멍과 눈과 귀, 항문, 요도 등에서 온갖 부정한 벌레와 뱀들이 쏟아져 나오고 공작들은 그 부정한 것들을 열심히 쪼아먹고 있다.

(4) 공작명왕 삼매에 충분히 들어갔다고 느끼면 공작들이 종자 '마'로 변화하고 '마' 자는 내 심장에 있음을 알게 된다.

---

29 수미산 : 고대 인도의 우주관을 불교가 채용한 것이다. 불교식으로 표현한 은하계와 같은 구조라고 보며 된다. 《구사론(俱舍論)》에 의하면 세계는 거대한 원통 모양의 풍륜, 수륜, 금륜으로 떠받쳐져 있고, 금륜 위의 대양에는 다시 9산과 8해가 있다.

대성부동명왕(不動明王)실지 탄트라

부동명왕과 2명의 동자, 교토, 청련원(青蓮院)

1) 부동명왕 존격에 대한 이해

다섯 분의 명왕[30] 중 중앙에 계신 분으로 이분의 범명은 아차라나타이며 부동명왕, 무동명왕, 부동여래사자 등으로 일컬어진다. 제도하기 힘든 억세고 포악한 중생을 부처의 길로 인도하기 위해 대일여래가 분노의 모습을 띠어 중생을 제도한다. 부동명왕의 모습은 어린이의 몸에 눈 한쪽을 찡그린 모습이며, 피부는 흑청색(黑淸色)이며, 가루라 모양의 화염에서 화염 삼매 속에 있다. 의복은 노예들이 입는 허름한 옷이다. 어린이의 모습을 띠고 노예의 옷을 입은 것은 수행자들의 시자[31](侍者)로서 수행자를 지켜준다는 맹세가 있기 때문이다.

어린이의 몸을 하는 것은 여래의 종복이 된다는 의미이고 비단옷 대신 노예의 옷을 입는 것 역시 여래의 종복이 된다는 의미이다. 돌로 된 좌대에 앉아 있는 것은 수행자의 노력에 동참한다는 의미이다.

대일여래의 교령륜신으로서 자비로서 중생을 제도하기 힘든 경우에 강한 힘으로 사마를 제압하고 거친 중생을 이끌어준다. 숭배의 대상으로 화려한 옷과 보관과 목걸이로 치장하기보다는 수행자를 보호하고

---

30 오대명왕: 밀교의 다섯 분의 명왕. 부동명왕은 대일여래의 화신이며 중앙에 위치한다. 금강야차명왕은 북방에 계시며 불공성취여래의 화신이고, 대위덕명왕은 서방에 계시며 아미타불의 화신이다. 남방에 계신 명왕은 군다리명왕이고 보생여래의 화신이다. 동쪽에 있는 명왕은 항삼세명왕이며 아촉여래의 화신이다.

31 시자: 시중드는 사람이라는 의미이다. 수행자를 지키고 보호해준다는 의미이다.

지켜주는 의미로서 수행자의 거친 옷을 입고, 수행자의 노비로서 시중을 들며, 사마가 접근하면 칼과 포승줄로 제압하는 분이다.

부동명왕은 수행자들의 업장을 멸하며, 외부의 마구니를 끊어내는 강력한 항마의 힘을 지니고 있다. 거친 카르마의 정리와 귀물(鬼物)의 장난을 끊어내는 의미가 있다.

2) 부동명왕 탄트라를 하기 위한 인계와 만트라와 종자

① 부동명왕의 도상

순우(淳祐)의 저서 《요존도장관(要尊道場觀)》에 부동명왕 존격에 대한 이야기가 있다. 19단계의 관법이 있는데, 실제 수행할 때 필요한 부분을 옮겨온다.

- 대일여래의 화신이다.
- 진언 속에 아, 로, 함, 맘의 종자자가 있다.
- 동자형이며, 비만한 체형이다.
- 왼쪽 눈을 감고, 오른쪽 눈을 뜬다.
- 아랫니가 비쭉 나온 형상이다.
- 오른손에 검을 쥐고 왼손에 포승줄을 가진다
- 큰 돌 위에 앉아 있고 신체의 색은 검고 푸르다.

– 온몸에 가루라염[32] 이 있다.

② 부동명왕 인계

부동명왕 근본인: 내박인을 하고 엄지를 세워 모으고 검지를 세워 검처럼 만든다.

부동근본인 앞면

---

32 가루라염: 가루라는 불교에서 말하는 피닉스와 같은 새이다. 거대한 새이며 용을 잡아먹는 새로 알려져 있다. 가루라염은 가루라 날개처럼 화염이 펼쳐져 있다는 것을 뜻한다.

부동근본인 뒷면

부동검인: 오른손의 검지와 중지를 세운 후 왼손의 검지와 중지를
세운 손에다 끼운다.

부동검인을 하는 법

부동검인 앞면

③ 부동명왕 종자

〈함, ham〉

④ 삼매야형: 금강검(金剛劍), 견삭(羂索)

⑤ 부동명왕 진언

부동명왕 일자심(一字心) 진언

나마 사만타 바즈라남 함

namaḥ samanta–vajrāṇāṃ hāṃ

부동명왕 자구주(慈救咒, 자비스럽게 구해주는 주문, 일명 부동명왕 중주라
고도 한다.)

ར༔མཎ རར ༃ ༃ ༃ ༃ ༃ ༃ ར ར ་ ཨ ༃ ༃ ་ ཡ ༃ ར ་ ར ར

나마 사만타 바즈라남 찬다 마하로사나 스파타야 훔 트라트 함 맘

namaḥ samanta-vajrāṇāṃ caṇḍa-mahāroṣaṇa sphoṭaya hūṃ traṭ
hāṃ māṃ

부동명왕 화계주

나마 사르바 다타가케박 사르바 무케박 사르바타 뜨라트 찬다 마하로사
나 캄카히카히 사르바 비그남 훔 뜨라트 함 맘

namaḥ sarvatathāgatebhyaḥ sarvamukhebhyaḥ, sarvathā traṭ
caṇḍa-mahāroṣaṇa khaṃ khāhi khāhi sarvavighanaṃ hūṃ traṭ hāṃ
māṃ

⑥ 삼매야형: 금강검[33](金剛劍), 견삭(羂索)[34]

이상, 존격과 형태와 종자와 인계를 통해 부동명왕에 대한 이해를
해보았다. 실제 수행 차제를 언급한다.

---

33 금강검: 날이 세 개인 삼고금강저에서 가운데 날이 길게 검처럼 뻗은 것을 금강검이라고
한다.

34 견삭: 포승줄을 뜻한다. 밀교에서 쓰는 법구로서의 견삭은 줄의 한끝은 날이 세 개 달린
금강저, 즉 삼고금강저의 반쪽이 있고, 다른 쪽 한끝은 날이 한 개인 독고저가 반쪽
형태로 있는 것이다.

3) 대성부동명왕존실지탄트라 실수법

① 행자는 좌정하여 지권인을 맺고 금태양부 대일여래 진언을 왼다.

옴 아비라 훔 캄 바즈라 다투밤

② 동그란 백색 월륜 안에 범자 '아' 자가 금색으로 떠오르고, 대일여래 진언을 계속 외운다.

③ 인계를 부동명왕 근본인으로 바꾸면서 진언을 부동명왕 화계주 중주로 외운다.

나마 사만타 바즈라남 함

동그란 원형의 월륜은 점차 붉은색으로 바뀌어 간다. 금색의 아 자는 점차로 붉은색 배경으로 녹아들어 가면서 훔 자가 떠오른다. 훔 자의 색은 검은색이나 흑청색이다. 진언을 외우면서 훔 자는 돌로 된 좌대로 바뀌고 좌대에서 함 자가 떠오른다.

〈훔〉　　　　　　〈함〉

④ 이때 다음과 같은 관법을 진행한다. 함 자는 곧 검이 되고, 진언을 외우다 보면 검을 쥔 부동명왕이 떠오른다. 인계는 그대로 부동명왕 근본인이며, 진언은 아래 부동명왕 화계주로 바꾼다.

나마 사르바 다타가케박 사르바 무케박 사르바타 트라뜨 찬다 마하로사
나 캄 카히카히 사르바 비그남 훔 뜨라트 함 맘

⑤ 진언을 외우다 보면 부동근본인을 맺은 나의 손은 검을 들고 있
는 부동명왕임을 직관적으로 알게 되며, 나는 부동명왕임을 알게 된다.
이때 이중의 부동명왕이 현신한다. 내 손 안에 모셔진 작은 부동명왕과
좌정한 내가 곧 부동명왕이라는 인식이 되면 관법이 잘된 것이다.

여기까지가 대성부동명왕존실지탄트라이며, 보통 이 실지탄트라
를 자주 하여 수행으로 삼지만, 더 나아가서 다음 행법도 추가로 진
행할 수 있다.

4) 대성부동명왕존 쿠리가라 대용왕 탄트라

대성부동명왕존실지 탄트라를 진행한 후 쿠리가라 대용왕의 법도
같이할 수 있다. 이 법에 대한 의궤를 말해본다. 쿠리라가 대용왕에 대
한 경전적 근거를 찾아보니 아래와 같다.

사진은 도서 《무동 번뇌를 자르다》의 표지 사진이다. 쿠리가라검의
실제 모습이다. 네 발이 달린 용이 검의 끝을 물고 있는 모습이다.

불설구리가라대용왕승외도복다라니경

쿠리가라 용왕검

이때에 무동명왕이 지혜의 불꽃의 검으로 변했다. 95종의 외도,
그 수장이 지혜로 변하면서 지혜검으로 변했다. 이때에 무동명왕 지
혜화염검이 쿠리가라 대용왕[35]으로 네 다리를 가진 용으로 변화하였
다. 이에 95종의 외도 대표자 마혜수라는 이에 대응하여 역시 지혜
화염검으로 변했다.

---

35 구리가라 용왕: 구리가라 용왕은 다리가 네 개다. 본체는 부동명왕이다. 네 개의 다리는
    곧 항삼세, 군다리, 금강야차, 대위덕명왕을 뜻한다.

> 무동명왕은 4개의 발이 달린 쿠리가라 대용으로 변신하여 입에
> 서 기운이 나오니 2억 개의 우레가 일시에 울리는 듯하여 외도마왕
> 이 악함, 의심, 삿됨, 집착 등을 일시에 놓아버렸다.

경의 원문을 가져왔다. 이 경은 인도 신화의 최고 신인 시바신(여기
에서는 시바신의 다른 이름인 마혜수라로 표현된다.)이 부동명왕과 대적하는
것을 묘사하는 경전이다. 이 경전에서 시바신이 그 당시 인도 사상계
에서 불교를 공격하는 95종의 학설을 잡다하게 풀어놓는데, 무동명왕
이라고 표현되는 부동명왕이 이를 제압하는 모습을 보인다.

95종의 외도의 대표자인 마혜수라가 지혜검으로 변화하여 온갖 자재
한 변설을 늘어놓는 지혜 공격을 감행한다. 이에 격분한 부동명왕은 흑
룡(인도에서는 이 용을 쿠리가라 용이라 한다.)으로 변화하여 검을 네 개의 발
(항삼세명왕, 군다리명왕, 금강야차명왕, 대위덕명왕을 상징함)로 검을 움켜쥐
고 검을 삼키는 모습으로 되어 마혜수라를 굴복시킨다. 용에서 기운을
쏟아내니 2억 개의 우레가 쏟아져나와 삿된 외도의 의심을 끊어버린다.
온갖 자재한 변설로 95종의 외도의 견해를 논설하는 마혜수라를 2
억 개의 우레처럼 엄청난 힘으로 일거에 제압한 무동명왕, 즉 부동명
왕은 지혜의 성취자라는 의미가 있다.

이 경에 다음과 같은 진언이 있다.

NAMO SIDDHI SIDDHI, SU SIDDHI, SIDDHI-KARAYA, KULIKA SAMA SAMA SRI, AJANMA SIDDHI SVAHA

나모 싯디싯디 수싯디 싯디카라야 쿨리카 사마사마 스리 아잔마 싯디 스바하

대성부동명왕존실지 탄트라를 진행하고 인계를 부동검인으로 바꾼다. 이때 아래 후술하는 진언을 외운다. 부동명왕이 쥔 검에 부동명왕이 휘리릭 용으로 변화하여 검 끝을 삼키고 검을 네 개의 발톱으로 움켜쥔다. 나의 손(부동검인을 맺은 손)은 어느덧 부동명왕의 검(부동검인의 형태는 검과 같다.)이며, 나 부동명왕은 불길로 변해 검을 휘감으면서 네 개의 발을 지닌 용이 되어 검 끝을 삼키게 된다.

대성부동명왕존실지 탄트라를 진행하고 다음 진언을 외우면서 나는 쿠리가라 용왕검이 된다.

나모 싯디싯디 수싯디 싯디카라야 쿨리카 사마사마 스리 아잔마 싯디 스바하

애염천궁비밀실지 탄트라

1) 애염명왕 존격에 대한 이해

명왕은 5대 명왕 이외에도 몇 분들이 더 있다. 애염명왕은 범어 라가라자라고 하여 애욕을 깨달음의 경지로 승화한 명왕이다. '애염'이란

〈도쿄박물관 13세기 애염명왕존상〉

오른손에 원래 연화가 있어야 하나 확인되지 않는다.

사물을 탐하고 그것에 집착하여 물드는 것이다. 애염명왕은 그런 애욕과 집착을 그대로 깨달음의 마음으로 경지를 올린 명왕이다.

인간이 지닌 애욕에 대한 탐심(貪心)을 금강살타의 정보리심(淨菩提心)의 경지로 높인 상태를 말하는 것으로 번뇌가 곧 보리이고 인간의 번뇌도 불타의 깨달음의 지혜와 같다는 대승 불교의 사상을 반영한 존격이다. 금강살타의 화현(化現)이며 금강봉루각일체유가유기경(金剛峯樓閣一切瑜伽瑜祇經)에 이분의 존격이 설해져 있다.

존상에 대한 이해를 통해 존격을 살펴본다.

① 활활 타는 일륜을 배경으로 하여 애염삼매에 들어가 지혜의 불로 번뇌를 태워버린다.

② 머리 위에 사자의 관이 있으며, 머리카락을 곤두세우고 화가 머리끝까지 오른 모양이다. 백수의 왕 사자가 으르렁거리면 모든 짐승이 조용해지는 것처럼 일체의 번뇌를 제압하려는 부처의 모습이 사자관으로 표현되는 것이다.

③ 관 위에 삼고금강저[36]가 삐져나온 것은 중생의 본성을 일깨우며 사욕을 버리게 해 올바른 방향으로 이끈다는 것을 의미한다.

④ 눈은 세 개이며, 법신과 반야와 해탈을 의미한다. 몸이 붉게 빛나는 것은 애염명왕의 큰 사랑과 자비가 그 몸에서 쏟아져 나오고 있

36　삼고금강저: 날이 세 개인 금강저인 삼고금강저를 뜻한다.

음을 의미한다.

⑤ 손은 여섯 개이며 육도윤회 중생을 구하는 의미를 지닌다. 좌우의 두 개의 손은 식재, 즉 재앙을 항복한다는 의미를 지닌다. 오른손의 오고금강저는 일체의 악을 끊고, 왼손의 오고금강령은 중생을 바른길로 이끌어 애염명왕의 깨달음으로 도달케 한다는 의미를 지닌다.

두 번째의 손은 왼손은 활, 오른손의 화살이 있는데, 이는 경애[37]를 뜻한다. 왼손의 활과 오른손의 화살(화살)은 두 개로 하나의 기능을 하므로 이 세상 사람들이 서로 협력해서 경애와 화합의 정신을 존중하고 부처의 가르침을 실천하는 보살의 원만한 경지에 이르는 것을 의미한다.

애욕의 상대를 정확히 알아보고 애욕을 일으킴은 마치 화살이 정확히 상대에게 도달하는 것처럼 나의 마음이 상대에게 전달됨과 같다고 하여 활과 화살이 애염명왕을 상징한다. 화살은 쏘면 바로 목표에 도달하므로 애염명왕의 항마나 제재, 결혼 등의 기원 효과가 빨리 나타나는 것을 나타내고 있다.

세 번째의 왼손은 세간과 출세간의 이익을 증장시키는 증익을 뜻한다. 주먹 안에 마니보주를 숨기고 있고, 이것은 중생이 요구하는 모든 보물과 재산을 키우는 것을 의미한다. 세 번째의 오른손은 붉은 연꽃을 들고 있는데, 이는 중생을 해하려는 일체의 마법과 영적인 위해를 붉은색 연꽃으로 지킨다는 것을 의미한다.

---

37 식재와 경애와 증익과 항복: 식재는 재앙을 끊게 함을 뜻한다. 경애는 화합하고 서로 사랑하게 한다는 의미이다. 증익은 세간의 이익과 출세간의 이익을 뜻한다. 항복은 수행에 장애되는 것을 없애는 것을 의미한다.

⑥ 애염명왕이 앉아 있는 빨간 연꽃 대좌는 애염삼매의 명상으로부터 생기는 큰 사랑의 경지를 실현시킨 밀교적인 극락정토를 의미하고 있고, 그 밑에 있는 보병은 경, 율, 론과 같은 불교의 경문을 담을 수 있는 것을 뜻한다. 그 주위에 구슬과 꽃잎이 난무하는 것은 애염명왕의 무한한 복덕을 뜻한다.

2) 부동명왕과의 비교를 통한 애염명왕 존격에 대한 심화된 이해

부동명왕이 수행자를 방해하는 일체의 삿된 마구니의 장난을 끊어 수행의 성취를 도와주는 분이라면, 애염명왕은 수행자 내면의 번뇌를 지혜의 불꽃으로 정화해주는 분이다. 즉 부동명왕의 불길이 항마의 불길이라면, 애염명왕의 불길은 지화(智火)의 불길이기에 내면의 마구니를 끊어내는 역할을 한다.

애염명왕은 인도의 신 카마에서 연유했는데, 인도신 카마는 사랑의 신으로 활과 화살을 들고 다니는 미청년이다. 그리스 신화의 에로스와 비슷하다. 에로스가 사랑의 신이고 활과 화살을 들고 다니는 신으로 묘사되고, 인도의 신 카마와 그 존격과 존상이 같은 것은 아리안족의 신화 체계를 공유하고 있기 때문이다. 인도의 민족은 인도-유럽어족으로 분류되어 동일한 신이 그리스와 북유럽과 인도에서 다른 이름으로 불리는 경우가 많다. 그리스 신화의 에로스가 지닌 활과 화살처럼 애염명왕은 사랑의 화살을 가지고 있어 이 화살로 중생을 제도한다.

애염명왕은 사랑의 신에서 연유했기에 화합을 이끄는 목적으로 탄트라를 행할 수 있다. 뒤에 소개할 연화전 탄트라가 해당이 된다. 그리고 애염명왕은 내면적 번뇌를 불교적으로 승화한 존격이기에 내면의 장애를 끊어내는 탄트라도 행할 수 있다. 애염명왕의 활과 화살은 번뇌를 정확히 조준하여 정화하는 강력한 밀교 수행의 방식이기도 하고 (무기로서의 활), 애정과 화합을 성취하는 사랑의 화살이 되기도 한다.

3) 애염명왕 탄트라를 하기 위한 인계와 만트라와 종자

① 애염명왕의 도상

붉은색의 신체로서 6개의 손이 있다. 험상궂은 인상을 하고 있으며 미간에 제3의 눈이 있고, 머리에는 삼고저 모양의 금강저가 세워져 있고 사자의 모습을 띠는 보관을 쓰고 있다.

첫 번째 오른손에는 오고저, 첫 번째 왼손에는 금강령이 있다.

두 번째 오른손에는 화살, 왼손에는 활이 있다.

세 번째 오른손에는 붉은색 연꽃이고, 왼손은 아무것도 쥐고 있지 않고 주먹을 쥐고 있다.

② 애염명왕 근본인: **외박인을 맺고 엄지, 중지, 새끼손가락을 서로 맞댄다. 검지는 바깥으로 벌린다. 약지는 안으로 말아 넣는다.**

애염명왕근본인

애염명왕근본인 뒷면

③ 애염명왕 진언

애염명왕 근본 진언

옴 마하라가 바즈로 스니사 바즈라사트바 자 훔 밤 호

Om maha raga vajro snisa vajra satva jah hum bam hoh

④ 종자

〈훔, Hum〉

⑤ 삼매야형: 오고금강저

4) 애염천궁 근본인과 만트라

① 애염천궁근본인: 외박인을 기본으로 하고 엄지와 새끼손가락을
세운다. 오른손 검지를 왼손 검지에 대어 활시위를 당기는 형태로 한
다.

애염천궁근본인

② 애염천궁 진언

훔 타키 훔 자

Hum takki hum jah

③ 종자: 타키

④ 삼매야형: 금강시(금강화살)[38], 금강궁

5) 애염천궁실지탄트라의 실수법

① 옴 아비라훔캄 바즈라 다투밤 금태양부대일여래의 진언을 외우

---

38 금강시:화살의 깃털 부분이 날이 세 개인 금강저로 되어 있는 화살

면서 인계를 지권인을 맺는다.

② 백색 월륜 안에 훔 자가 떠오르고 그 색은 빨간색이다. 백색 월륜은 전반적으로 빨간색으로 물들어간다. 애염명왕근본주를 외운다. 이때 인계도 애염명왕근본인을 맺는다.

옴 마하라가 바즈로 스니사 바즈라사트바 자 훔 밤 호

③ 빨간색 훔 자는 빨간색 단지로 변하면서 나는 그 단지임을 알게 된다.

④ 내 머리 위의 정수리에 연꽃이 피어나고, 이는 애염명왕이 앉아 계시는 연꽃 좌대가 된다. 그 연꽃에서 빨간색 훔 자가 떠오른다.

⑤ 그 훔 자는 금색의 오고금강저가 되며 진언을 외우다가 어느덧 오고금강저를 쥔 애염명왕이 좌대 위에 앉아 계심을 알게 된다. 이때 배경은 흰색 월륜이 아닌 붉은색의 일륜[39]이 된다.

– 애염명왕근본주를 외우면서 애염명왕의 구체적 모습을 관한다. 계속 진언 삼매에 들어가다가 애염명왕의 신체 내부 척추에서 빨간색 감로가 척추를 타고 꼬리뼈로 타고 내려와 단지인 나의 정수리에서 점차로 나의 척추를 타고 내려오게 된다.

– 나의 꼬리뼈 아래로 더러운 부정한 것들이 빨간색 감로를 타고 나오면서 소멸됨을 관한다.

---

39 일륜(日輪): 해를 뜻함

일반적인 수행은 여기까지이며 특별한 처리를 하기 위해서는 아래와 같이 간략히 진행하기도 한다.

6) 애염천궁연화전 탄트라, 애염천궁근본번뇌장조복 탄트라

① 옴 아비라훔캄 바즈라 다투밤 금태양부대일여래의 진언을 외우면서 인계를 지권인을 맺는다.

② 백색 월륜 안에 훔 자가 떠오르고 그 색은 빨간색이다. 백색 월륜은 전반적으로 빨간색으로 물들어간다. 애염명왕근본주를 외운다. 이때 인계도 애염명왕근본인을 맺는다.

옴 마하라가 바즈로 스니사 바즈라사트바 자 훔 밤 호

③ 빨간색 훔 자는 빨간색 단지로 변하고 그 단지 위에 연꽃 좌대가 피어나고 연꽃에서 빨간색 훔 자가 떠오른다.

④ 그 훔 자는 금색의 오고금강저가 되며 어느덧 오고금강저를 쥔 애염명왕이 좌대 위에 앉아 계심을 알게 된다. 이때 배경은 흰색 월륜이 아닌 붉은색의 일륜이 된다.

⑤ 애염명왕근본주를 외우면서 애염명왕의 구체적 모습을 관한다.

⑥ 나는 애염명왕임을 알게 된다.

⑦ 애염명왕의 구체적 모습을 충분히 관한 후 아래 진언과 인계로 바꾼다.

애염천궁근본인

훔 타키 훔 자

⑧ 훔 타키 훔 자를 외우면서 인계를 풀고 기운이 응집되면서 내 손에 연화화살[40]이 맺히면서 활을 쏘는 시늉을 한다.

⑨ 활의 과녁은 사랑하는 이나 화합이 필요한 모임이나 서로 화목하게 살 가족임을 관하고 활을 쏜다.

⑩ 이것이 경애, 즉 존경과 사랑을 얻게 하는 탄트라인 애염천궁연화전 탄트라이다.

이상이 애염천궁연화전 탄트라이다. 아래부터는 일체의 내적 마장을 끊어버리는 애염천궁근본번뇌장조복 탄트라을 적는다. 근본 번뇌장을 향해 애염명왕의 화살을 쏘아 지화(智火)의 맹염으로 일체의 악을 태운다. 애염천궁근본인을 맺고 '훔 타키 훔 자'를 외우는 것까지는 같다.

⑪ 훔 타키 훔 자를 외우면서 인계를 풀고 기운이 손에 맺히면서 금강의 화살이 손에 구현된다. 애염명왕은 근본번뇌장을 향해 무적의 금강화살을 쏘는 시늉을 한다. 처리 받는 자의 영적 심장을 상상하고, 영적 코어에 서려 있는 카르마를 검은색 기운이나 어두운 기운, 혹은 벌레 등으로 관하고 근본번뇌장을 향해 금강화살을 쏜다.

---

40 연화전: 화살촉 반대의 끝 부분, 즉 깃털이 있어야 할 부분이 연꽃으로 된 화살을 일컫는다.

⑫ 이것이 내면의 번뇌장을 조복받는 애염천궁근본번뇌장 탄트라이다.

항삼세명왕 탄트라

항삼세명왕 일본 헤이안 시대

항삼세명왕은 삼계의 승리자라는 의미이다. 범어로 트라이로키야비자야(Trailokyavijaya)이다. 정확히는 삼천 세계의 지배자 시바를 이긴 자로 해석된다. 후기 밀교의 십분노존으로는 슘바 라자라고도 한다. 그 성립은 고대 인도 신화에 등장하는 슘바(Śumbha), 니슘바(Niśumbha)라는 아수라의 형제와 연관이 있으며, 밀교 확립과 함께 불교에 포섭된 불존이다. 후기 밀교에서는 바즈라훔카라(Vajrahūmkāra)보살이라고도 한다.

항삼세명왕의 진언을 보면 슘바와 니슘바라는 단어가 나오는데, 이 둘은 인도 신화에서 아수라 신족에 해당되는 신들이다. 원래 이 신들은 인도 신화에서 강력한 무훈을 자랑하다가 두르가 여신과 두르가 여신의 분노 형태인 칼리 여신에게 대패한 신들이다. 밀교가 인도에서 힌두교와 경쟁하면서 힌두의 신들을 이기고자 하여 힌두의 신들에게 대립한 슘바, 니슘바 형제의 존격을 가져와 오히려 힌두 신들을 패배시킨 의미를 항삼세명왕의 불격에 부여한 것이다.

불전(佛典)에서는 부처의 가르침을 따르지 않는 신들의 왕인 대자재천(大自在天, Maheśvara, 시바 신)과 그의 부인 오마비(烏摩妃, Uma를 말함, 파르바티라고도 함)를 조복시키고자 금강수보살이 항삼세명왕으로 화하여 이 둘을 짓밟아 죽인 다음 소생시켰다고 되어 있다.

항삼세명왕은 4면 8비의 모습이며 피부는 검고 포악한 인상을 하고 있다. 앞의 양손은 항삼세인을 결인한다. 오른손은 오고저를 들고 있고 다음 손에는 화살과 검을 들고 있다. 왼손은 오고령을 들고 있고, 다음 손에는 활과 견삭을 들고 있다. 4개의 얼굴은 모두 분노해 있다. 대자재천과 그의 오마비를 밟고 있는데, 대자재천은 번뇌장을 오마비는 소지장을 뜻하여 불과를 성취하기 위한 마지막 장애 요소를 짓밟는 것을 의미한다. 번뇌장은 능동적인 번뇌이기에 가라앉히고 타파하면 되는 것이나 소지장은 수동적인 번뇌장이고 번뇌장을 일으키는 배경과도 같은 것이기에 오히려 깨기 어렵다고 하나, 항삼세명왕은 이 소지장과 번뇌장을 둘 다 깨는 존격이다.

항삼세명왕은 아촉여래의 분노존이다.

① 항삼세명왕 인계: 가슴 앞에서 양손의 새끼손가락을 서로 감아 교차하고, 검지를 세운다. 엄지와 중지는 고리 모양을 취한다.

항삼세명왕인

② 항삼세명왕 종자

〈훔, Hum〉

③ 항삼세명왕 진언

옴 숨바 니숨바 훔 바즈라 훔 파트

oṃ sumbha nisumbha hūṃ vajra hūṃ phaṭ

④ 관법

(1) 금태양부대일여래 관법에서 월륜에 아 자가 떠오르고 아 자가 월륜에 서서히 녹아든다.

(2) 월륜이 붉게 물들어가면서 불길이 일어난다. 불길이 맹염으로 보이면서 서서히 배경이 어두워지면서 검은색의 불길로 물들어간다.

(3) 흑색의 훔 자가 떠오르고, 이 흑색의 훔 자가 금강저가 된다. 금강저를 쥔 항삼세명왕이 현시한다. 항삼세명왕의 모습을 천천히 관한다. 양손의 새끼손가락을 감은 항삼세인을 관하고 손에 쥐고 있는 지물들을 천천히 관하면서 머리 4개가 모두 분노한 형태로 있음을 관한다. 앞의 양손은 항삼세인을 결인한다. 오른손은 오고저를 들고 있고 다음 손에는 화살과 검을 들고 있다. 왼손은 오고령을 들고 있고, 다음

손에는 활과 견삭을 들고 있다.

(4) 항삼세명왕의 시선으로 아래를 보니 비천한 모습의 남자와 비천한 모습의 여자가 내 발 밑에 깔려 있음을 본다.

(5) 이때 내가 맺은 인이 어둠 속에서 맹렬히 타오르는 불길 속에서 하얀색으로 빛나는 항삼세명왕의 송곳니임을 알아챈다.

(6) 내 안의 바르지 못한 견해와 내 안의 바르지 못한 일체의 것들을 제압한 위대한 승리자로서의 항삼세명왕이 곧 나 자신임을 안다.

군다리명왕 탄트라

군다리명왕은 오대 명왕존에서 남방에 위치하며 보생여래의 화신이다. 태장계 만다라에서는 군다리명왕으로 금강계 만다라에서는 감로군다리보살, 금강군다리보살, 연화군다리보살로 일컬어진다. 이를 삼부군다리라고도 하며, 군다리명왕은 감로군다리보살에 해당된다. 이분의 산스크리트 이름은 아므르타-쿤달리니이기 때문에 감로와 쿤달리니가 이 명왕의 중요한 속성인 것이다. 이분은 역병을 몰고 오는 비나야가천(인도 시바신의 아들. 가네샤)을 조복시키는 존격으로 밀교에서는 해석된다.

쿤달리니라는 단어가 왜 이 명왕의 이름이 되었는지를 고찰하면 힌두의 샥티 숭배와 연관이 있음을 알 수 있다. 힌두교의 샥티 숭배가 인도 사상계에서 부상하자 샥티 에너지를 불교적으로 해석하여 감로로

군다리명왕 일본 헤이안 시대

이해한 것이다.

군다리명왕은 피부가 청색이고 두 눈은 적색이며, 위 이빨로 아랫입술을 깨물어 대분노의 상을 짓는다. 8개의 손을 가지고 있고 양손으로 결인을 맺되 이 손에는 뱀들이 꼬여 있다. 다른 팔에는 무기나 도끼를 갖고 뱀을 양팔과 다리에 휘감고 있는 모습이다.

오른손 맨 위의 손은 금강저를 잡고, 오른손 두 번째 손은 삼차극을 잡는다. 세 번째 손은 왼손 세 번째 손과 결인한다. 네 번째 오른손은 아래로 내려뜨려 밖을 향해 내보이는 시무외인을 한다. 왼쪽 맨 위의 손은 금색 법륜을 들고 있고, 왼손 두 번째 손은 검지를 세우고 나머지 손가락은 안으로 넣고 밖을 향한다. 네 번째 왼손도 검지를 세우고 나머지 손가락은 안으로 하나 몸쪽으로 검지를 향한다.

군다리명왕은 힌두 시바신의 아들 가네샤를 밟고 있다. 항삼세명왕은 힌두 시바신과 그의 부인인 파르바티(우마)를 밟고 있는데, 이러한 의미들은 힌두 신들이 갖는 불교 심상적 의미에서의 정신적 장애 요소를 뜻한다. 시바신은 번뇌장으로 이해되나 엄밀히 말하면 번뇌로 얼룩진 자성청정심인 아뢰야식 그 자체를 의미하며, 파르바티는 물결치는 번뇌장이 일어나는 그 배경 자체인 소지장을 의미한다.

군다리명왕이 밟고 있는 가네샤는 8식인 아뢰야식보다 한 단계 아래인 의식 에너지장인 7식 말라야식을 의미한다. 아치(我痴), 아견(我見), 아만(我慢), 아애(我愛)의 4번뇌이다. 아치는 무명(無明)을 의미하며,

무아의 이치에 대해 미혹하게 하는 마음 작용이며, 아견은 내 소견에 집착하여 바른 법으로 나가지 못하게 하는 작용이며, 아만은 내 소견이 절대적이고 변동이 없다고 믿는 마음이며, 아애는 이러한 작용들에 대해 탐착을 일으키는 것이다.

군다리명왕이 감고 있는 뱀은 강렬한 성적 에너지이자 물질 에너지인 샥티를 제압하고 지배하는 승리자의 모습이자 집착심과 독기를 품은 뱀을 완전히 굴복시켜 아착(我着)으로 상징되는 뱀을 법에 대한 집착인 법착(法着)으로 바꾼 승리자의 모습인 것이다.

① 군다리명왕 인계: 대진인(大瞋印)이라 하며 엄지와 새끼손가락을 고리로 하고 양손을 교차한 형태이다.

군다리명왕인

② 군다리명왕 종자

〈트라흐, Trah〉

③ 군다리명왕 진언

군다리명왕삼매야진언

나모 라트나 트라야야 나마스크칸다 마하바즈라크로다야 훔 후루후루
디스타 디스타 반다 반다 하나 하나 아므르테 훔 파트 스바하

Namo ratna trayāya namaścanda mahāvajrakrodhāya oṃ hulu hulu
tiṣṭha tiṣṭha bandha bandha hana hana amṛte hūṃ phaṭ svāhā)

감로군다리 진언

옴 아므르테 훔 파트

Om amṛte hūṃ phaṭ

금강군다리 진언

옴 키리키리 바즈라 훔 파트

Oṃ khili khili vajra hūṃ phaṭ

④ 관법

(1) 지권인을 맺고 금태양부대일여래 관법을 행한다. 월륜에 아 자가 떠오르고 아 자가 월륜에 서서히 녹아든다.

(2) 월륜이 붉게 물들어가면서 불길이 일어난다. 불길이 맹염으로 보이면서 서서히 배경이 어두워지면서 검은색의 불길로 물들어간다. 군다리명왕인을 맺고 군다리명왕 진언을 외운다.

(3) 청흑색의 트라흐가 떠오르고, 이 청흑색의 트라흐가 금강저가 된다. 금강저를 쥔 군다리명왕이 현시한다. 군다리명왕의 모습을 천천히 관한다. 양손에 인계를 맺으면서 양손을 교차하여 가슴에 둔 군다리명왕인을 맺으신 군다리명왕을 관하고 손에 쥐고 있는 지물들을 천천히 관한다. 오른손 맨 위의 손은 금강저를 잡고, 오른손 두 번째 손은 삼차극을 잡는다. 세 번째 손은 왼손 세 번째 손과 결인한다. 네 번째 오른손은 아래로 내려뜨려 밖을 향해 내보이는 시무외인을 한다. 왼쪽 맨 위의 손은 금색 법륜을 들고 있고, 왼손 두 번째 손은 검지를 세우고 나머지 손가락은 안으로 넣고 밖을 향한다. 네 번째 왼손도 검지를 세우고 나머지 손가락은 안으로 하나 몸쪽으로 검지를 향한다.

(4) 군다리명왕의 시선으로 아래를 보니 코끼리 머리를 한 가네샤가 내 발밑에 깔려 있음을 본다.

(5) 이때 내가 맺은 인이 어둠 속에서 빛나는 군다리명왕의 양 눈임을 알아챈다.

(6) 아착과 아만과 아집과 아애와 아치를 굴복시킨 위대한 승리자로서의 군다리명왕이 곧 나 자신임을 안다.

대위덕명왕 탄트라

일본 東寺 대위덕명왕

대위덕명왕은 아미타불의 분노존이다. 대위덕명왕의 범명은 야만타카로 알려져 있는데, 밀교에 관심이 있는 분들은 티베트 밀교의 야만타카로 익숙하지 오히려 대위덕명왕은 생소할 것이다. 그러나 범명은 원래 야만타카이며, 이분은 한자로 음역하여 경전에 따라서는 염만덕가(焰曼德迦)로도 언급되기는 하다. 밀호로는 위덕금강이다.

범명의 야만타카는 '죽음의 신 야마를 꺾은 자'라는 의미이다. 이 존격의 다른 이름은 바즈라바이라바(금강포외, 金剛怖畏)이기도 하며, 마히사삼바라(물소를 눌러버린 자)라로도 한다.

시바신의 가장 흉포한 모습을 바즈라바이라바로 표현한 것이다. 마히사삼바라는 두르가 여신과 싸운 물소 모습을 띤 아수라신이다. 죽음의 승리자라는 의미, 악마를 무찌른 가장 흉포한 자라는 의미를 가진 이름들이다.

삼매야형은 곤봉이며, 종자는 아미타불의 종자인 흐릭이다. 이분의 본체는 아미타불이며, 교화하는 보살로서는 문수보살이며, 분노한 형태는 대위덕명왕이다. 티베트 설화에서는 문수보살만 언급되나 밀교에서는 자성륜신, 정법륜신, 교령륜신으로 불보살을 구분하기에 이분은 자성륜신인 아미타불을 본체로 하며, 교화하는 모습으로는 문수보살, 분노의 모습으로 제도할 때 야만타카인 것이다.

도상의 모습으로는 6개의 분노한 얼굴에 6개의 손에 각각의 지물을 들고 있다. 물소를 타고 있는 모습이다. 6개의 분노한 얼굴은 육도(지옥계, 아귀계, 축생계, 아수라계, 인간계, 천상계)를 의미하며, 6개의 무기는 법을 수호한다. 일본 쪽의 전승에는 6개의 다리가 있는데, 6바라밀을 행하여 정진하는 것을 의미한다.

티베트에서는 이 존격이 매우 중요시된다. 달라이라마가 속한 겔룩파에서는 무상요가 탄트라부에서 '바즈라바이라바'로서 그 행법들이 전해지며, 십분노존 중에 최상의 존재로 이해된다. 닝마파에서도 마하요가 성취부에 포함된다. 겔룩파의 종조인 쫑카파 스님의 이담(수호본존)이기 때문에 야만타가를 특히 중요시한다.

티베트 밀교의 전승에서는 이분의 모습은 주로 검푸른 피부에 물소가 분노한 형태의 얼굴이며, 9개의 얼굴, 34개의 팔, 16개의 다리로 칼트리도, 두개골잔, 범천의 머리, 꼬챙이에 꿰어진 사람을 들고 있다.

본서에서는 중기 밀교의 흐름을 따라 야만타카의 모습을 따라 설명한다. 대위덕명왕은 환희천과 용을 굴복시키는 존격이다. 4개의 팔로는 검, 봉, 금강저, 삼차극을 쥐고 있으며, 양손으로는 대위덕명왕인을 맺는다.

이 존격의 의미는 물소로 상징하는 우매함을 정복하고, 죽음의 신을 이긴 자라는 이름처럼, 존재의 가장 깊은 내면에 있는 죽음에 대한 공포를 이긴 자를 뜻한다. 죽은 자의 세계인 극락세계의 교주인 아미타불의 교령륜신이라는 의미를 생각하면, 죽음에 대한 공포를 이긴 승리자로서의 대위덕명왕, 야만타카의 의미를 이해하기 쉬울 것이다. 어찌 보면 극락세계로 넘어갈 수 있는 것은 죽음에 대한 무의식적 공포와 대면해야 넘어갈 수 있다는 의미일 것이다.

① 대위덕명왕 인계: 오른손 엄지와 약지(네 번째 손가락)를 고리로 만들고, 왼손 엄지와 약지를 고리로 만들어 합한다. 새끼손가락은 안으로 밀어 넣고, 검지를 밖으로 향한다. 오추사마명왕인과 비슷하나 검지가 바깥으로 뿔처럼 뻗쳐 있다.

대위덕명왕인

② 대위덕명왕 종자

〈흐릭, Hrih〉

③ 대위덕명왕 진언

옴 스트릭 칼라루파 훔 캄 스바하

oṃ ṣṭrīḥ kāla rūpa hūṃ khāṃ svāhā

④ 관법

(1) 지권인을 맺고 금태양부대일여래 관법을 행한다. 월륜에 아 자가 떠오르고 아 자가 월륜에 서서히 녹아든다.

(2) 월륜이 붉게 물들어가면서 불길이 일어난다. 불길이 맹염으로 보이면서 서서히 배경이 어두워지면서 검은색의 불길로 물들어간다. 인계를 대위덕명왕인을 맺고 대위덕명왕 진언을 외운다.

(3) 청흑색의 흐릭이 떠오르고, 이 청흑색의 트라흐가 금강봉이 된다. 금강봉을 쥔 대위덕명왕이 현시한다. 대위덕명왕의 모습을 천천히 관한다. 대위덕명왕인을 맺으신 대위덕명왕을 관하고 손에 쥐고 있는 지물들을 천천히 관한다. 맨 위 첫째 오른손은 금강검, 두 번째 오른손은 금강봉, 세 번째 손은 인계를 맺는 손이다. 맨 위 첫째 왼손은 삼차극, 두 번째 왼손은 금강저를 세 번째 왼손은 인계를 맺는다.

(4) 물소를 타고 있는 분노한 대위덕명왕을 관한다.

(5) 이때 내가 맺은 인이 대위덕명왕이 타고 있는 물소의 뿔임을 알아챈다.

(6) 물소가 상징하는 우매함, 죽음에 대한 무지, 무지로 인한 공포를 눌러 정복한 대위덕명왕이 곧 나 자신임을 안다.

금강야차명왕 탄트라

금강야차명왕 일본 헤이안 시대

금강야차명왕은 만다라 내에서 북방에 위치한 불공 성취불의 분노 존이다. 범어로는 바즈라약사(vajrayakṣa)이다. 밀호로는 조복금강, 호법금강이라고 한다. 인간을 잡아먹는 악귀 야차가 불교에 귀의하여 수행자를 방해하는 일체의 악마를 잡아먹는 금강의 야차가 된 것이다. 이러한 의미로서 일체의 부정함을 먹어 치우는 오추사마명왕으로도 이해되기도 한다.

오대명왕의 공능에 대해서는 후술하는 '명왕부 탄트라에 대한 심도 있는 이해'에서 상세히 언급할 것이나 먼저 귀(鬼), 요(妖), 마(魔)에 대한 이해가 필요할 것 같아 이 장에서 언급한다.

인간의 기몸(에너지로 이루어진 신체)은 여러 층이 있다. 에테르체, 아스트랄체, 멘탈체로 나누어본다. 에테르체는 인간의 육체 바로 위 단계의 기몸(氣體)이고, 아스트랄체는 흔히 말하는 영적인 세계라고 일컬어지는 주파수이며, 에테르체보다 약간 상위의 기몸이다. 멘탈체는 영적 설계가 내장된 기몸이며 멘탈체는 영적 DNA라고 이해하면 된다.

처리에 있어서 에테르체의 마물은 인간의 육신에 기생하는 영적인 존재, 동양의 분류에서는 요괴에 해당된다.

아스트랄체의 마물은 인간의 영적체에 기생하는 영적 존재, 동양의 분류에서는 귀물(鬼物)에 해당된다.

멘탈체의 마물은 인간의 정신 체계의 오류에 기생하는 영적 존재, 동양의 분류에서는 천마(天魔)이며 좌공부에서 말하는 청잡(清雜)이기도 한다. 빛으로 된 마귀이다.

여래의 자비방편은 수조에 손을 넣어 물고기를 건지는 것과 같다. 위층의 맑은 물에 사는 물고기와 물 중간에 사는 물고기를 잡는 것은 불보살이 능히 가능한 것이나 최하층 진흙탕의 벌레들을 건지는 것은 불보살의 자비문으로는 중생의 근기가 억세어 제도가 힘들다. 그리하여 분노한 모습으로 그들의 수준에 맞게 제도하게 되는데, 물질계 최하층으로 더 손을 뻗을 필요가 있어 오추사마명왕이나 금강야차명왕이 출현한 것이다.

좀 더 아래로 아래로 내려가 물질계의 최하층까지 내려가 제도하려는 의지가 표현된 분이라고 보면 된다.

금강야차명왕의 모습은 몸은 청흑색으로 삼면육비(三面六臂)이고 중앙의 얼굴은 다섯 개의 눈을 지닌다. 양 눈에 두 개의 눈들이 있어 겹눈으로 보면 되고, 미간에 나머지 하나가 있다.

오른손의 첫째는 오고저, 두 번째 손은 칼, 세 번째 손은 화살을 쥐고 있다. 왼손의 첫째는 오고령, 두 번째 손은 바퀴, 세 번째 손은 활을 쥐고 있다. 오른발을 딛고 있고, 왼발을 들고 있어 다이나믹한 느낌을 준다. 이때 양발에는 연화대가 각각 있다.

① 금강야차명왕 인계: 양손을 외박의 형태로 깍지를 낀 다음 양손 새끼손가락만 풀어 고리 형태로 닿지 않게 구부린다.

금강야차명왕인

② 금강야차명왕 종자

〈훔, Hum〉

③ 금강야차명왕 진언

금강야차명왕 소주

옴 바즈라 약사 훔

oṃ vajra–yakṣa hūṃ

금강야차명왕 대주

옴 마하약사 바즈라사트바 자 훔 밤 호 프라베사야 훔

oṃ mahā-yakṣa vajra-sattva jaḥ hūṃ vaṃ hoḥ praveṣaya hūṃ

④ 관법

(1) 지권인을 맺고 금태양부대일여래 관법을 행한다. 월륜에 아 자가 떠오르고 아 자가 월륜에 서서히 녹아든다.

(2) 월륜이 붉게 물들어가면서 불길이 일어난다. 불길이 맹염으로 보이면서 서서히 배경이 어두워지면서 검은색의 불길로 물들어간다. 인계를 금강야차명왕인을 맺고 금강야차명왕 대주를 외운다.

(3) 청흑색의 훔이 떠오르고, 이 청흑색의 훔이 오고저가 된다. 오고저를 쥔 금강야차명왕이 현시한다. 금강야차명왕의 모습을 천천히 관한다. 각 손에 있는 지물들을 또렷히 관하고 발 아래에 쌍연화대가 있음을 안다. 오른손의 첫째는 오고저, 두 번째 손은 칼, 세 번째 손은 화살을 쥐고 있다. 왼손의 첫째는 오고령, 두 번째 손은 바퀴, 세 번째 손은 활을 쥐고 있다. 오른발을 딛고 있고, 왼발을 들고 있어 다이내믹한 느낌을 준다. 이때 양발에는 연화대가 각각 있다.

(4) 일체의 원적을 굴복시키고 악마들을 제압하는 역동적인 금강야차의 모습을 관한다.

오추사마명왕 탄트라

오추사마명왕 일본 가마쿠라 시대

오추사마명왕은 고대 인도의 화신(火神) 아그니가 불교에 포섭된 명왕이라고 보면 된다. 범어로는 우추스마(ucchuṣma)이다. 불로서 만물이 청정해진다는 고대 인도의 제례적 관념이 보이는 명왕이다. 일체의 부정함을 태워버린다는 의미가 강한 존격이라서 다음과 같은 설화가 전해진다.

석존께서 열반하려고 하실 때 수많은 대중이 참석하였으나 대자재천은 스스로 삼계의 주라 칭하여 교만한 마음을 내어 가지 않으려고 하였다. 대자재천(시바신의 불교식 이름)은 성자들은 부정한 것들을 싫어하니 부정한 상징물들을 걸어놓아 부정결계(不淨結界)를 치면 석가모니 부처가 보낸 성자와 명왕들이 오지 못할 것이라 여겼다. 부동명왕은 오추사마명왕으로 변화하여 이 부정결계를 먹어치우고 대자재천을 끌고 왔다. 대자재천은 오추사마명왕의 힘에 감복하여 석존께 귀의했다는 내용이 전해진다.

오추사마명왕은 일면육비, 삼면팔비의 상이 있으나 본서에서는 얼굴이 하나, 손은 여섯 개로서 설명한다. 극히 분노한 상이라 머리카락이 불꽃이 위로 올라가는 것처럼 쭈뼛하게 서 있으며, 여섯 개의 손에는 다음과 같은 지물이 있다.

첫 오른손에는 금강봉, 두 번째 오른손에는 용색(용이 꼬아진 밧줄), 세 번째 오른손은 삼고금강저, 첫 왼손은 여원인, 두 번째 왼손은 염주, 세 번째 왼손은 윤보를 들고 있다. 용색은 용으로 된 밧줄인데, 형태는 용이 고리 모양으로 되어 있다.

① 오추사마명왕 인계: 오른손 엄지와 오른손 검지를 맞대고, 왼손과 왼손 검지를 맞대고 양손을 합한다. 이때 새끼손가락은 집어넣어 오른손과 왼손에서 만든 고리 안에 넣는다.

오추사마명왕인

② 오추사마명왕 종자

〈훔, Hum〉

③ 진언

해예진언 1 – 해예라 함은 부정함을 없앤다는 뜻

옴 수리마리 마마리 마리 수수리 스바하

oṃ śrimali mamali mali śuśri svāhā

해예진언 2

옴 크로다 훔 자

oṃ krodhana hūṃ jaḥ

④ 관법

(1) 지권인을 맺고 금태양부대일여래 관법을 행한다. 월륜에 아 자가 떠오르고 아 자가 월륜에 서서히 녹아든다.

(2) 월륜이 붉게 물들어가면서 불길이 일어난다. 불길이 맹염으로 보이면서 서서히 배경이 어두워지면서 검은색의 불길로 물들어간다. 오추사마명왕인을 맺고, 옴 수리마리 마마리 마리 수수리 스바하를 외운다.

(3) 청흑색의 훔 자가 떠오르고, 이 청흑색의 훔 자가 법륜이 된다. 금강저를 쥔 오추사마명왕이 현시한다. 오추사마명왕의 모습을 천천히 관한다. 손에 쥐고 있는 지물들을 천천히 관한다. 첫 오른손에는 금강봉, 두 번째 오른손에는 용색(용이 꼬아진 밧줄), 세 번째 오른손은 삼고금강저, 첫 왼손은 여원인, 두 번째 왼손은 염주, 세 번째 왼손은 윤보를 들고 있다. 용색은 용으로 된 밧줄인데, 형태는 용이 고리 모양으

로 되어 있다.

(4) 해예 진언 옴 크로다 훔 자로 진언을 바꾸고 관상에 집중한다.

(5) 오추사마명왕이 들고 있는 법륜은 흑청색이로되 화염으로 뒤덮어 일체의 어둠과 더러움을 멸하는 법륜임을 안다.

(6) 이 법륜은 모든 것은 필멸하며 또한 순환된다는 12연기법을 의미하여, 일체의 부정을 법의 수레바퀴에 의해 정화된다는 것을 의미한다.

마두명왕 탄트라

마두명왕(馬頭明王)의 범명은 하야그리바(Hayagriva)이다. 한자 문화권에서는 음역하여 하야게리바(何耶揭梨婆)라고도 하며, 큰 힘을 가진 명왕이라는 의미로 대력지명왕(大力持明王)이라고도 한다.

인도에서의 하야그리바에 대한 숭배는 기원전 2천 년 전부터 있어 왔다고 한다. 말이 가진 힘과 스피드에 대한 숭앙이 신앙으로 이어진 것이다. 비슈누신의 화신으로 숭배되며 순수한 지식과 지혜를 상징한다. 힌두적 전통에서는 분노한 하야그리바는 없으며 온화한 모습으로 숭배된다. 힌두적 전승에 의하면 마두-카이타브하(Madhu-Kaitabha)라는 악마가 브라흐마로부터 베다 경전을 훔쳐 갔고, 비슈누신이 말의 모습으로 변화하여 악마를 무찌르고 경전들을 가져왔다고 한다.

마두명왕은 마두관음이 밀교적으로 발전된 형태이고, 존격에 대해

힌두교의 하야그리바에 대한 성화(聖畵)

깊은 이해를 얻으려면 마두관음에 대해 알아야 한다. 마두관음(馬頭觀音)의 밀호는 신질금강(迅疾金剛)이다. '빨리 낫게 하는 금강보살'이란 뜻으로 중생을 속히 구제한다는 의미를 담고 있다. 관세음보살은 중생 구제에 대한 서원이 깊은 분이라 그 교화가 육도 중생에 두루 미치고 있다. 천수경에 보면 관세음보살의 활약이 육도에 미치고 있음을 몇몇 문구를 통해 알 수 있다.

아약향도산 도산자최절 (我若向刀山 刀山自催折) 내가 칼산으로 가면 칼산이 무너지며

아약향화탕 화탕자소멸 (我若向火湯 火湯自消滅) 내가 불구덩이로 가면 불구덩이가 소멸되며

아약향지옥 지옥자고갈 (我若向地獄 地獄自枯渴) 내가 지옥으로 가면

지옥이 없어지며

아약향아귀 아귀자포만 (我若向餓鬼 餓鬼自飽滿) 내가 아귀도로 가면 아귀가 배부르며

아약향수라 악심자조복 (我若向修羅 惡心自調伏) 내가 수라도에 가면 악심이 수그러들며

아약향축생 자득대지혜 (我若向畜生 自得大智慧) 내가 축생도에 가면 지혜를 얻을 것이다.

축생도까지 미치는 관세음보살의 서원이 구체화된 모습이 마두관음이며, 축생도를 담당하는 역할 때문에 마두명왕의 공능은 축생도와 관련이 있다. 마두관음은 태장계 만다라의 관음원에 위치해 있다. 관음원에 위치해 있으나 이분은 분노한 형상인데, 이는 손톱만큼의 번뇌를 허용하지 않겠다는 강렬한 자비심의 발현이며, 억센 중생을 교화하기 위해 짐짓 분노한 모습을 취하고 있는 것이다.

마두명왕은 마두관음이 명왕으로 화하여 더욱 강력한 형태로 중생제도에 임하는 모습이며, 본체가 관세음보살이기에 관세음보살이 자성신(自性身)[41] 이라고도 표현한다. 마두명왕은 티베트 불교의 전승과 일본 밀교에서 묘사하는 모습이 조금씩 다른데, 공통된 점은 머리 위의 보관에 말머리가 있다는 점이다.

---

41 관세음보살을 자성신으로 한다는 것의 의미: 관세음보살의 서원을 중심된 마음으로 한다는 뜻이다.

동양 쪽에서 전해지는 중기 밀교의 흐름에서는 이분에 대해 다음과 같이 묘사한다.

적색의 몸체에 세 개의 얼굴을 하고 있으며 8개의 손을 가지고 있다. 양손은 마두명왕인을 하고 있고, 오른손은 창, 검, 금강부(도끼)를 잡고 있으며 왼손은 금강봉, 법륜, 염주를 들고 있다. 그 얼굴의 개수와 손의 개수는 경전마다 조금씩 다르다.

얼굴이 세 개, 팔이 8개인 모습은 '대성묘길상보살비밀팔자다라니수행만다라차제의궤법'에서 전해지며, 얼굴이 4개 팔이 8개의 모습은 '성하야흘리박대위노왕립성대신험공양념송의궤법품'에서 전해진다.

일본 밀교의 마두명왕상

본서에서는 티베트의 전승을 따르도록 한다. 머리는 세 개이며 머리
마다 눈이 세 개가 있다. 중앙의 머리 위에는 녹색의 말머리가 세 개가
있다. 팔은 여섯 개이며, 오른쪽 손에는 검, 창, 여원인을 맺고 왼손에
는 금강봉, 염주, 여원인을 맺는다.(티베트의 전승에서도 여러 개의 모습이
있는바 일면이비, 삼면팔비 등의 모습이 있다.)

티베트의 삼면육비의 마두명왕

① 마두명왕 인계: 양손의 검지와 약지를 맞대어 오므리고, 엄지와 중지와 새끼손가락을 세운다.

마두명왕인

② 성관음의 종자

〈사〉

③ 종자

마두명왕 종자

〈함, ham〉

④ 마두명왕 진언

옴 아므르토드바하 훔 파트 스바하

Om amrtodbhava hum phat svaha

나마 사만타붓다남 카다야반자 스퐈타야 스바하

namaḥ samantabuddhānāṃ khādaya bhañja sphoṭaya svāhā

나마 사만타붓다남 카다야반자 스퐈타야 스바하

⑤ 관법

(1) 지권인을 맺고 금태양부대일여래 관법을 행한다. 월륜에 아 자가 떠오르고 아 자가 월륜에 서서히 녹아든다.

(2) 월륜 안에 서서히 성관음의 종자 '사'가 떠오른다. 마두명왕의 본체는 관세음보살이기 때문에 관세음보살의 종자 '사'가 떠오르는 것이다. 이 월륜 안의 '사'가 흰빛을 흩뿌리며 빛남을 관하다가 글자가 변화하여 흰 백색의 관세음보살이 됨을 관한다.

(3) 관세음보살의 모습을 관하다가 관세음보살의 심장에 들어가게

되는데, 이때 글자 '함'이 불길 속에 있음을 본다. '함' 자 주변에 불길이 돌고 있으며 이 함 자가 삼각형 속의 곤봉임을 알게 된다. 마두명왕인을 맺고 '옴 아므르토드바하 훔 파트 스바하'를 외운다.

(4) 곤봉을 쥔 마두명왕이 현시하게 되며, 이분의 머리부터 발끝까지 관하되, 머리에는 말머리 형상이 세 개가 있음을 알게 된다.

(5) 손은 여섯 개로되, 오른손 첫 번째는 창, 두 번째는 금강검, 세 번째는 여원인, 왼손 첫 번째는 금강봉, 두 번째는 염주, 세 번째는 여원인을 맺는다.

(6) 마두명왕이 춤을 추며, 역동적으로 움직이면서 불길을 흩뿌리고 일체의 번뇌초가 타서 없어짐을 관한다.

양두애염명왕 탄트라 - 지화(智火)와 항마(降魔)의 불꽃 제도

1) 양두애염명왕의 존격에 대한 이해

애염명왕은 금강정경류의 경전 《금강봉루각일체유가유기경》에 나오는 분이시고, 부동명왕은 대일경에 나오는 태장계 밀법에서 나오는 분이다. 역사적으로 금강계 밀법과 태장계 밀법은 서로 다른 곳에서 연원한다고 적은 바 있다.[42]

그러나 중국에서 두 가지 밀법이 상존하는 기회가 있었고, 이때 양

---

42 본서 '밀교의 법맥 - 밀법의 두 가지 흐름'에 언급되어 있다.

양두애염명왕, 부동명왕과 애염명왕의 합체불

대 밀법을 배우신 고승들이 각각의 체계를 서로 반대되는 것으로 이해함으로써, 통합적 체계를 이루게 된다. 애염명왕은 근본적 번뇌장을 정화하기에 지혜의 불꽃을 상징하며, 부동명왕은 수행자가 수행하게 하는 것을 방해하는 일체 어둠의 장난을 제압하고 멸하는 항마의 불꽃을 뜻한다. 이 두 분의 합체불이 양두애염명왕이다.

본서에서는 양두애염명왕의 존격의 힘을 빌어 지화(智火)의 화염(火焰)과 항마(降魔)의 맹염(猛炎)으로 일체의 악을 끊고 근본번뇌장을 정화하는 양두애염명왕의 법술을 공개한다.

애염명왕근본인

애염명왕 종자

애염명왕 삼매야형

애염명왕 진언

애염천궁 진언

부동명왕근본인

부동명왕 종자

부동명왕 삼매야형

부동명왕 일자심진언 및 화계주

위 진언과 인계와 삼매야형은 앞서 소개한 것들이다. 각각의 수행이 원만히 이루어진 이후 탄트라를 행한다.

2) 양두애염명왕 탄트라 실수법

종이에 신체 모양을 그리고 각각에 작은 티 캔들을 놓는다. 색깔은 흰색이 좋다. 행자(行者)는 부동명왕 탄트라를 하면서 부동명왕님을 현신시킨다. 이후 바로 애염명왕 탄트라를 하면서 애염명왕을 현신시킨다. 불을 붙일 수 있는 도구, 즉 가스라이터와 같은 것으로 불을 붙인다.

티 캔들 하나씩 불을 붙이되 애염명왕천궁 진언[43]과 부동명왕 일자심 진언[44] 중 하나씩 자연스럽게 흘러나오는 진언을 외우면서 불을 붙인다.

부동명왕일자심 진언: 나마 사만타 바즈라남 함

애염명왕천궁 진언: 훔 타키 훔 자

불을 붙이면서 진언을 외우고, 일체의 어둠 내면에 있는 어둠과 바깥에서 방해하는 어둠들 모두를 불로서 제도한다는 마음으로 불을 붙인다.

불이 붙고 나서 행자는 불을 꺼야 하는데, 이때 그냥 끄면 안 된다. 불 자체가 법화(法火)이기에 법에 합당한 방법으로 법답게 꺼야 한다. 작은 탑이 있으면 보탑[45]으로 끈다.

---

43 애염명왕천궁진언: 애염명왕 탄트라에서 소개한 짧은 진언이다. '훔 타키 훔 자'

44 부동명왕중주: 부동명왕 탄트라에서 소개한 짧은 진언이다. '나마 사만타 바즈라남 함'

45 보탑: 귀한 보배로 장식한 탑을 지칭하는 것으로 작은 크기의 공예품이다. 보탑은 불교 용품점에서 살 수 있으나 이 의식에 쓰인 탑은 지인이 불교 체험 행사에서 탑 색칠하기에 참여하면서 얻은 것이다.

아니면 유리그릇에다 무량수여래근본다라니를 외우면서 감로를 받아 감로를 받은 유리그릇 아랫면으로 불을 끌 수 있다.

명왕부 탄트라에 대한 심도 있는 이해

대위덕명왕 탄트라에서 간단히 언급했지만, 부처의 권화를 입어 중생을 향해 자비심으로 활동하는 이를 보살이라 한다. 부처를 자성륜신(自性輪身)이라 표현하며, 여래의 자성심을 본체로 하여 자비심으로 활동하는 이를 보살이라 하며 정법륜신(正法輪身)이라 한다. 그러나 중생심이 갈수록 포악해지고 억세짐에 따라 단순히 방편과 지혜로만 제도하기 힘든 중생을 불도에 들게 하기 위해 불보살은 교령륜신(敎令輪身)인 명왕으로서 활동하게 된다.

다섯 분의 부처님들은 아래의 보살과 명왕으로 화하여 활동한다.

자성륜신(여래)	정법륜신(보살)	교령륜신(명왕)
대일여래(중앙)	반야보살	부동명왕
아촉여래(동쪽)	금강살타보살	항삼세명왕
보생여래(남방)	금강장왕보살	군다리보살
아미타여래(서쪽)	문수보살	대위덕명왕
불공성취여래(북쪽)	금강아보살	금강야차보살

명왕들은 오대명왕뿐 아니라 다양한 명왕들이 계시는데, 이러한 다종 다양의 불보살과 명왕들이 출현하는 것은 중생의 번뇌심이 그 끝을 모르고 다양해지기에 그 방편 역시 다양해질 필요가 있어 불보살들의 존격이 다양해지는 것이다. 앞서 언급한 명왕들의 공능에 대해 적어본다.

부동명왕 – 일체의 귀물를 항복하는 힘, 번뇌심을 조복한다.

항삼세명왕 – 바르지 못한 견해, 외도의 견해를 조복한다. 미세하게 틀어진 인식을 조복한다. 천마(天魔)에 대한 강한 항마력이 있다. 8식 아뢰야식의 근본 번뇌인 소지장을 정복한다.

군다리명왕 – 법에 대한 집착, 옳음에 대한 집착, 나에 대한 집착, 법이 아닌 것에 대한 혐오를 조복한다. 집착심이 강한 원귀, 성적 집착심으로 뭉친 귀물에 대해 강한 항마력이 있다. 7식 말라야식의 아착을 정복한다.

대위덕명왕 – 죽음에 대한 두려움을 항복시킨다. 죽음에 대한 공포로 인해 영생에 대한 집착이 생기며, 영생을 추구하는 오래 산 천마, 영생을 추구하는 마물, 영생을 원해 오래도록 수행한 수행자에 기생하는 천마에 대해 강한 항마력이 있다.

금강야차명왕 – 일체의 부정함을 먹어치우는 항마력이 있다. 다른 명왕님들도 부정함에 대해 강한 항마력이 있지만, 너무 부정하여 부정함 자체를 결계로 삼는 마구니들의 부정 결계조차도 탐식하는 분으로서 오추사마명왕과도 존격이 같다. 물질계에 물질과 결합된 마구니들인 '요괴', 에테르체에 기생하는 영적 벌레들에 강한 항마력이 있다.

이상 오대명왕의 공능(功能)에 대해 적어보았다. 애염명왕과 공작명왕의 공능에 대해서도 적어본다.

애염명왕 – 애욕에 의해 더럽혀진 마음을 승화함, 그 외의 여러 소원들을 애염천궁으로서 신속히 성취시켜주는 공능을 가짐. 외적 번뇌가 아닌 내적 번뇌의 '추구하려는 마음'을 정화하여 추구 '하려는' 마음, 즉 인위적인 의도성을 정화하여 흐름으로서의 마음을 내게 한다.

공작명왕 – 부정한 마물들이 기어나오게 하여 공작명왕의 공작이 먹어치우게 하는 공능이 있다. 육체, 영적 신체, 마음의 체에 기생하는 요(妖), 귀(鬼), 마(魔), 심마(心魔), 미세한 청잡(淸雜)을 정화하는 데 탁월한 힘이 있다.

마두명왕 – 의식이 동물적 의식에 머무르는 사람에게 동물적 오온들을 해탈시켜 의식을 순일하게 한다. 동물과 관련된 주술의 결박을 푼다. 번뇌의 뿌리까지 짓이기는 힘이 있어 다른 명왕의 힘과 같이 쓰면 좋다. 오래된 나쁜 습관, 뿌리가 깊은 업장을 정화하는데 마두명왕의 공능이 효과가 있다.

〈천부〉

대암야천비밀성취 탄트라

1) 대흑천 존격에 대한 이해

대흑천을 대암야천이라고 무동은 부른다. 이 천(天)은 시바신을 본
체로 한다. 인도의 최고신 시바신은 불교에 포섭되어 다양한 천(天)에
포섭되고, 다양한 불보살의 격으로 변형된다. 명왕으로는 부동명왕의
이름 아차라나타(Acalanātha)는 시바신의 이명(異名)이며, 밀교의 천부
로 이사나천, 대자재천, 대흑천으로 분류된다.

부동명왕, 대자재천, 대흑천, 이사나천은 동일한 신격을 원형으로
하지만, 이를 파악함에 있어서 공성(空性)에 기반으로 이해해야 한다.
모든 신은 공성에서 출현하기에 부동명왕은 대일여래의 화신이지만
부동명왕의 존격은 인도 고래의 시바신에서 유래한 것이다. 기존 종교
와 사상에서 개념을 가져오지만 이에 밀교적 의미 부여를 통해 밀교의
신이 된 것이다.

대흑천은 재복신(財福神)으로서, 그리고 전투에 백전불패한다는 전

마하칼라

투신으로서 모셔진다. 대흑천 공양법은 경쟁에서 이기는 법, 특히 사업 경쟁에서 이기거나 경쟁이 치열한 취직이나 시험에서 이기는 법으로도 활용되며, 재물을 얻게 해주는 법으로도 사용된다.

불보살과 관련된 탄트라는 수행자의 수행심을 기반으로 하여 이뤄진다. 그러나 천부(天部)와 관련된 탄트라는 존격에 대한 심화 된 이해와 공성에 대한 이해와 상징이 의탁될 수 있는 공양물이 더 필요하기에 훨씬 까다롭게 접근해야 한다.

천부는 이 질서계에 속한 세계이다. 삼계(三界)의 질서를 운영하고 관리하는 관리자들이기에 적합한 법식에 맞춰서 탄트라를 해야 한다. 예를 들면 지장보살과 관련된 설화에서 염라대왕이 죄업이 많은 중생을 지옥에 가라고 판결을 내리려고 하는 찰나, 지장보살이 이 중생은 지장보살을 한번 외웠던 적이 있었으니 죄를 감해달라고 요청을 하는 장면이 있다. 그러면 염라대왕은 성현께서 요청하시는 것이니 당연히 참고하겠다고 하면서 지옥에 떨어질 중생을 천도(天道)나 인간계로 태어나게 하는 장면이 나온다. 염라대왕이 실질적 업무를 주관하는 회장님이라면, 지장보살은 사외 이사나 명예 회장님과도 같은 분이다. 불보살님들은 중생 구제의 서원을 세워 수행자가 힘이 들고 지치면 성불로 가는 길에 힘들어 쓰러지지 않도록 사탕을 하나씩 주면서 성불로의 길로 이끄는 분들이다. 천부는 삼계(三界)의 관리자들이기 때문에 공무원들에게 적합한 양식을 갖춰 민원 접수를 하듯, 이분들께는 적합한 의식을 행해야 이분들이 응하게 되어 있다. 게다가 공양물이 합당하지 않을 경우, 자신의 기운이 의식을 행하면서 깎여지면서 충당되기 때문에 천부와 관련된 탄트라는 조심스럽게 접근해야 한다.

다음은 카페 금강연화원에 올린 대흑천에 대한 글이다. 대흑천에 대한 심도 있는 이해를 얻을 수 있다.

2) 대흑천 이야기

탄트라 발굴을 쉽게 하는 편이긴 하다. 존상의 형태, 종자, 인계와 진언 등의 발굴은 쉬운 편이나 존격의 의미가 분명해야 한다.

기본적인 정보는 인터넷 검색을 조금만 해보면 금방 나오나 존격이 밀교 내에서 어떤 의미를 지니는지, 경전적 근거가 어디에서 비롯되는지, 힌두의 신이 밀교 내로 포섭되면서 불보살들과 어떤 관계를 맺는지에 대한 의미가 선명해져야 본격적으로 탄트라를 할 수 있다.

인터넷으로 떠돌아다니는 탄트라 작법이 구체적으로 어떤 경전에서 비롯되었는지 존격의 의미를 내밀하게 파악해야 행법을 착수할 수 있다.

어둠의 의미…

빛과 반대되는 어둠, 사악하다고 여겨지는 어둠은 서구에서 비롯된 이원론적 사상에서 비롯된 것이다.

밤은 고요함이며, 만물이 휴식하는 침묵의 시간이다. 끝없이 펼쳐진 어둠은 만물을 포용하고 이 우주의 확장적 성격을 끝없는 포용으로 감싸 안아 끝없이 확장하는 빛을 내재화시킨다. 수렴이 없이 확장되면 엔트로피의 증가 때문에 만물은 붕괴한다.

생명 역시 어둠 속에서 휴식하며 밝은 아침에 눈을 떠 활동을 하듯, 어둠은 탄생을 위한 휴식이다.

검은색은 죽음, 사악함, 빛의 부재로 여겨지기도 하고, 실제로 밀교 행법에서 검은색은 분노의 힘을 뜻하기도 하지만, 가장 깊이 들어간 원형적 의미는 빛이 탄생하기 전의 원초적 어둠, 즉 카오스를 뜻하기도 한다.

만물은 소멸을 향해 달려간다는 의미로 시간을 이해하면 시간은 만물을 흩트려놓는 것으로 이해되고, 마하칼라의 파괴적 성격은 시간의 지배자라는 의미로 해석된다.

마하칼라의 파괴적 성격=죽음을 향해 달려가는 시간의 속성=그러나 활동을 위한 휴식, 그리고 생명 탄생으로 이어지는 죽음=모든 색을 덮어버리는 검은색의 파괴적 힘과 모든 생명에게 활동성을 부여하는 지극히 현묘한 어둠의 의미.

대흑천이라고 불리고, 암야천이라고도 불리는 마하칼라 존격의 어둠, 그리고 검은색의 의미이다.

무동금강이 탄트라 발굴에서 가장 공들여서 찾는 것은 경전적 근거이다. 대일경소와 대공작명왕경이 경전적 근거였다.

타라보살에 대한 언급은 티베트 밀교 내에서 수도 없이 언급되나 경전적 근거가 없으면 탄트라의 의미는 무동금강에게는 크지 않다. 다행히 타라보살에 대한 내용이 어떤 텍스트로 불교 내에서 있는지 찾았기에 타라보살에 대한 탄트라 작법을 발굴하는 것이 급격히 이루어진 것이다.

대일경소에 나오는 대흑천에 대한 내용을 요약해본다. '다길니천'이는 티베트 밀교에서 말하는 '다키니'를 뜻한다. 이 다키니는 사람을 잡아먹는 귀신이었기에 대일여래께서는 대흑천인 마하칼라에게 명하여 다키니를 제압하라고 하였다. 대흑천은 다키니에게 말하기를 "너는 사람을 잡아먹으니 내가 너를 잡아먹어야겠다."라고 말하니 다키니는 겁에 질려 항복하였다. 이후 다키니는 사람이나 일체의 고기를 먹지 못하였다.

내용이 재미있다. '너도 당해봐라.'라는 것인데, 이것만큼 가장 효과적인 중생을 깨우치는 방법은 없을 듯하다. 대흑천은 시바의 변화신인데, 티베트 밀교에서는 대흑천을 관세음보살의 분노존이라고 부르고 있다. 대공작명왕경에는 대흑천은 전투신이라는 문구가 있다.

일반 행자들은 존격에 대한 심화된 이해를 얻지 못한 상태에서 탄트라를 수행하고 있다.

대흑천이 왜 관세음보살의 분노존인가? 그것은 관세음보살보문품에서 관세음보살이 대자재천으로 몸을 변화하여 중생을 제도한다고 되어 있기 때문이다. 대자재천은 곧 시바이며, 이 시바신은 대흑천이다.

3) 대암야천 탄트라를 하기 위한 인계와 만트라와 종자

① 대암야천 도상

시바신을 밀교의 마하칼라를 본체로 하기 때문에 시바신과 외양이 거의 같다. 미간에 제3의 눈이 있으며, 신체의 색깔은 흑색, 손은 4개 혹은 6개가 있다. 각 손마다 존격의 권능을 상징하는 지물(持物)이 있다. 삼차극이라고 하는 날이 세 개로 갈라진 삼지창이 삼매야형이며, 그 외의 지물로는 봉, 차크라(바퀴), 밧줄(견색이라고 한다.), 해골잔, 염주 등이 있다.

② 대흑천 인계: 내박인을 기본으로 하되 약지와 새끼손가락을 펼치는 모양으로 한다.

대흑천인

대흑천인 뒷면

③ 종자

〈마, Ma〉

④ 대암야천 진언

옴 마하 칼라야 스바하

oṃ mahā kālāya svāhā

⑤ 삼매야형:삼지창

4) 암야대흑천 비밀 탄트라

대흑천의 가피를 받아 사업의 성취 및 경쟁적 상황에서의 승리를 목적으로 한다. 경쟁적 상황이라 함은 학업의 결과, 혹은 면접의 결과로서 취업이나 승진을 해야 하는 상황을 뜻한다. 대흑천의 전투신으로서의 성격이 반영된 것이다. 또한, 사업의 번영을 위해서도 이 탄트라를 행할 수 있다.

이 탄트라는 대흑천의 지물들을 상징하는 물건들을 공양함으로써 이루어진다. 대흑천의 본신(本身)을 뜻하는 흑미(黑米)를 비롯한 몇 가지의 아래와 같은 공양물이 필요하다.

삼지창 – 흑미 – 조복(항복 받음)

차크라 – 적미 – 순환

밧줄 – 녹미 – 끌어들임

검– 백미 – 고결한 승리

해골 잔 – 적미 – 쟁취로 인한 승리

염주 – 금향미(노란색 쌀)– 재화 산출

위 공양물들은 전부 흰쌀에 색을 입혀야 한다. 흑미는 백미에 먹을 정성스럽게 갈아 먹으로 색을 입혀야 하고, 나머지 쌀들은 전부 물감으로 색을 입히면 된다. 검을 상징하는 백미의 경우에도 하얀색 물감으로 물들이고, 금향미의 경우에도 노란색 물감으로 물들이면 된다.

암야대흑천 비밀 탄트라를 진행하기 위한 매뉴얼을 아래에 후술한다. 사회자가 필요하고, 진행하면서 각자 공양을 올릴 분들이 쌀을 공양하고, 탄트라를 운용하는 사람은 마지막에 쌀을 한 곳에 섞어서 조금씩 가피물로 드리고 탄트라는 종료한다.

암야대흑천비밀 탄트라 중에는 탄트라를 진행하는 사람은 말을 하지 않아야 한다. 천부의 신과 응하는 과정에서 말을 하게 되면 그 말이 미치는 파장이 있기 때문에, 말을 하지 않아야 한다. 사회자가 탄트라 진행의 보조자로서 말을 하여 공양하시는 분들이 공양하는데 미숙함이 없도록 도와주어야 한다. 아래는 암야대흑천 비밀 탄트라의 구체적 진행 상황이다. 참고하시면 된다. 천부의 존격들은 질서계 상위의 신들이기 때문에 공양에 있어 철저히 임해야 한다. 공양물 없는 존격과 관련된 행법이 불가한 것이다.

사회자: 각 선생님은 좌정하십시오.

대일여래 진언가행을 한다.
진언가행 중에 월륜에 아 자가 떠오르고 아 자가 월륜 안에 녹아내린다.

- 1 지권인을 맺고 금태양부 대일여래 진언을 외운다.
- 2 나는 월륜이로되 이 월륜 안에 금색의 아 자가 월륜 안에서 점차 녹아내린다.

인계를 대암야천 인계로 바꾸고 대암야천 진언을 외운다. 흑색의 종자 '마'가 월륜 안에 떠오른다.

옴 마하칼라야 스바하

종자는 진언을 외우면서 점차 삼지창으로 변화하고, 계속 진언을 외우면서 나는 어느덧 흑색의 몸을 띄고 있고, 눈은 세 개인 대흑천이 되어 삼지창을 쥐고 있는 모습이 된다. 처리자는 사회자에게 눈빛을 주어 사회자가 다음 단계로 진행하게끔 표시한다. 이제 사회자는 아래와 같이 말하면서 공양을 드리게끔 말한다.

사회자: 법체로 쓸 공양이 있겠습니다.

묵향미 – 흑색 보신 삼지창을 공양하실 ○○ 선생님 먼저 공양하세요.
적향미 – 적색 보신 차크라를 공양하실 ○○ 선생님 공양하세요.
녹향미 – 녹색 보신 견색을 공양하실 ○○ 선생님 공양하세요.
백향미 – 백색 보신 검을 공양하실 ○○ 선생님 공양하세요.
적향미 – 적색 보신 해골 잔을 공양하실 ○○ 선생님 공양하세요.

금향미 – 금색 보신 해골 염주를 공양하실 ○ ○ 선생님 공양하세요.

공양을 올리는 분들이 공양을 하나씩 드릴 때마다 대흑천의 모습이
점차 선명히 보인다. 손에 공양을 올릴 때마다 지물이 생기고, 처리자
는 웃음을 머금은 표정으로 흡족하게 공양물을 받는다.

결인은 계속 유지한 채 진언을 계속 외우면, 다음과 같은 이미지가
보일 수 있다.

처리 중 제3의 눈은 우주를 담은 것으로 보인다. 또한, 공양이 마지
막으로 끝나게 되면 대흑천이 팔을 휘두르면서 춤을 추고 있다. 이 모
습이 '춤추는 시바'인 나타라쟈의 모습으로 보인다.

나타라자

암야대흑천 삼매가 진행되고, 처리자는 사회자에게 눈빛을 주고 사회자는 아래와 같이 말한다.

사회자: 삼보디카야(sambodhi kaya)[46]를 봉안한 법체를 드리는 순서입니다.

○○ 선생님, ○○ 선생님, ○○ 선생님, ○○ 선생님, ○○ 선생님, ○○ 선생님 오세요.

처리자는 암야대흑천으로 화신한 채 쌀을 섞은 공양물을 가피물로 드리고 물러가라고 눈짓한다.

처리자는 정수리, 이마, 목, 가슴, 배에 각각 팔엽연화인을 맺은 채 연꽃이 흩날리며 인계를 풀면서 기운을 흩뜨리고 암야대흑천에서 평상인으로 돌아온다.

귀자모천 탄트라

1) 귀자모천 존격에 대한 이해

귀자모(鬼子母)는 '잡보장경', '불설귀자모경', '대야차여환희모병애자성취법'과 같은 불경에서 언급되는 천신이다. 법화경에서는 귀자모신

---

46 삼보디카야: 삼매의 삼보디와 체를 뜻하는 카야를 결합한 단어이다. 삼매의 몸이라는
    의미이다.

| 인도 간다라 하리티상 | 일본 시가현 온조우지(園城寺), 13세기 |

과 나찰녀들이 법화경을 수호하기로 맹세를 하는 장면이 나오는 것으로 유명하다.

귀자모의 범명은 'Hārītī'로 하리제, 하리저, 가리제모와 같은 음으로 한역되기도 한다. 하리티는 인도의 악신(惡神)으로 아이들을 해치거나 병들게 하는 신으로 알려졌다. 하리티의 남편은 판치카(Pāñcika)[47]로 야차 들의 우두머리이다. 판치카는 쿠베라(Kubera)라고도 부르는데, 쿠베라 혹은 판치카라고 부르는 이 존재는 야차들의 왕, 나찰의 왕

---

47 인도의 악귀

이라고도 부른다. 고대 인도의 신들은 불교적 의미가 부여되어 불교를 지키는 호법신으로 수용되었는데, 쿠베라 혹은 판치카라는 존재는 세계의 북방을 지키는 다문천(多聞天, 毘沙門天)[48] 으로 변용된다. 하리티는 야차의 왕인 쿠베라의 부인이고, 하리티 자체는 악귀로서 두려움의 대상이었다.

악귀인 하리티가 왜 불교에서는 아이들의 보호와 양육의 신으로 인식되었을까? '근본설일체유부비나야잡사'와 같은 다수의 불교 경전에서는 다음과 같이 말한다.

부처님이 왕사성에 계실 때, 귀자모라는 여인이 500명이나 되는 수많은 자식을 낳아 기르면서 다른 이들의 아이들을 납치하여 잡아먹기를 즐겼다. 왕사성에는 없어져 버린 아이로 인해 부모들의 울음이 끊이지 않았다. 이에 부처님은 귀자모가 가장 아끼는 500명째 막내 아이를 데려와 감추라고 지시하였다. 귀자모는 자신의 아이를 찾고자 실성한 사람처럼 왕사성 내를 헤매며 찾아다녔으나 자신의 막내 아이를 찾을 수 없었다. 그때 누군가 부처님은 모든 것을 알고 있다는 말을 하여 귀자모는 석가모니를 뵙고자 하였다.

---

48 다문천: 비사문천은 지국천, 증장천, 광목천과 함께 사천왕으로 불리는 무신(武神)으로 수미산의 북쪽을 담당한다. 비사문천이라는 한자명은 산스크리트어 이름인 바이슈라바나(Vaiśravaṇa)를 음역한 것으로, 의미를 풀이하면 '바이슈라바스 신의 아들'이 된다. 그러나 동시에 '잘 듣는 자'라는 의미로도 해석할 수 있어 이를 의역한 한역명이 곧 다문천이다.

"일체지자이시여, 당신은 제 아이가 어디인지 알고 계시는지요?"

석가모니는 아래와 같이 대답한다.

"그대는 오백이나 되는 자식을 가지고 있는데, 그중 한 명만 사라졌다고 하여 왜 이리 고통스러워 하는 것이냐?"

귀자모는 석가모니의 대답에 "비록 499명의 자식이 있다 한들 자식을 사랑하는 마음이 어찌 더하고 덜하고가 있을 수 있겠습니까? 그 아이는 가장 어리니 무슨 변고가 있으면 어쩌란 말입니까?"라고 항의한다.

이에 석가모니 부처님은 "그대가 한 명의 자식을 잃어버려 그 마음이 찢어지게 아플진대, 그대로 인해 자식들을 잃어버린 수많은 부모의 마음도 그와 같지 않겠느냐?"라고 하여 귀자모의 마음을 돌려놓는다. 이에 귀자모는 자신의 죄업을 참회하자 석가모니 부처님께서는 그녀의 500번째 아이를 돌려주며 과일 하나를 주었다.

"다시 인육의 맛이 그리워지면 이 과일을 드시오. 그대의 목마름을 풀어줄 것이오."

불전(佛典)에서는 이 과일을 길상과(吉祥果)라고 부르고, 실제 과일로서는 석류라고 한다. 석류는 핏빛 알갱이가 있어 인육을 좋아하는 귀자모는 한 손에 길상과를 들고 있다. 탄트라를 진행할 때는 석류 대신 용과를 사용하기도 한다. 용과의 붉은 형태는 핏빛을 상징하고, 안의 하얀 속살은 인육을 뜻하기에 대신 쓰기도 한다.

불법에 귀의한 이후 귀자모천은 어린이를 지켜주고, 산모의 순산을 도와주며, 양육을 도와주는 선신으로 거듭난다.

귀자모천 탄트라를 비롯한 천부(天部, deva)의 존재들은 비록 불법에 귀의한 선신이라도 적법한 인계와 진언, 관상 그리고 기운을 실질적으로 운용하는 데 필요한 '기운의 대체물'인 공양물까지 완전히 구비해야 안전하다.

귀자모천 탄트라는 원래 야차로부터 유래하기에 비사문천(귀자모의 남편인 쿠베라는 야차의 왕이다.) 의궤로부터 탄트라를 시작해야 한다. 비사문천 관련 수행을 한 이후에 귀자모천이 현신하면서 점차 공양물을 받고 기운을 갖추어간다.

2) 귀자모천 탄트라를 하기 위한 인계와 만트라와 종자

① 비사문천의 도상: 탑을 들고 있는 장수형의 모습이다. 사찰의 사천왕문을 지나면서 험상궂게 생긴 장수들이 있는데, 그중에서 다문천왕의 모습이다. 보탑을 들고 있으며 긴 삼지창을 들고 있는 형태이다.

② 비사문천 인계: 내박인을 기본으로 하고 엄지와 검지를 세운다. 중지는 양 끝을 모은다.

비사문천 인계

③ 비사문천 종자

〈바이, Vai〉

비사문천 삼매야형: 보탑

④ 비사문천 진언

나마 사만타붓다남 바이스라반나야 스바하

namah samante-buddhanam vaisravanaya svaha

(귀의합니다. 부처님, 바이슈라바나의 아들이여, 귀의합니다.)

나마 사만타붓다남 약사스바라 스바하

namah samanta-buddhanam yaksesvara svaha

(귀의합니다. 부처님, 야차의 주여, 귀의합니다.)

　귀자모천 인계: 왼손의 엄지를 제외한 나머지 4개의 손가락을 세우고 오른손으로 감싸 안은 모양을 취한다.

귀자모천 인계

⑤ 귀자모천 종자

〈훔, Hum〉

⑥ 귀자모천 진언

옴 두두마리 하리테 스바하

om dudumali harite svaha

⑦ 귀자모천 삼매야형: 길상과[49]

⑧ 귀자모천 탄트라

진언가행을 하는 사람은 말을 하지 않고 진언과 인계와 관법에 집중해야 한다. 사회자의 진행하에서 아래의 매뉴얼대로 차례대로 진행한다. 공양물을 드리는 사람들은 진언가행을 하는 사람에게 마치 귀자모신이 앞에 있는 것처럼 공양물을 공손히 드린다. 공양물을 드리는 것은 천부의 신들은 자신들이 현신하는 것에 기운이 필요하기 때문이며, 이 기운의 대체물로서 공양물이 필요하기 때문이다. 사회자가 말하는

---

49 길상과: 석류를 뜻한다. 귀자모천 탄트라를 할 때는 석류 혹은 용과를 사용한다.

부분은 굵게 표시했다.

사회자: 귀자모천법을 시행합니다. 모두 좌정해주십시오.

대일여래 진언가행을 한다.

진언가행 중에 월륜에 아 자가 떠오르고 아 자가 월륜 안에 녹아내린다.

- 1 지권인을 맺고 금태양부 대일여래 진언을 외운다.
- 2 나는 월륜이로되 이 월륜 안에 금색의 아 자가 월륜 안에서 점차 녹아내린다.

비사문천의 종자가 월륜 안에 떠오르며 월륜의 비사문천 종자가 보탑으로 변화한다.

나마 사만타 붓다남 바이스라반나야 스바하

namaḥ samanta-buddhānāṃ vaiśravaṇāya svāhā

위의 진언을 외우며 인계를 비사문천 인계로 바꾼다.

사회자: ○○ 선생님 보탑을 공양해주십시오.

나마 사만타 붓다남 약샤스바라 스바하

namaḥ samanta-buddhānāṃ yakṣeśvara svāhā

(위 진언은 '귀명합니다. 일체의 제불님께. 야차의 주여 귀의합니다.'라는 뜻이
다.)

보탑을 들고 있는 비사문천이 현신한다. 비사문천은 점차 희미해지
면서 붉은색의 월륜 안으로 녹아간다. 이때 인계를 귀자모천 인계로
바꾸면서 귀자모천 진언을 외운다.

옴 두두마리 하리테 스바하

oṃ dudumāli hārite svāhā

사회자: 각 선생님들은 공양을 준비하십시오.

○○ 선생님은 안락과 (安樂果)

○○ 선생님은 건이과 (健理果)

○○ 선생님은 심주과 (心主果)

○○ 선생님은 화안과 (和顏果)

○○ 선생님은 안산과 (安産果)

○○ 선생님은 생아과 (生兒果)

○○ 선생님은 수복과 (壽福果)

○○ 선생님은 화락과 (和樂果)를 공양하십시오.

공양물을 드렸으면 다시 좌정하십시오.

공양을 하는 사람들은 용과 혹은 석류를 가행을 하는 분 앞에 순서대로 놓으면서 앞에 앉는다. 공양물을 받은 귀자모천은 기쁜 얼굴을 하며 귀자모천 진언을 외운다.

옴 두두마리 하리테 스바하

끝났다는 눈빛 신호를 받은 사회자는 가피물을 받아가라는 말을 한다.

사회자: 각 선생님들은 가피물을 받아가십시오.

처리자는 귀자모천으로 화신한 채 공양물을 가피물로 드리고, 물러가라고 눈짓한다. 처리자는 정수리, 이마, 목, 가슴, 배에 각각 팔엽연화인을 맺은 채, 연꽃이 흩날리며 인계를 풀면서 기운을 흩뜨리고 귀자모천에서 평상인으로 돌아온다.

이상 귀자모천 탄트라를 적어보았다. 귀자모천 탄트라의 과정을 보면 공양하시는 분들이 특정한 이름을 붙인 과일을 귀자모천 앞에다 공양을 올리게 되는데, 이 이름들은 각자에게 필요한 이름을 짓는다. 안락과는 마음이 편안하기에 즐겁다는 의미이고, 건이과는 건강하다는 의미이고, 심주과는 나쁜 길에 빠지지 않게 마음의 중심을 세워 내가 내 마음의 주인이 된다는 의미이고, 화안과는 서로 얼굴을 볼 때 화평

하다는 의미이기에 가정이 화목하다는 것을 뜻한다. 안산과는 임산부
가 출산을 안전하게 한다는 의미이기에 임산부가 공양하게 된다. 생아
과는 자녀가 없는 가정에 자녀를 낳게 해달라는 기원이 담긴 것이고,
수복과는 자녀가 건강히 오래 살기를 바라는 마음이며, 화락과는 서로
화평하여 즐겁게 산다는 의미이다.

귀자모천은 이러한 의미의 과일을 받으면서 얼굴은 미소가 가득하
고 가피물을 내릴 때는 특정한 물건, 예를 들어 구슬과 같은 것을 하나
씩 주게 된다.

마리지천 탄트라

마리지천(摩利支天)은 범명 마리치(Marici)가 불교적으로 수용된 천신
이다. 고대 인도인들은 일광(日光) 자체를 신앙화하였다. 태양 빛은 형
상을 볼 수 없고, 잡을 수도 없기 때문에 마리지천은 은형(隱形)의 본존
으로 숭앙된다. 적에게 보이지 않기에 무사들이 전쟁에 앞서 호신법으
로 이분께 공양했다고 한다.

마리지천은 멧돼지 등에 타는 천신이다. 마리지천의 얼굴은 세 개인
데 그중 하나는 멧돼지의 얼굴이다. 이 신이 멧돼지와 연관이 있는 것
은 멧돼지의 신속성에 있다. 멧돼지는 재빠른 동물이며 이러한 모습이
태양이 동쪽에서 뜨고 중천에 걸려 있고, 서쪽으로 지는 일련의 과정
을 연상하면 된다. 세월이 빨리 지나간다는 의미를 내포한다.

멧돼지는 1마리 혹은 7마리의 형태도 있는바, 7마리의 숫자는 인도의 태양신 수리야가 일곱 마리의 말을 타는 것과도 연관이 있다.

마리지천의 모습은 1면 2비의 보살형이나 3면 6비나 3면 8비의 형태도 있다. 여성의 모습이 대부분이나 간혹 남성의 모습도 있다.

마리지천은 정면의 얼굴이 노란색 빛이고, 한쪽은 적색의 얼굴, 다른 한쪽은 검은 멧돼지의 얼굴이다. 3면 6비의 형태로 설명하면 오른손에는 금강저, 바늘, 화살을 쥐고, 왼손에는 견색, 활, 실을 쥐고 있다. 그가 쥔 화살과 활은 모든 것을 꿰뚫는 투명한 햇살을 상징하는 것이다. 그의 얼굴이 황색과 적색과 검은색이라는 것은 아침과 낮과 밤을 의미한다. 불설마리지천경[佛說摩利支天經]에 의하면 바늘과 실은 악마들의 입과 눈을 꿰매어 비방하는 언행을 아예 막아버린다는 의미가 있다. 눈을 꿰맨다는 것은 마리지천의 은폐 속성과도 연관이 있고, 입을 꿰매는 것 역시 비방하는 말을 막아버려 마치 없는 것처럼 행동할 수 있다는 은폐 속성과 연관이 있는 것이다.

마리지천 탄트라는 특정한 탄트라를 구사할 때 자취를 남기지 말아야 하거나 상대에게 눈치채지 말아야 할 필요가 있을 때 쓰며, 특정한 일이 까발려지지 말아야 할 때 쓴다.

중국의 마리지천 탱화

티베트 마리지천 탱화

① 마리지천 인계: 내박인을 취하고, 검지를 세우고, 중지를 검지에 걸쳐 끼운다.

마리지천인

② 마리지천 종자

〈마, Ma〉

③ 마리지천 진언

마리지천 본심 진언

옴 아디타야 마리시에 스바하

oṃ ādityāya marīciye svāhā

마리지천 진언

나마 사만타 붓다남 옴 마리시에 스바하

namaḥ samanta-buddhānāṃ oṃ marīciye svāhā

④ 마리지천 탄트라

⑴ 지권인을 맺고 금태양부대일여래 관법을 행한다. 월륜에 아 자가 떠오르고 아 자가 월륜에 서서히 녹아든다.

⑵ 월륜에 종자 마가 떠오르고 활과 화살로 변화한다. 활과 화살을 쥔 황색의 마리지천이 떠오른다.

⑶ 마리지천의 지물들을 천천히 관하고 마리지천이 탄 수레를 7마

리의 멧돼지들이 끌고 있음을 안다.

(4) 사안을 연상한 다음 마리지천의 활과 화살이 신속히 사안을 꿰뚫어 일체의 참언과 비방을 바늘과 실로 꿰매버리는 것을 관한다.

비사문천 탄트라

비사문천은 쿠베라(Kubera)라고 하는 인도 베다 신화에서의 신에서 신격이 유래했다. 베다 신화에서는 마족(魔族)의 왕에 불과했으나 서사시(敍事詩)에서는 매우 중요한 신이 되었다. 쿠베라 신은 야차(야크샤, yaksa)의 대장이며 이에 걸맞은 위력을 갖추고 있다. 재보의 신으로서 추앙받는다. 귀자모천, 즉 하리티의 남편으로도 알려져 있다.

쿠베라의 다른 이름은 바이슈라바나(Vaiśravaṇa)이며, '바이슈라바스 신의 아들'이라는 뜻이다. 동시에 「잘 듣는 자」라는 의미로도 해석이 가능하여 이를 의역한 한역명이 곧 다문천이다.

쿠베라는 불교에 받아들여져 지국천, 증장천, 광목천 사천왕의 일존으로 불교를 수호하게 된다. 사천왕으로서의 비사문천은 북방을 담당한다. 사천왕 중에서도 가장 그 위상이 높아 중앙 아시아, 중국, 일본 등지에서 독존으로서 신앙의 대상이 되어 있기도 하다.

사찰 입구에서 호법신장으로 사천왕이 서 있는데 이 중 다문천, 즉 비사문천을 보면 탑을 들고 있다. 이분의 삼매야형은 보탑임을 알 수 있다. 다른 형태의 삼매야형은 보봉(寶棒)이며, 왼손은 보탑을 들고 있고,

오른손은 보봉을 들고 있다. 그러나 동양권의 조형물에서는 왼손에는 보탑을 들고 있고, 오른손에는 삼지창을 들고 있는 상이 많다. 그의 수하는 야차와 나찰들이며, 쥐들이 그를 따른다. 재물이 많은 곳에는 쥐들이 많은 전래를 따른 것으로 보인다. 갑옷을 입은 무장의 형태이다.

그가 보탑을 든 이유는 온갖 재물이 보탑 안에 있어 재물신으로서의 그의 성격이 반영된 것이라 하나 그가 악귀의 대장이었음을 고찰하면 다르게 해석된다. 그가 악귀의 대장이었지만, 석가모니의 교화에 의해 불법에 귀의하여 호법신이 되었음을 알면, 그의 보탑은 곧 불법에 대한 귀의를 뜻하는 것이다. 보탑이 그가 선신으로서의 역할을 하게 만드는 중심축이라는 것이다.

① 인계: 양손을 내박인을 맺은 상태에서 양손의 중지를 세우고, 양손의 검지를 벌리고, 엄지를 세운 상태이다.

비사문천인

② 종자

〈바이, Vai〉

③ 비사문천 진언

비사문천귀명 진언

나마 사만타 붓다남 바이스라반나야 스바하

namaḥ samanta-buddhānāṃ vaiśravaṇāya svāhā

귀명합니다, 일체의 제불님께, 바이스라반나야 스바하

비사문야차왕 진언

나마 사만타 붓다남 약샤스바라 스바하

namaḥ samanta-buddhānāṃ yakṣeśvara svāhā

귀명합니다. 일체의 제불님께. 야차의 주여 귀의합니다.

④ 삼매야형: 보탑

 - 금태양부대일여래 수행을 하여 월륜 안에 아 자가 있음을 관한
다. 비사문천 인계를 맺고 비사문천 진언을 외운다. 아 자가 월륜 안에

녹아든 후 종자 '바이'가 떠오른다.

  – 종자 '바이'는 보탑으로 변화하고, 보탑을 쥔 비사문천이 생한다.

  – 비사문천의 모습을 뚜렷이 관한 다음 내가 곧 비사문천임을 알아
비사문천으로 화하여 정법을 지키는 자임을 안다.

환희천 탄트라

1) 환희천 존격의 의미

  환희천(歡喜天)은 인도신 가네샤(Ganesa)로 많이 알려져 있다. 이 존
격의 원래 고대 이름은 비나야가(Vināyaka)이고, 한문으로 음차한 이름
은 비나야가(毘那夜迦)이다. 가나파티(Gaṇapati)라고도 하고, 환희자재
천(歡喜自在天, 범명 난디케스바라 Nandikeśvara)이라고도 한다. 환희자재
천에서 이분의 이름을 환희천이라고도 하고, 성천(聖天)이라고도 한다.
환희천과 관련해서는 힌두의 신화와 밀교 경전 상의 설화들이 있는데,
재미있는 이야기가 많다. 힌두와 밀교 경전상의 내용을 살펴보고 이
존격에 대한 이해를 해본다.

  파르바티가 목욕 중에 아들 가네샤에게 누구도 엿보지 못하게 하라
고 했다. 남편 시바가 파르바티를 만나려고 했는데, 가네샤가 극구 들
어가지 못하게 하여 시바는 가네샤의 목을 베었다. 파르바티가 이를
알고 격노하자 시바는 코끼리의 목을 베어 가네샤에게 붙였다고 한다.

파르바티가 목욕 중에 누군가 볼까 해서 자신의 때로 만든 것이 가네샤이고, 이를 몰랐던 시바가 파르바티의 자식인 줄 모르고 가네샤의 목을 쳤다고 하는 설화이다.

위의 설화는 힌두교에서 전해지는 내용이며 가네샤가 왜 코끼리 머리인가에 대한 이야기이다. 밀교에서는 가네샤의 이름 비나가야로 관세음보살과의 관계에 대해 말한다. 사부비나야가법(四部毘那夜迦法)에서는 포악한 비나가야왕을 불법으로 귀의하게 하기 위해 관세음보살이 변화하여 아름다운 여인으로 비나가야왕을 만난다. 비나가야왕이 그 미녀의 아름다움에 혹하여 취하려 했으나, 그녀는 장애를 가진 여인으로 변화하였다. 그래도 그 특별한 아름다움에 비나가야왕이 그녀를 갈구하자, 그녀는 불법에 귀의하고 장애를 없애준다고 약속해준다면 그대의 친구가 되어줄 것이라고 하였다. 비나가야왕은 약속을 하였고, 미녀는 기쁨으로 비나가야왕과 얼싸안았다. 이게 가네샤 두 존재가 얼싸안은 형태로 서 있는 쌍신환희천이다.

힌두교에서는 이 가네샤가 아이 같은 모습으로 묘사된다. 가네샤가 연회에서 식사를 많이 하고 쥐를 타고 돌아오는데, 쥐가 뱀을 보고 놀라서 넘어지는 바람에 가네샤의 배가 터져 버렸다. 이를 본 달이 비웃자, 가네샤가 자신의 어금니 하나를 빼어 달에게 던지며 저주를 내린다. 이에 달은 서서히 힘을 잃어 달의 형체가 없어질 뻔했는데, 달의 신의 딸들이 신들에게 요청하여 사라지는 대신 다시 차오르는 것을 반복하게 했다 한다.

이런 가네샤의 특성을 보면 집착이 많음, 고집스러움, 엉뚱함을 알 수 있는바, 유화책과 강경책을 두 가지로 쓰면 다룰 수 있는 어린아이 같은 신이라는 것을 알 수 있다.

가네샤의 원래 이름 비나야가(Vināyaka)는 '장애'라는 뜻을 가졌다. 수행의 성취를 방해하는 신이며, 부처님이 성도할 때에 마군(魔軍) 중 당당히 그 한가운데를 차지하고 있었으며, 밀라레빠 존자를 시험하려 고 나타난 마왕이 비나야가였다. 비나야가라는 신격(神格)은 어린아이 같은 엉뚱함, 집착, 고집스러움으로 인해 수행이 실패할 수도 있다는 뜻도 지닌다.

가네샤가 친근한 모습을 지녔지만, 가네샤의 신격의 힘을 다루는 것 은 매우 까다롭다. 힌두교 신들 중에서는 최고위의 신이며, 수행을 할 때 마장을 일으키는 마천(魔天)으로 분류되기 때문이다.
가네샤가 관세음보살의 자비에 약하면서도 또한 군다리명왕의 무서 움을 두려워하는 것을 알아야 한다. 따라서 관세음보살 중 11면관음법 과 군다리명왕법에 대해 충분히 가행을 하여 관세음보살과 군다리명 왕의 기운을 받은 다음에 가네샤의 힘을 다룰 수 있는 것이다.

가네샤는 왼쪽 상아가 부러진 형태이며 2손으로 모셔진 형태로는 오른손은 도끼를, 왼손에는 무를 들고 있는 모습이다.

2) 환희천 탄트라를 하기 위한 인계와 만트라와 종자

① 환희천 인계: 양손의 약지와 새끼손가락을 내박인을 하는 것처럼 안으로 모아 집어넣고, 중지를 어긋나게 겹친다. 양손의 검지를 갈고리처럼 구부리고, 양손의 엄지를 살짝 벌린다.

환희천 인계

② 환희천 종자

〈가〉

③ 환희천 진언

옴 흐릭 가 훔 스바하

Om hrih gah hum svaha

십일면관음의 종자와 진언

〈흐릭, Hrih〉

옴 로케스바라 흐릭

Oṃ lokeśvara hrīḥ

군다리명왕의 종자와 진언

〈트라흐, Trah〉

옴 키리키리 바즈라 훔 파트

Oṃ khili khili vajra hūṃ phaṭ

④ 관법

(1) 지권인을 맺고 금태양부대일여래 관법을 행한다. 월륜에 아 자가 떠오르고 아 자가 월륜에 서서히 녹아든다.

(2) 아미타불 근본인을 맺으며 무량수여래 근본다라니법을 행한다. 아미타불 근본인의 중지에 흐릭이 맺히기까지는 무량수여래 근본 탄트라와 동일하다.

(3) 흐릭을 선명히 관하면서 인계는 아미타불 근본인을 맺으면서 그대로 진언을 옴 로케스바라 흐릭, 11면관세음보살의 진언을 외운다. 흐릭에 집중하여 흐릭의 색이 무지개색으로 진동함을 본다. 진언을 바꾸고 관상에 집중한다.

(4) 흐릭이 월륜 안에 녹아들고 환희천 진언을 외운다. 종자 '가'가 떠오르고 연꽃 위에는 환희천이 앉아 계심을 안다.

(5) 월륜의 가장자리에는 미세한 불길이 일어나고 있음을 본다. 옴 키리키리 바즈라 훔 파트, 군다리명왕의 진언을 외우면서 그 불길이 군다리명왕의 불길임을 안다.

(6) 진언을 '옴 흐릭 가 훔 스바하'로 바꾸어 외우면서 환희천이 코로 행자를 어루만지며 가피를 내려줌을 관한다.

길상천 탄트라

길상천(吉祥天)은 범명 스리마하데비(Śrī-mahādevī)로서 힌두교의 여신 라크슈미(Lakṣmī)가 불교적으로 수용된 신이다. 공덕천(功德天), 혹은 보장천녀(宝蔵天女)라고도 불리운다. 힌두교에서는 비슈누신의 부인이 되고, 사랑의 신 카마의 어머니이다. 불교에서는 아버지가 덕차가용왕(德叉迦龍王, Takṣaka)이고 어머니 이름은 하리제모(訶利帝母, hārītī), 즉 귀자모신이라 한다. 비사문천의 아내이기도 하다. 흑암천(대암야천, 마하칼라)의 여동생으로도 알려져 있다.

라크슈미가 인도에서 행복, 부, 아름다움을 상징했듯이 길상천도 역시 그와 같은 특징을 가진 존격이나, 차이는 라크슈미가 불교적으로 수용되었기에 이 여신은 여러 가지 선근을 행하여 복덕의 몸을 구족하였고, 중생이 행복해지기를 바라는 마음을 세웠다는 것이다. 아래는 금광명경(金光明經)에서 언급한 그녀의 서원이다.

"세존이시여, 저는 지나간 세상에 보화공덕해유리금산조명여래(寶華功德海琉璃金山照明如來)께 모든 선근을 심었으므로 지금 생각하는 곳, 보는 곳, 이르는 곳을 따라 한량없는 일체 중생이 여러 가지 기쁨을 받게 하며, 옷과 음식과 필요한 물품과 금, 은, 칠보, 진주, 유리, 산호, 호박, 벽옥과 보배 따위도 모자라는 일이 없게 하겠나이다."

불교의 인과법에 어긋나지 않게 그녀 역시 오랫동안 수행한 힘으로 중생에게 복덕을 구족하게 해주고 행복을 느끼게 해준다.

태장계 만다라 허공장원 안에 천수천안관자재보살 옆에서 있다. 아름다운 귀부인의 형상을 가지고 있으며, 영락과 귀걸이와 팔찌를 통해 복덕이 무한함을 드러낸다. 왼손에는 보주를 들고 있고, 오른손에는 여원인을 취해 중생의 소원을 들어준다는 서원을 보여준다.

길상천, 일본 약사사(藥師寺) 소장

① 길상천 인계: 양손을 꽃잎 형태로 모은 팔엽연화인이다.

팔엽연화인

② 길상천 종자

〈시리〉

③ 길상천녀 진언

옴 마하시리에 스바하

Oṃ mahā-śriye svāhā

④ 삼매야형: 보주

⑤ 길상천녀 탄트라에 대한 소고

길상천 탄트라는 단독으로 쓰이기도 하겠지만, 보생여래-허공장보살-길상천녀로 이어지는 복덕 탄트라로서 구현하여 쓰인다. 보생여래가 복의 근원으로서 추상적이며 가능성의 차원으로 잠재되어 있는 복을 상징한다면, 허공장보살은 구체적인 형태로 복을 드러낸 것을 상징한다. 길상천은 복이 인간사의 길흉화복으로 직접 작용하게 한다.

보생여래가 복덕의 토대를 뜻하고, 허공장보살이 토대 위에서 복이 쌓이는 것을 의미한다면, 길상천은 그 복을 가져와서 중생으로 하여 먹을 수 있게 하는 식기의 역할을 하는 것과 같다. 마치 저수지를 구축하고 저수지에 물을 채우는 것과 그 이후 저수지의 물을 물꼬를 틔워 농작물에 물을 대주는 것이 다 다른 것처럼 길상천의 역할은 신계(神界)의 천신으로서 물질계의 관리자 역할을 하는 것이다. 따라서 복덕 탄트라를 행함에 있어서 이분에 대한 깊은 이해가 필요한 것이다.

변재천 탄트라

변재천은 인도의 사라스바티 강의 여신이다. 범명은 사라스바티(Saraswati)이다. 인도에서 가장 오래된 성전, 리그베다에서 사라스바티 강의 화신으로 언급된다. 그 사라스바티강이 지금의 어떠한 강인지는 확실하지 않다. 이 여신의 지물은 비파인데, 물이 흐르는 소리를 음악으로 여긴 고대인들은 이를 변재천이 든 비파의 소리라고 여긴 것이다. 물이 흐르듯, 흐르는 모든 것 말, 웅변, 지식, 음악을 주관하는 여신으로 여긴 것이며, 인도 고대인들은 이 여신이 산스크리트어를 기록하는 문자를 발명했다고 여긴다. 힌두에서는 창조신 브라흐마의 배우자로 알려져 있다.

사라스바티는 밀교로 수용되어 변재천이라는 이름으로도 불리운다. 변재천은 태장계 만다라 안에서 외금강부원 서방에 위치한다. 태장계 만다라에서는 두 개의 손을 갖고 있으며 비파를 치는 아름다운 여인의 모습이다.

이 여신은 언변, 지혜, 암기와 관련된 신이었기에 불교 내에서도 경전의 이해를 도와주는 혹은 경전의 암송을 도와주는 여신으로 간주되었다.

힌두 여신 사라스바티

일본 가마쿠라 시대, 변재천

① 변재천 인계: 왼손은 펴서 위로 향하고, 오른손은 엄지와 검지를 맺고 나머지 세 개의 손가락은 편다.

변재천인

② 종자:

〈사〉

③ 진언

옴 사라스바티에 스바하

Oṃ sarasvatye svāhā

④ 삼매야형: 비파

⑤ 변재천 탄트라
- 월륜 안에 아 자가 생하게 된다. 금태양부 대일여래 수행을 한다.
- 인계를 변재천 인계를 맺고, 옴 사라스바티에 스바하를 외우며 종자 '사'가 떠오른다.
- 종자 '사'가 변화하여 비파가 되고, 나의 혀가 비파가 됨을 관한다.
- 비파를 변재천이 관이 되며 나의 언행이 곧 비파에서 나오는 끊기지 않는 음률임을 안다.

삼변보주 탄트라(트리라트나 탄트라)-삼변보주 허공장대길상작법

해당 작법은 복덕을 늘리고 좋은 일을 성취하게 해주는 작법이다. 이는 선인선과 악인악과와 같은 인과법에 어긋나 보일 수 있는 것이기에 여기에 대한 심도 있는 고찰을 해야 한다. 불보살과 천부의 신에게 공양하면 왜 복덕이 늘어난다고 말해지는지에 대한 고찰을 자기 스스로 생각해야 삼변보주 탄트라 및 그 외 복덕과 관련된 작법을 할 수 있는 것이다.

길상천은 '천부'이다. 육도 윤회계의 한 담당이기에 질서계 상위의 신이다. 천부는 인간에게 영향을 줄 수 있지만, 인간 존재를 바꿀 수

없다. 인간 존재를 바꿀 수 있는 것은 심종자를 터치할 수 있는 불보살들이다. 허공장보살은 아카샤가르바, 즉 아카샤(허공)와 같이 무한한 지혜와 복덕을 구비한 불보살이다. 아카샤가르바라는 말 자체가 심종자가 끝없이 광대하다는 이 우주와 같다는 유식학의 결론과 일치한다.

허공장보살 관련 작법이 심종자를 바꾸어준다면 길상천 작법은 저수지가 만들어지고 물을 대어주면 물이 차는 것과 같이 복이 현현하게 나오는 것을 도와준다.

저수지가 없으면 물이 있어도 그냥 흘러가듯이 저수지를 만드는 것도 중요하고 물이 흐르게 운때를 당겨주는 것도 중요하다. 질서계의 상위신인 길상천은 운명의 기록부에서 복이 오는 시점을 당겨올 수 있는 권한을 지닌 것으로 보여진다. 아니면 운명의 흐름에서 복의 물꼬를 트여주는 역할을 하는 것으로 보여진다.

세간의 주술이 그저 좋은 일만 생기기를 바라는 것이기에 여기에는 인간 존재를 변화시킨다는 개념이 누락되어 있다. 나는 그대로인데, 좋은 일만 더 생기기를 바라는 것은 원인 없이 결과를 바라는 것이고 설령 소원하는 일이 성취된다고 하면 그것은 미래의 원인과 결과를 현재로 당겨서 구현시키는 것이기에 스스로에게 빚을 지는 것과 같다. 세간의 주법과 밀교의 법술은 하늘과 땅 차이만큼 그 간격이 크다.

아래는 심종자에 대한 간단한 글인데, 심종자에 대해 이해를 깊이

했으면 좋겠다. 무동의 제3저서 《만다라 현현의 법》의 '심종자의 구조에 대해−업장 소멸은 없습니다'라는 글이다.

심종자는 8자 모양으로 되어 있다. 종자의 절반은 실현되지 않거나 실현 중에 있거나 이미 실현된 인(因)이고, 절반은 앞으로 인이 구현되어 싹이 터 결과로 나와 그 결과로부터 얻어지는 데이터로서의 '과(果)'이다.

종자가 연을 만나 싹이 트듯, 인은 적합한 연을 만나 과로서 영글게 된다. 우리는 무한히 많은 심종자 속에서 있다.

잠재된 인은 연을 만나서 다양한 모습으로 바뀌어간다.

즉 4주된 태아가 시간이 지나면서 발현되어가는 유전자의 구현은 어머니의 태내에서의 호르몬의 변화와 맞물리듯, 또한 아무리 좋은 종자라도 물과 빛이 없으면 싹이 트지 않듯, 인과 연의 화합은 과로 영글게 하는 데 중요한 요소이다.

우리가 조립 장난감을 사게 되면 설계도가 있다. 이 설계도대로 만들면 장난감이 만들어지는데, 모든 종자태의 인은 레고 하나의 블록처럼 하나의 홈, 요철이 있어 그 인은 특정한 데이터를 요구한다.

이 데이터가 과(果)이다.

조립 장난감의 매뉴얼이 인이라면 그것을 행해서 얻어지는 데이터, 기계에 대한 감각, 조립에 대한 이해의 정보들이 과이다. 만들어진 장난감은 과가 아니다. 데이터를 얻기 위한 것이다.

선인선과 악인악과라는 말이 있다.

악인악과에서 나쁜 짓을 했으면 나쁜 결과가 온다는 이야기인데, 나쁜 짓을 했으면 나쁜 결과가 무한히 반복될 수 있다.

부자라서 타인을 무시했다면 다음 생애이든 이번 생애이든 내가 모멸감을 느끼듯 타인을 내가 무시했다는 자각이 있지 않은 한 악인악과는 무한히 반복된다. 조립 장난감의 매뉴얼대로 만지작거리다가 장난감을 잃어버려 매뉴얼대로 못 만들거나 장난감을 만지다가 다된 줄 알고 방치한 경우이다. 다음 생애에도 매뉴얼은 주어지고, 심종자가 영글지 않는 한 과제는 계속 부여된다.

관세음보살은 모든 중생의 소리를 듣고 모든 중생의 소원을 모두 다 이루어준다고 하는 보살이다.

이 보살이 그냥 명상만으로 복덕을 구비했는가?

그분은 가난한 이로서 분유가 필요한데 구하지 못해서 발을 동동거리는 어머니로서, 혹은 돈이 없어서 어머니를 치료하지 못하는 가난한 이로서 태어났다. 중생의 갈급함을 잘 이해해야 하기에 마이너스를 안 것이다.

또한 그분은 큰 부자로서 어느 하나 부족하지 않은 생애를 살아서 부유함을 몸에 새기고 타인에게 베풀어주는 인생도 살았다. 넉넉한 마음을 알아야 하기에 플러스를 안 것이다.

관세음보살이 세상의 모든 소리를 들을 수 있는 것은, 모든 고통의 소리를 인지할 수 있음이며, 이는 억겁의 이전부터 모든 중생의 마음을 겪어냈기에 반응할 수 있는 자량이 구축된 것이다.

관세음보살이 중생의 소리에 반응하여 베풀어 줄 수 있음은 모든 중생의 마음에 응하여 베풀어줄 수 있는 넉넉한 마음을 자량으로 구축한 것이다.

심종자가 복덕으로 변화하였기에 그분이 쓸 수 있는 힘이 된 것이다.

심종자는 발현되었고, 발현 중에 있고, 앞으로 발현될 예정인 원인과 원인에 매칭되는 데이터에 해당되는 과로 이루어져 있다.

업장소멸?

종자는 없어지지 않는다. 원인이 과(데이터)를 끌어오는 것이 만족되어 영글게 될 때, 하나의 복덕자량이 되는 것을 '업장소멸'이라 한다.

깊은 죄장은 그만큼 더 높이 올라갈 수 있는 자양이 되는 것이다.

이 세상에 없어지는 것은 아무것도 없다.

단지 눈에 보이지 않게 되는 것과 인지할 수 없는 것을 그냥 없다고 하는 것일 뿐.

심종자에 대한 글이다. 심종자는 8자 모양으로 되어 있다. 종자의 절반은 실현되지 않거나 실현 중에 있거나 이미 실현된 인(因)이고, 절반은 앞으로 인이 구현되어 싹이 터 결과로 나와 그 결과로부터 얻어지는 데이터로서의 '과(果)'이다. 심종자가 절반의 인과 앞으로 성숙될 과가 다 같이 있을 때 그것이 '자량'이 된다. 체험을 하여 그 체험으로 인해 복과 덕이 구족되어 그것을 통해 보살은 중생 제도를 할 수 있게 된다.

허공장보살의 힘은 심종자를 완전하게 해주는 데 있다. 알곡이 썩은 종자, 알곡이 싹이 틀 수 있으나 중간에 죽을 수 있을 정도로 부실한 종자, 이러한 심종자를 허공장보살의 힘으로 온전하게 하여 심종자가 복덕자량으로 변화할 수 있게 도와준다.

물을 아무리 부어도 샐 수밖에 없는 중생인데, 복덕의 그릇을 만들어주면 물을 채우면 담아낼 수 있다. 또한 이 복덕이 담긴 물을 적절한 시기에 따르게 도와주는 것이 길상천의 힘인 것이다.

① 삼변보주의 모양

과일 세 개의 형태로 있는 트리라트나　　조계종 마크로 알려진 트리라트나(Triratna)

② 삼변보주 탄트라의 구체적 작법

(1) [재보의 원형적 상징] - [재보의 심종자] - [재보가 흘러들어오는 운때] 이러한 순서로 관행을 진행한다.

(2) 대일여래 수행을 하면서 '옴 아비라훔캄 바즈라 다투밤'을 외운다. 아 자가 있는 월륜이 보이고, 아 자가 변화하여 트라흐, 즉 보생여래의 종자로 변화한다.

(3) 인계를 보생여래인으로 바꾸고 보생여래 발심 진언 '옴 사르바타 다가타 바즈라 라트나 누타라 푸자 스파라나 삼마에 훔'를 외운다. 일체중생, 일체 여래께 공양하는 마음을 내어 지극히 헌신하는 마음이 곧 보생여래의 본심이니 이 마음으로 진언을 외운다.

(4) 종자 트라흐가 삼변보주로 변화한다. 이 형태는 세 개의 투명한

구슬이 삼각 형태로 모여진 형태이다. '옴 라트나 삼바바 트라흐'를 외운다.

(5) 인계를 허공장보주인으로 바꾸면서 허공장보살 탄트라로 전환한다. 본서 '허공장보살복덕 탄트라'를 참고한다. '옴 바즈라 라트나 훔'을 외우면서 곧 이 삼변보주가 허공장보살이 쥔 보옥 하나임을 안다.

(6) 나의 영코어를 바라보되, 나의 영코어 내의 복덕과 관련된 심종자를 떠오른다. 구슬의 형태인데, 그 안에 삼변보주처럼 구슬 세 개가 삼각형 형태로 있다. 그 모습이 모양이 이상하더라도 관하되, 계속 진언을 외우다 보면 삼변보주의 형태와 같음을 알 것이다. 삼변보주의 원만하고 아름다운 모습이 곧 나의 심종자임을 알게 된다.

(7) 길상천 탄트라를 한다. 본서 '길상천 탄트라'를 참고하면 된다. 인계를 팔엽연화인을 맺고 '옴 마하시리에 스바하'를 외우면서 원만한 형태로 빛을 발하는 심종자가 연꽃에 감싸여져 내 심장에 오롯이 모셔져 있으며 나의 전체적인 모습을 관하면서 내 안의 영적 심장을 차분히 관상한다.

무동 번뇌를 자르다

무동금강 지음 | 236p | 14,000원 | 맑은샘

밀교 명상의 법

무동금강 지음 | 280p | 17,000원 | 맑은샘

만다라 현현의 법

무동금강 지음 | 244p | 17,000원 | 맑은샘

다차원 우주의 영적 진실

무동금강 지음 | 252p | 17,000원 | 맑은샘